YOUER JIAOSHI YUYAN YUNYONG NENGLI
LILUN YU SHIZHENG YANJIU

幼儿教师语言运用能力理论与实证研究

郭卉菁　著

·广州·

版权所有　翻印必究

图书在版编目（CIP）数据

幼儿教师语言运用能力理论与实证研究／郭卉菁著.
广州：中山大学出版社，2024.12. -- ISBN 978-7-306-08189-6

Ⅰ.G615

中国国家版本馆 CIP 数据核字第 2024A2Z969 号

出 版 人：王天琪
策划编辑：杨文泉
责任编辑：杨文泉
封面设计：曾　斌
责任校对：靳晓虹
责任技编：靳晓虹
出版发行：中山大学出版社
电　　话：编辑部 020-84110283，84111996，84111997，84113349
　　　　　发行部 020-84111998，84111981，84111160
地　　址：广州市新港西路 135 号
邮　　编：510275　　　　　传　真：020-84036565
网　　址：http://www.zsup.com.cn　E-mail:zdcbs@mail.sysu.edu.cn
印 刷 者：广东虎彩云印刷有限公司
规　　格：787mm×1092mm　1/16　17 印张　321 千字
版次印次：2024 年 12 月第 1 版　2024 年 12 月第 1 次印刷
定　　价：45.00 元

如发现本书因印装质量影响阅读，请与出版社发行部联系调换本书为广州市教育科学规划 2022 年度一般课题"基于教育情境的幼儿教师语言运用能力理论与实践研究"（课题编号：202214201）的研究成果

序

  周末，我接到广州市教育研究院陈发军研究员的电话，邀我为这本幼儿教师语言研究的专著作序。我的专业是教育原理，这些年也关心一些教育政策和教育改革的理论与实践问题；2023年秋季开始在上海师范大学与学前教育学院的老师们有些互动，也开始关心一些学前教育问题。语言发展，包括词汇量的激增、从情境语言到连贯语言的过渡、从对话语言到独白语言的发展，以及从完整句到复杂句的掌握，都是幼儿发展的关键问题；语言教育对幼儿的认知、社会性发展有着重要的促进作用。进而言之，幼儿教师的语言运用能力问题，也自然成为学前教育、教师教育研究的重要论题。及至打开书稿，看到一个集幼儿教师语言运用能力的政策研究、理论研究、指标与量表研究、测试与实证研究、融咨政与前瞻性预测于一体的研究框架，我认真阅读后，颇有体会。

  本书从分析改革开放以来学前教育政策历史发展的宏观背景入手，逐步深入讨论学前教育语言方面的政策，再进一步研究幼儿教师语言能力发展问题。作者对现行幼儿教师语言运用方面的国家政策文本进行了归纳推演，同时运用教育心理学中能力概念的定义，以教育目标新分类学为理论基础，结合语言学、语用学、学前教育学等领域相关知识，从理论上进行演绎推理，构建起包括语言基础能力、语言运用基本能力、语境创设能力、语言元认知4个基本维度的幼儿教师语言运用能力结构体系，进一步明晰了语言的理解能力、转换能力、诱导能力、共情能力、调控能力为构成教师语言运用基本能力的5个要素。

  本书对幼儿教师语言元认知的分析颇有新意。这里的语言元认知，是指幼儿教师对教育活动中言语的自我觉察能力，是对语言组织、语气语调、话轮切换、言语反馈等有着比较深入的自我认知、觉察和反思，并且能够及时根据实际情况调整自己言语策略的能力。幼儿教师的语言元认知对师幼的言语交际互动起着最高统摄作用，是教师对自己语言的自我觉察、自我监控、自我批判、自我反思的较为稳定的思维个性特征。作者辨析了新手教师和专家型教师的语言元认知差异，前者的语言元认知自动化程度较低，而后者的语言元认知能够达到比较高的自动化水平。也就是说，在面对突发情况时，新手教师通过语言对教育现场进行调控的能力较弱，并且无法把握自己的语言可能对幼儿产生的积极或消极的影响；专家型教师则能够很快调出记忆中自动化程度较高的图式，运用语言调控教育活动的进程，使用适合于幼儿身心发展阶段的、具有正面引导效果的语言去处理教育活动过程中的突发事件，不失时机地通过语言的魅力潜移默化地实现育人功能。这些观点，对学前教育师范生的培养、幼儿教师的自我发展，都有重要的借鉴意义。

一般而言，指标体系与量表编制都是教育研究中的难题。郭卉菁老师带领由教育心理学专家、学前教育专家和幼儿园骨干教师组成的研究团队，克尽厥职，焚膏继晷，在突破以往调研中存在的"仅调查个体对某些事物、观点、行为、意向的态度的积极程度，而态度的积极程度并不能直接转化为行动力，也不能决定个体完成某项任务的工作效率"这一瓶颈的基础上，编制了全新的幼儿教师语言运用能力量表。难能可贵的是，研究团队通过测试，不断修正量表，并以团队所在城市的 2429 名幼儿园教师为样本，进行了较大样本的试测，综合运用平均分分析、标准差分析、方差检验、Welch 检验、信度检验和因素分析等实证分析方法与技术，对调查获得的数据进行分析，较为全面地把握了样本地区幼儿教师语言运用能力的现状与问题。

本书作为广州市教育科学规划 2022 年度课题"基于教育情境的幼儿教师语言运用能力理论与实践研究"的研究成果，能从宏观政策分析入手，层层深入和递进，直至幼儿教育语言运用能力研究的核心，再根据实证调查数据，分析推导出研究结论，最后又回到教育政策领域，为幼儿教师语言运用能力提升建言献策，也让读者见证了一个完整的课题研究过程。

据我所知，本书的作者郭卉菁老师现在是广州市教育研究院教育规划与政策研究所研究人员，曾经担任国家级普通话测试员、幼儿师范学校"教师口语""幼儿文学"等专业课教师、《教育导刊》编辑、"幼师国培——园长培训项目华师班"及"广东省中小学新一轮百千万人才培养工程"等培训项目授课专家，主持或作为核心成员参与过多项国家级、省级、市级教育科学规划课题，发表了多篇学术论文。由此可见，郭卉菁老师一直持续学习和关注着幼儿教师语言方面的国家政策和学术研究进程。我相信，本书的出版将是郭卉菁老师在幼儿教师语言运用领域研究的新起点，期望她在未来的研究中，继续完善本书的理论创新研究成果，通过创设丰富多彩的"对话式"文化空间，将研究成果融入幼儿园课程改革和教师评价领域之中,深入参与幼儿园语言教育、幼儿教师语言运用能力培训的创新实践,进一步促进教师和幼儿的语言能力发展。

2024 年 8 月 11 日
华东师范大学教育治理研究院
上海师范大学教育学部

前　言

语言在幼儿园教育中处于不可或缺的重要地位。幼儿识字甚少，学习方法以听说为主，幼儿教师开展教育活动，离不开运用语言与幼儿交流和互动。幼儿期是个体语言发展特别是口头语言发展的重要时期。在师幼互动过程中，教师的语言运用是否恰当，是否适合幼儿语言发展阶段，不仅关系着幼儿园教育活动的有效性，而且深刻影响着幼儿的语言发展、社会交往能力乃至身心健康成长。幼儿期也是个体学习运用语言与人交往的关键时期。幼儿在交往过程中发展出的语言运用能力，主要表现为幼儿如何运用适当的语言形式表达自己的交往倾向，如何运用适当的策略与他人交谈，如何根据不同情境的需要运用适当的方法组织语言表达自己的想法。在幼儿园教育现场，教师的语言作为幼儿语言学习的主要模仿对象，必然直接影响着幼儿语言的学习与发展。所以，关注幼儿教师语言运用能力现状、探讨对幼儿教师语言运用能力进行有效评价，并有针对性地提出幼儿教师语言运用能力提升策略，显得尤为重要。

研究幼儿教师语言运用，首先要研究改革开放以来我国学前教育发展历程以及推动学前教育体系不断完善和发展的教育政策演变；其次要研究在此背景下不同发展时期，学前教育政策在语言领域表述的重点任务；最后再研究幼儿教师语言相关政策发展的阶段和发展趋势。换言之，就是要把对幼儿教师语言运用认识的深化和演化过程放到改革开放以来我国学前教育体系建设宏大的政策背景中去研究，才能真正理解幼儿教师语言运用发展演变的历史逻辑，从而更准确地把握幼儿教师语言运用的理论和实践走向，更有效地引领幼儿教师专业成长以及促进幼儿教育高质量发展。

目 录

第一章 改革开放以来我国学前教育体系发展历程及其政策演变……… 1

  第一节 学前教育体系初建阶段及其政策分析………………………… 2
  第二节 学前教育体系转型发展阶段及其政策分析…………………… 6
  第三节 学前教育体系完善发展阶段及其政策分析…………………… 12
  第四节 学前教育体系规范发展阶段及其政策分析…………………… 19

第二章 改革开放以来学前教育教师语言相关政策的发展脉络………… 27

  第一节 学前教育教师语言相关政策各阶段的主要任务……………… 28
  第二节 学前教育教师语言相关政策的发展阶段……………………… 34

第三章 幼儿教师语言运用能力理论研究……………………………… 39

  第一节 幼儿教师语言运用能力研究综述……………………………… 40
  第二节 幼儿教师语言运用能力研究理论基础………………………… 46
  第三节 幼儿教师语言运用能力概念界定研究………………………… 50

第四章 幼儿教师语言运用能力结构体系构建研究……………………… 57

  第一节 基于国家政策文本的幼儿教师语言运用能力结构体系的构建
    ……………………………………………………………………… 58
  第二节 基于教育心理学的幼儿教师语言运用能力结构体系的构建… 62

第三节 幼儿教师语言运用能力要素构成的理论分析……………… 65

第五章 幼儿教师语言运用能力测试量表的编制………………… 71

  第一节 能力测试量表编制研究常用的设计思路……………… 72
  第二节 幼儿教师语言运用能力评价指标体系理论分析框架的构建… 81
  第三节 幼儿教师语言运用能力测试量表编制的思路与方法……… 83

第六章 幼儿教师语言运用能力测试量表的试测与调整…………… 109

  第一节 幼儿教师语言运用能力测试量表试测情况分析…………… 110
  第二节 量表题目调整的具体方法……………………………… 132

第七章 幼儿教师语言运用能力的测试与实证分析………………… 159

  第一节 问题提出与测试设计……………………………………… 160
  第二节 幼儿教师语言运用能力的描述性分析…………………… 165
  第三节 幼儿教师语言运用能力差异性分析、问题讨论与研究结论… 185

第八章 幼儿教师语言运用能力的政策建议和研究展望…………… 243

  第一节 幼儿教师语言运用能力的政策建议……………………… 244
  第二节 幼儿教师语言运用能力的研究展望……………………… 248

参考文献………………………………………………………………… 254

第一章

改革开放以来我国学前教育体系发展历程及其政策演变

第一节　学前教育体系初建阶段及其政策分析

改革开放初期，国家开始全面恢复经济建设，倡导"尊重知识、尊重人才"，特别是 1977 年恢复实行全国统一高考、统一招生的升学政策之后，1978 年教育部颁布了《全日制小学暂行工作条例（试行草案）》和《全日制中学暂行工作条例（试行草案）》，基础教育开始恢复重建。①1978 年至 1990 年期间，我国国民教育体系重建初步完成，学前教育体系亦然。

1979 年 10 月，中共中央、国务院转发《全国托幼工作会议纪要》的通知（中发〔1979〕73 号），强调了学前教育的重要性，即"加强对婴幼儿的保健和教育工作，培养体魄健壮、品德良好和智力发达的后一代，是关系到国家和民族前途的根本大计"。自此，我国开始逐步重建学前教育体系，出台了一系列政策文件。

一、充实学前教育师资队伍

1978 年 10 月，教育部颁发了《关于加强和发展师范教育的意见》，主要是为了缓解中小学校师资缺乏问题，明确要求各地努力办好中等师范教育，从初中毕业生中选招优秀学生上中师，实施"两免一补"（免学费、免住宿费、发放生活补助）政策，学习三年后，回到乡村学校当教师。1980 年 8 月，教育部颁发《关于办好中等师范教育的意见》，指出幼儿师范学校的任务是"培养幼儿园师资，培训在职保教人员，有条件的学校还应积极开展学前教育科学研究。三年或四年制，招收初中毕业生和具有同等学力的女青年和在职的年轻保教人员"。这些政策的实施，为学前教育师资队伍充实了一大批中等师范毕业生，这些学生后来成为我国学前教育体系的中流砥柱。

这两份政策文件，前者是针对高校提出的加强和发展师范教育，后者是针对中等师范学校提出的师资培养任务。中等师范学校是幼儿教师和小学教师职前培养的主要教育机构。当时，招收了一大批初中优秀毕业生，经过三年培养

---

① 田娟、孙振东：《改革开放 40 年我国基础教育质量观的演进与反思——基于国家教育政策文本的分析》，载《现代教育管理》2018 年第 11 期，第 19–25 页。

的幼儿师范学校毕业生很多都进入了学前教育体系。

二、构建幼儿园教育指引体系

1979年11月,《城市幼儿园工作条例(试行草案)》颁布,提出"教给幼儿初浅的自然常识和社会常识,发展幼儿的智力(注意力、观察力、记忆力、想象力、思维能力,特别是口头语言的表达能力),培养他们对学习的兴趣和良好的学习习惯""幼儿园必须根据幼儿年龄特点做好保教工作。要注意研究和改进保教方法,不要把教育小学生、中学生和成年人的材料和方法投到幼儿园中来""教养员(即幼儿园专任教师)应该重视有关幼儿的教育学、心理学的学习,以及卫生保健、语言、文学、计算、音乐、舞蹈、美术、体育等基本知识和技能技巧训练"。该文件虽然是针对城市幼儿园制定的,但作为国家部门规章,实际上是为其后出台的《幼儿园工作规程(试行)》《幼儿园管理条例》等奠定了基础。这份文件虽然提示幼儿教育不能出现"小学化""成人化"倾向,但仍体现了当时流行的基本知识和基本技能的"双基"[1]教学倾向。

1981年10月,教育部印发了《幼儿园教育纲要》(试行草案)[简称《纲要(试行草案)》],提出"结合幼儿的年龄特点,幼儿园的教育任务应是向幼儿进行体、智、德、美全面发展的教育,使其身心健康活泼地成长,为入小学打好基础,为造就一代新人打好基础""教给幼儿周围生活中粗浅的知识和技能,注重发展幼儿的注意力、观察力、记忆力、思维力、想象力以及语言的表达力,培养他们对学习的兴趣,求知的欲望和良好的学习习惯""幼儿园的教育内容与要求,分为生活卫生习惯、体育活动、思想品德、语言、常识、计算、音乐、美术等八个方面";要求"幼儿园不考试,不留家庭作业"。

《纲要(试行草案)》的出台,为幼儿园教育提供了详细的教育指引,指导了我国学前教育工作近40年之久。正如某些研究者所言,《纲要(试行草案)》"从教育目的上来看,强调根据我国的教育方针和总的培养目标,结合

---

[1] "双基"是基础知识、基本技能的简称。主张把基础知识和基本技能作为普通中小学教学内容核心的课程理论,即"双基论"。1952年3月,教育部颁发的《中学暂行规程(草案)》中提出中学的教育目标之一是使学生获得"现代科学的基础知识和技能",首次明确提出"双基"概念。1978年后,全日制十年制中小学教学计划、各科教学大纲和教科书先后出台,这时,中小学各科教学都突出强调"双基"教学。

幼儿年龄段特点，从德、智、体、美、劳5个方面促进幼儿的发展，为幼儿进入小学做好基础准备工作"①。1986年6月，国家教育委员会（今教育部，简称"国家教委"）颁布了《关于进一步办好幼儿学前班的意见》，提出："要注重启发幼儿的学习兴趣，培养初步的学习习惯，但必须注意不要把小学一年级的教学任务放到学前班，并防止采用'注入式'的教育方法；……（一）学前班的各项教育活动应按照《幼儿园教育纲要》（试行草案）的精神进行，……4. 加强幼儿口语表达能力的培养，学说普通话，语音正确，并能大胆地、清楚地回答问题和表达自己的思想。在师资条件具备的班……帮助幼儿说好普通话。少数民族地区，除学习本民族语言外，也应学说普通话。……（二）学前班的教育形式和方法，应力求直观、形象、生动，要因地制宜，就地取材，为幼儿提供各种活动和游戏的材料。"

《关于进一步办好幼儿学前班的意见》主要针对当时学前班出现的"小学化"倾向，并意识到游戏对幼儿教育的重要性。对于语言领域，以说好普通话为主要教育目标。

三、推进多元化幼儿园办学体制

1983年9月，《关于发展农村幼儿教育的几点意见》（〔83〕教初字011号），对"农村幼儿教育工作在不少地方尚未受到应有的重视，……幼儿教师待遇低，很多地方还不能兑现，影响队伍的稳定；绝大多数教师未受过系统的专业训练，教育工作中比较普遍地存在着小学化、成人化的倾向，幼儿园的数量和质量均不能满足群众的要求"等问题，要求各地"要积极创造条件，有计划发展农村幼儿教育。……发展幼儿教育，必须坚持'两条腿走路'的方针。农村应以群众集体办园为主，充分调动社（乡）、队（村）的积极性；县镇则应大力提倡机关、厂矿企事业、街道办园，并支持群众个人办园。与此同时要积极恢复和发展教育部门办的幼儿园。……在现阶段，一般应首先发展学前一年教育，同时逐步创造条件接收三至五岁的幼儿入园（班）。……因地制宜，采取多种形式、多种渠道办园。在县镇，可按单位办，也可以联合办或按系统办；在农村，可办独立建制的幼儿园，也可在有条件的小学附设幼儿班；可办常年性的，还可办季节性的。农村幼儿园（班）实行社（乡）办社（乡）管、队（村）办队（村）管，附设在小学的，也可实行队（村）办校管"。同

---

① 吴雅婷：《我国幼儿园教育纲要政策变迁的文本分析》，载《教育现代化》2017年第48期。

时提出了"建设一支稳定、合格的幼儿教师队伍""要有计划地发展幼儿师范学校，做出幼儿师范教育的发展规划。……高等师范院校的学前教育专业要首先为各地幼儿师范学校和教师进修院校培养专业师资。近几年，要有计划地举办专修班和单科进修班，以解决各地对幼儿教育专业教师的急需"等。

该文件主要解决农村幼儿园数量和质量不能满足人民群众需求和学前教育师资队伍建设等问题。一是根据当时客观实际，本着"人民教育人民办"的思路，鼓励多种形式办学，调动各方积极性，增加幼儿园学位数量供给；二是解决学前教育人力资源匮乏的问题，通过提升幼儿园师资质量提高幼儿园办学质量，当时吸引了大量的初中优秀毕业生进入我国学前教育领域从事教育教学以及实践研究。

1989年6月，国家教委印发了《幼儿园工作规程（试行）》（国家教委令第2号）。全文共十章六十条，对幼儿园的性质、任务、招生与编班、卫生保健、幼儿园教育、园舍与设备、工作人员、经费、幼儿园与幼儿家庭、幼儿园管理工作等进行了全面规定；提出"幼儿园的任务是：实行保育与教育相结合的原则，对幼儿实施体、智、德、美全面发展的教育，促进其身心和谐发展。幼儿园同时为幼儿家长安心参加社会主义建设提供便利条件"。根据当时的情况，国家对幼儿园的学制进行了比较灵活的处理，如"幼儿园一般为三年制，亦可设一年制或二年制的幼儿园""幼儿园可分为全日制、半日制、定时制、季节制和寄宿制等。上述形式可分别设置，也可以混合设置"。1989年9月，《幼儿园管理条例》（国家教委令第4号）发布，全文共六章三十二条，分别从幼儿园的教育对象、保育和教育工作任务、规划和布局、办园体制、管理主体、办园条件和审批程序、保育和教育工作内容、行政事务、奖励和处罚等方面进行了规定。这两份文件都是自1990年2月1日起施行，说明我国学前教育体系建设基本完成。

学前教育体系初建阶段的主要成就：一是培养和充实了一批中等师范专业的毕业生进入学前教育体系，这批中师生里，前期较年长的大多数已经退休，后期较年轻的仍然在幼儿园中发挥着中流砥柱的作用；二是接受幼儿园教育的幼儿数量大幅提升，幼儿园办园质量逐步提高；三是幼儿园办学和教育教学制度化体系初步建成。通过新建幼儿园、培养学前教育师资队伍、办园多元化等一系列政策举措，幼儿教育惠及面不断得到扩大。

第二节　学前教育体系转型发展阶段及其政策分析

1991年至2000年期间，我国改革开放的进程开始深化和加速。1993年，党的十四届三中全会召开，根据党的十四大确定的经济体制改革的目标和基本原则，通过了《中共中央关于建立社会主义市场经济体制若干问题的决定》，该决定共计50条。"这是在确立了体制创新目标之后的'建立新体制'阶段，即建立社会主义市场经济体制，而不是在原有社会主义计划体制下的改革、修补和完善。这是第一个社会主义市场经济体制的总体设计和蓝图，提出建立现代企业制度、建立全国统一开放的市场体系、建立完善宏观经济调控体系、建立收入分配制度、建立社会保障制度等重要任务，成为新体制的基本框架与重要支柱，为后来的改革所继承下来。全会首次确立了'效率优先，兼顾公平'的改革原则，同时也提出了'提倡先富带动和帮助后富，逐步实现共同富裕'的要求和目标。"①伴随着国有企业股份制改革，企业办幼儿园的体制性问题开始出现，1995年，《关于企业办幼儿园的若干意见》正是在这种背景下出台的，学前教育体系开始转型发展。同时，国家开始重视幼儿园教育保健功能，并对幼儿园教职工的学历和专业提出了明确的要求。

一、强调学前教育保健功能

1991年6月，国家教委印发了《关于改进和加强学前班管理的意见》（教基〔1991〕8号），提出"学前班要注重培养幼儿良好的生活卫生习惯和参加体育活动的兴趣，增强体质；注重培养幼儿良好的品德、行为习惯；注重发展幼儿的语言和一般认知能力；注重培养动手能力；注重培养学习的兴趣和良好的学习习惯。不要求幼儿学习拼音、书写汉字、学做算术题（笔算）。学前班教育应注意与小学教育的衔接。为指导学前班教育工作，纠正目前存在的'小学化'倾向……不得搬用小学一年级教材，不要给幼儿布置家庭作业，不允许进行任何形式的测验和考试。小学接收一年级新生，不得举行任何形式的测验和考试"。这份文件，主要是针对当时全国许多地方没有条件举办独立的幼儿园而举办了大量的学前班，并且是针对学前班在教育和管理方面存在的一些问题而出台的。

---

① 胡鞍钢等：《中国国家治理现代化》，中国人民大学出版社2014年版。

1994年12月，卫生部、国家教委发布了《托儿所、幼儿园卫生保健管理办法》。要求托儿所、幼儿园园舍、桌椅、教具、采光、照明、卫生设施、娱乐器具及运动器械等必须安全并适合儿童健康发育的需要，符合国家规定的卫生标准和安全标准要求，并要求必须设立保健室、隔离室等，制定了《保健室设备标准》。要求托儿所、幼儿园必须严格遵守卫生部颁发的《托儿所、幼儿园卫生保健制度》和有关规定，规定了托儿所、幼儿园卫生保健工作内容以及卫生和防疫等工作要求。这份文件从国家政策层面开始重视幼儿保健工作。

二、大力提倡多元形式办园

1992年，国务院印发了关于下达《九十年代中国儿童发展规划纲要》的通知，这份文件是基于当时我国加入《儿童权利公约》，并且颁布《中华人民共和国未成年人保护法》之后出台的一份重要文件。文件的数据显示，1991年全国小学在校生人数12241万人，1990年幼儿园在园儿童1972万人。这说明我国当时距离学前教育普及化还有很大差距，规模和水平远远不够。该纲要提出20世纪90年代的发展目标是"在全国普及初等义务教育，在城镇以及经济比较发达的农村基本普及初中阶段义务教育。三至六岁幼儿入园（班）率达到35%""积极发展学前教育，坚持'动员社会力量，多渠道、多形式地发展幼儿教育'的方针。城市入园（班）率达70%；农村学前一年幼儿入园（班）率达60%；在经济不发达的农村和人口居住分散、交通不便的山区、牧区要利用多种形式进行学前教育"等。

1995年9月，国家教委、国家计划委员会（简称"国家计委"）、民政部、建设部、国家经济贸易委员会、全国总工会、全国妇联联合发布了《关于企业办幼儿园的若干意见》（教基〔1995〕21号），提出"企业办园在我国幼教事业中占有重要地位，据1994年统计，企业办园在园幼儿326万人，约占全国在园幼儿总数的12.4%"。该文件要求"坚持动员和依靠社会各方面力量，多渠道、多形式发展幼儿教育的方针""有条件的企业应继续办好幼儿园。……改革现行幼儿园收费制度，鼓励企业幼儿园向社会开放，逐步改变幼儿园经费由企业全部包揽的做法，提高企业办园的效益""深化改革，积极稳妥地推进幼儿教育逐步走向社会化。……本着平稳过渡的原则，可在政府统筹下，将所办的幼儿园交给当地教育行政部门规划，以多种形式继续办好，或由社区办，或由具备条件的团体、个人承办""在城市规划建设中安排好幼儿园规划和建设""加强社区对幼儿教育的扶持与管理。……要根据1993年民政部、国家计委等14个部委《关于加快发展社区服务业的意见》的有关规定，依需要与可能，社区可举办多种形式的正规与非正规幼儿教育机构。教育、民政、卫生、计划等部门应相互配合，积极进行社区的幼儿教育的试点工作，摸索经验，有计划地逐步推广"。

当时正值国家对国有企业和集体办企业进行转换经营机制的改革时期，有些企业因为转制，造成企业办幼儿园出现办学经费来源无法确定等问题。由此，我国很长一段时期在学前教育发展的体制和机制运作方面都存在一定问题。从1995年到2010年，以2010年11月国务院印发的《国务院关于当前发展学前教育的若干意见》(国发〔2010〕41号）为时间节点，我国学前教育经历了多元办学、多方筹措资金、公民办并举的体制机制灵活的质量提升发展时期。1994年，全国幼儿园共17.47万所，在园幼儿2630.30万人。到了2010年，全国共有幼儿园15.04万所，在园幼儿（包括学前班）2976.67万人，学前教育毛入园率达到56.6%，学前教育在园幼儿人数虽然在数量上有所增加，但数量增长并不是主要的，从表1-1和表1-2看，全国幼儿园社会团体和公民个人办学经费、社会捐资和集资办学经费之和，1994年的值是1993年的2.79倍，1995年的值是1994年的0.89倍。从数据看，《关于企业办幼儿园的若干意见》（教基〔1995〕21号）发布后，幼儿园社会团体和公民个人办学经费、社会捐资和集资办学经费之和有所下降，但是仔细分析可以看出：社会团体和公民个人办学经费，1994年是1993年的32.35倍，1995年是1994年的0.19倍；社会捐资和集资办学经费，1994年是1993年的1.39倍，1995年是1994年的1.67倍。两个指标数据差异很大，其原因极有可能是1992—2002年，全国开始国企第二阶段大规模改革，开展了建立现代企业制度的改革。这次改革包括集体办的企业全部转制。1994年的统计指标与1995年的统计指标在口径上发生了变化，同时由于企业转制，原来属于"社会团体和公民个人办学经费"很大部分转变为"社会捐资和集资办学经费"。

《关于企业办幼儿园的若干意见》（教基〔1995〕21号）发布后，社会团体办的幼儿园（主要是企业办的幼儿园）办学经费基本上转换为社会捐资和集资办学经费，造成1993—1995年这3年数据的变动很大。该文件颁布之前，由于企业改制，幼儿园依靠企业经费支撑的局面开始逐步被打破，大量幼儿园由企业办学转变为个人办学或社会集资办学的形式。该文件是在改革先行探索之后，总结改革经验的基础上发布的，并为未来幼儿园办学指引了方向。这是后来相当长一段时期内，我国民办幼儿园在园幼儿人数几乎占全部在园幼儿人数的一半的主要原因。

表 1-1 1991—2001 年全国幼儿园教育经费情况

年份	合计	国家财政性教育经费	预算内教育经费	社会团体和公民个人办学经费	与上一年的比值	社会捐资和集资办学经费	与上一年的比值	学费和杂费	其他教育经费	社会团体和公民个人办学经费、社会捐资和集资办学经费之和	与上一年的比值
1991	7315028.2	6178286.0	4597308.1	—	—	—	—	323475.6	185056.9	—	—
1992	8670490.5	7287505.8	5387381.7	—	—	628209.7	—	439319.3	247380.2	628209.7	—
1993	10599374.4	8677618.3	6443914.0	33322.7	—	696285.2	—	871476.9	315100.4	696285.2	—
1994	14887812.6	11747395.6	8839794.7	1077952.0	32.35	701856.9	1.39	1469228.1	588906.6	735178.8	2.79
1995	18779501.1	14115233.3	10283930.0	203671.5	0.19	974487.1	1.67	2012422.5	819759.8	2052439.1	0.89
1996	22623393.5	16717045.5	12119133.6	261998.9	1.29	1628414.0	1.16	2610391.2	1149798.4	1832085.5	1.17
1997	25317325.7	18625416.3	13577262.1	301746.4	1.15	1884189.5	0.91	3260792.0	1422783.4	2146188.4	0.94
1998	29449592.0	20324526.0	15655917.0	480314.0	1.59	1706587.6	0.83	3697474.0	3569741.0	2008334.0	0.95
1999	33490416.4	22871756.1	18157597.3	628957.1	1.31	1418537.0	0.89	4636107.9	4094901.1	1898851.0	0.99
2000	38490805.8	25626055.7	20856792.0	858537.2	1.37	1258694.2	0.91	5948304.3	4918351.7	1887651.3	1.06
2001	46376626.2	30570099.5	25823761.9	1280895.2	1.49	1139556.9	0.99	7456013.5	5940766.2	1998094.1	1.21

数据来源:《中国统计年鉴 2003》。

表1-2 2009—2023年全国民办幼儿园在园幼儿情况

年份	幼儿园在园幼儿人数（万人）	民办幼儿园在园幼儿人数（万人）	民办幼儿园在园幼儿占比（%）
2009	2657.80	1134.17	42.67
2010	2976.70	1399.47	47.01
2011	3424.50	1694.21	49.47
2012	3685.80	1852.74	50.27
2013	3894.70	1990.25	51.10
2014	4050.70	2125.38	52.47
2015	4264.80	2302.44	53.99
2016	4413.90	2437.66	55.23
2017	4600.10	2572.34	55.92
2018	4656.42	2639.78	56.69
2019	4713.88	2649.44	56.21
2020	4818.26	2378.55	49.37
2021	4805.21	2312.03	48.12
2022	4627.55	2126.78	45.96
2023	4093.00	—	—

数据来源：国家统计局，https://data.stats.gov.cn/index.htm。

三、规划学前教育发展目标体系

1997年7月，国家教委印发了《全国幼儿教育事业"九五"发展目标实施意见》（教基〔1997〕12号），提出了"九五"期间幼儿教育事业发展的指导思想、具体目标、措施保障等基本要求。发展的总目标是到2000年，全国学前三年幼儿毛入园（包括学前班）率达到45%以上，大中城市基本解决适龄幼儿入园问题，农村学前一年幼儿入园（班）率达到60%以上；并将全国的省（自治区、直辖市）划分为三个片，对各省份分别提出了2000年幼儿入园率的发展指标。同时，对于幼儿园办学的指导方针是"地方政府统一领导，坚持国家、集体和公民个人一起办的方针，按照'地方负责，分级管理和有关部门分工负责'的原则，在地方政府举办幼儿园同时，仍应积极鼓励和大力支持企、事业单位、社会团体、街道居委会，农村乡、镇和村委会，公民个人举办幼儿园或捐资助园""各级政府和主办单位要妥善解决幼儿教师的工资、教师职务评定、医疗和住房等问题""幼儿教育属非义务教育，发展这项事业应坚持政府拨款、主办单位和个人投入、幼儿家长缴费、社会广泛捐助和幼儿园自筹等多种渠道解决""各地还应按照'积极鼓励，大力支持，正确引导，加强管理'的方针，加强对民办幼儿园的管理，探索民办幼儿园的发展机制"。这份文件明确了各地幼儿入园率的达成目标和时间节点，并开始强化各级政府在学前教育管理和经费投入中的主体责任，但囿于当时客观资源情况，各地仍然是通过多种渠道筹措经费办园，以便能够在短时期内实现扩大学前教育普及受惠面的目标。

四、逐步规范幼儿园办学

1996年3月，国家教委发布《幼儿园工作规程》（国家教委令第25号），全面规范了幼儿入园和编班、卫生保健、幼儿园教育、园舍、设备、工作人员、经费、幼儿园与家长和社区、幼儿园的管理等事项。这份文件是对1989年6月国家教委印发的《幼儿园工作规程（试行）》（国家教委令第2号）的修订。修订后的主要变化有：①明确了幼儿园是基础教育的有机组成部分，是学校教育制度的基础阶段；②教育内容方面增加了"求知欲望""爱科学的情感""自信""感受美和表现美的能力"等；③在原条款基础上增加了"尊重、爱护幼儿"，将"歧视""侮辱幼儿人格"作为内容列入损害幼儿身心健康的行为之中；④强调和增加了"幼儿园工作人员应拥护党的基本路线"，将原来的"幼儿园依靠党的基层组织"修改为"党在幼儿园的基层组织要发挥政治核心作用"，强化了党对幼儿园的政治核心领导功能；⑤对幼儿园园长、教师、保育员、医务人员等明确了具体的学历要求，而不是原来的"毕业程度"等较为模糊的用词，同时对培训合格证书和教师资格证书等都有了明确的规定；⑥明确了幼儿园教师实行聘任制，取消了原来的任命制等。

1997年7月，国家教委印发了《全国幼儿教育事业"九五"发展目标实施意见》（教基〔1997〕12号），对于教育教学方面，提出"要重视幼教教研和科研工作，加强指导，建立、健全相应的机构，充实力量，积极研究幼教领域中出现的新情况、新课题"。

学前教育体系转型发展阶段的主要措施及成就包括：一是开始强调幼儿卫生保健，出台了管理办法，制定了配备标准；二是开始明晰政府作为学前教育管理和经费投入的主体职责；三是明确了多元筹措举办学前教育的体制，提高了幼儿入园率，规范了幼儿园办学，提升了学前教育的整体质量；四是制定了学前教育发展目标，并对学前教育进行了规划和布局。

第三节 学前教育体系完善发展阶段及其政策分析

2001—2012年，我国国民经济进入高速发展时期，2001年3月召开的九届全国人民代表大会第四次会议通过了《关于国民经济和社会发展第十个五年计划纲要的报告》，提出主要发展目标是：国民经济保持较快发展速度，经济结构战略性调整取得明显成效，经济增长质量和效益显著提高，为到2010年国内生产总值比2000年翻一番奠定坚实基础；国有企业建立现代企业制度取得重大进展，社会保障制度比较健全，社会主义市场经济体制逐步完善，对外开放和国际合作进一步开展；就业渠道拓宽，城乡居民收入持续增加，物质文化生活有较大改善，生态建设和环境保护加强；科技、教育加快发展，国民素质进一步提高，精神文明建设和民主法制建设明显进展。①

2002年11月，中国共产党第十六次全国代表大会通过了《全面建设小康社会，开创中国特色社会主义事业新局面》的报告。12月，中央经济工作会议召开，确定了2003年经济工作的总体要求是：坚持扩大内需的方针，继续实施积极的财政政策和稳健的货币政策，进一步深化改革，全面提高对外开放水平，加快经济结构的战略性调整，积极发展农业和农村经济，大力推进新型工业化，促进国民经济持续快速健康发展，实现速度和结构、质量、效益相统一。会议从进一步培育和扩大国内需求，促进农业和农村经济全面发展，继续推进产业结构调整和西部开发，深化经济体制改革，继续整顿和规范市场经济秩序，努力提高对外开放水平，切实做好扩大就业和社会保障工作，积极实施科教兴国战略和可持续发展战略，大力做好增收节支等方面，部署了2003年

---

① 李美余：《中国共产党大事记·2001》，见共产党员网（https://fuwu.12371.cn/2012/06/12/ARTI1 3394682592171 56_2.shtml），2012年6月12日。

经济工作。①

2004年10月,中国共产党十六届三中全会审议通过了《中共中央关于完善社会主义市场经济体制若干问题的决定》②。2005年1月,国务院发布《关于推进资本市场改革开放和稳定发展的若干意见》,指出:推进资本市场改革开放和稳定发展的任务是,以扩大直接融资、完善现代市场体系、更大限度地发挥市场在资源配置中的基础性作用为目标,建设透明高效、结构合理、机制健全、功能完善、运行安全的资本市场。12月,《中共中央 国务院关于进一步加强农村工作提高农业综合生产能力若干政策的意见》出台。文件要求,坚持"多予、少取、放活"的方针,稳定、完善和强化各项支农政策。③

随着我国政治经济体制进一步深化改革,我国国内生产总值从2001年的109655.2亿元增加到2012年的518942.1亿元,人均国内生产总值从8622元增加到38420元。国家经济实力得到快速提升,科教兴国战略得以实施和推进。加上高等学校扩大招生的内源性动力拉升,我国的国民教育体系得到了进一步完善,各级各类教育无论是在数量还是在质量方面都得到了长足发展,学前教育逐步发展到公益和普惠阶段,办园体制得到进一步理顺,幼儿教育改革进一步深化,学前教育体系在不断完善中基本建成,并开始走向内涵式的发展道路。我们把2001—2012年这一阶段称为学前教育体系完善发展阶段。

一、深入推进幼儿教育改革与发展

2003年3月,《国务院办公厅转发教育部等部门(单位)关于幼儿教育改革与发展指导意见的通知》(国办发〔2003〕13号)提出了未来5年的发展目标,即"今后5年(2003—2007年)幼儿教育改革的总目标是:形成以公办幼儿园为骨干和示范,以社会力量兴办幼儿园为主体,公办与民办、正规与非正规教育相结合的发展格局。根据城乡的不同特点,逐步建立以社区为基础,以示范性幼儿园为中心,灵活多样的幼儿教育形式相结合的幼儿教育服务网络。为0—6岁儿童和家长提供早期保育和教育服务""全国幼儿教育事业

---

① 李美余:《中国共产党大事记·2002》,见共产党员网(https://fuwu.12371.cn/2012/06/12/ARTI1339467717893510_5.shtml),2012年6月12日。
② 李美余:《中国共产党大事记·2003》,见共产党员网(https://fuwu.12371.cn/2012/06/12/ARTI1339467395140331_5.shtml),2012年6月12日。
③ 李美余:《中国共产党大事记·2004》,见共产党员网(https://fuwu.12371.cn/2012/06/12/ARTI1339466949575491_6.shtml),2012年6月12日。

发展的总目标是：学前三年儿童受教育率达到55%，学前一年儿童受教育率达到80%；大中城市普及学前三年教育；全面提高0—6岁儿童家长及看护人员的科学育儿能力"；并分三类地区规划了学前教育发展的具体目标，即"城市和经济发达地区，学前三年儿童受教育率应达到90%；……已经普及九年义务教育的县（市、区），学前三年儿童受教育率达到50%，学前一年儿童受教育率达到80%。……尚未实现普及九年义务教育的县（市、区），学前三年儿童受教育率达到35%，学前一年儿童受教育率达到60%"。同时提出了"加强示范性幼儿园建设。地方各级人民政府要合理布局，有计划地推动示范性幼儿园建设。要在城乡各类社会力量举办的幼儿园中扶持一批办学方向端正、管理严格、教育质量好并具有良好社会信誉的幼儿园作为示范性幼儿园""要充分发挥示范性幼儿园在贯彻幼儿教育法规、传播科学教育理念、开展教育科学研究、培训师资和指导家庭、社区早期教育等方面的示范、辐射作用""示范性幼儿园由省、地级教育部门组织评审认定"。

国办发〔2003〕13号文的发布，确定了我国学前教育发展的总目标，并明确了学前教育普及率。同时，提出了"加强示范性幼儿园建设"的要求。自此，省、市示范性幼儿园评估与督导等一系列地方政策的出台和实施，推动了学前教育开始走向质量内涵式的发展道路。

2007年9月，《教育部关于加强民办学前教育机构管理工作的通知》（教基〔2007〕16号）印发，包括在此之前和之后印发的《教育部关于做好2005年中小学幼儿园安全工作的意见》（教基〔2005〕4号）、《关于进一步做好中小学幼儿园安全工作六条措施》（教基〔2005〕10号）、《中小学幼儿园安全管理办法》（中华人民共和国教育部、公安部、司法部、建设部、交通部、文化部、卫生部、工商总局、质检总局、新闻出版总署令第23号公布）、《关于加强农村中小学生幼儿上下学乘车安全工作的通知》（教基〔2007〕12号）等文件，主要针对中小学和幼儿园安全问题进行了严格的规范。《教育部关于加强民办学前教育机构管理工作的通知》（教基〔2007〕16号）采取的主要措施为"对现有民办学前教育机构进行全面清理整顿；严格审批程序，明确监管责任；加强民办学前教育机构从业人员管理；加强对民办学前教育机构校车的安全管理；加强领导，落实责任"。这几份文件主要是针对幼儿园安全问题和民办幼儿园规范管理问题而制定。

2010年11月，国务院印发了《国务院关于当前发展学前教育的若干意见》（国发〔2010〕41号），提出"五个必须"，即："发展学前教育，必须坚持公益性和普惠性，努力构建覆盖城乡、布局合理的学前教育公共服务体系，保障适龄儿童接受基本的、有质量的学前教育;必须坚持政府主导,社会参与,公办民办并举,落实各级政府责任,充分调动各方面积极性;必须坚持改革创新,着力破除制约学前教育科学发展的体制机制障碍;必须坚持因地制宜,从实际出发,为幼儿和家长提供方便就近、灵活多样、多种层次的学前教育服务;必须坚持科学育儿,遵循幼儿身心发展规律,促进幼儿健康快乐成长。"一是首次将学前教育纳入公共服务体系,并强调其"公益性和普惠性"的属性;二是学前教育由政府主导,落实各级政府责任;三是通过体制机制创新发展学前教育;四是要提供多样化的学前教育服务;五是遵循幼儿身心发展规律,科学育儿。具体的政策措施有:一是多种形式扩大学前教育资源。大力发展公办幼儿园,提供"广覆盖、保基本"的学前教育公共服务。二是多种途径加强幼儿教师队伍建设。合理确定生师比,核定公办幼儿园教职工编制,逐步配齐幼儿园教职工。健全幼儿教师资格准入制度。颁布幼儿教师专业标准。三是多种渠道加大学前教育投入。各级政府要将学前教育经费列入财政预算。新增教育经费要向学前教育倾斜。四是加强幼儿园准入管理。完善法律法规,规范学前教育管理。严格执行幼儿园准入制度。五是强化幼儿园安全监管。六是规范幼儿园收费管理。七是坚持科学保教,促进幼儿身心健康发展。八是完善工作机制,加强组织领导。九是统筹规划,实施学前教育三年行动计划。

国发〔2010〕41号文将学前教育体系纳入公共教育服务体系,同时在全国准备启动的"学前教育三年行动计划"中,进一步明确了各级政府在学前教育方面的主导责任,明晰了各级政府在学前教育的财政经费投入、师资配备等方面的主体责任。文件再次重申"防止和纠正幼儿园教育'小学化'倾向"。

二、启动学前教育三年行动计划

2011年3月,《教育部办公厅关于成立教育部学前教育三年行动计划推进工作领导小组的通知》(教人厅〔2011〕4号)印发,领导小组的主要职责是:指导和督查各地学前教育三年行动计划实施情况;协调有关学前教育的重大项目、工程;研究、指导学前教育体制改革试点工作;讨论、审议《国务院关于当前发展学前教育的若干意见》的配套政策措施;统筹协调部内各有关司局之间涉及学前教育改革发展的重大问题。自此,全国各地开始谋划和实施学前教育三年行动计划,学前教育发展开始转向质量发展和内涵发展。

2011年9月,财政部、教育部印发了《关于加大财政投入支持学前教育发展的通知》(财教〔2011〕405号),认为学前教育仍是教育发展中的薄弱环节，主要表现为教育资源短缺、投入不足，师资队伍不健全，体制机制不完善，城乡区域发展不平衡，一些地方"入园难""入园贵"问题突出，提出支持学前教育发展是公共财政的重要职责。各级财政部门要切实加大学前教育财政投入，积极配合教育等部门，进一步完善体制机制，推进综合改革，坚持公益性和普惠性，构建覆盖城乡、布局合理的学前教育公共服务体系，为幼儿和家长提供方便就近、灵活多样、多种层次的学前教育服务，促进学前教育事业科学发展。确立了财政支持学前教育发展的基本原则为政府主导，社会参与；地方为主，中央奖补；因地制宜，突出重点；立足长远，创新机制。重点工作是支持中西部农村扩大学前教育资源。鼓励社会参与、多渠道多形式举办幼儿园，包括：积极扶持民办幼儿园发展，鼓励城市多渠道多形式办园和妥善解决进城务工人员随迁子女入园；实施幼儿教师国家级培训计划；建立学前教育资助制度。要求各地要优先利用闲置校舍和其他富余公共资源改建幼儿园，科学制定2011—2015年扩大学前教育资源规划，具体包括：学前教育基本情况和闲置校舍状况、发展目标及年度任务、主要政策措施、资金筹措方案、具体保障措施等内容。中央财政按照上述支持政策、四大类项目特点以及具备的条件，采取因素法等方式分配资金，对地方实行目标管理。

2012年2月，为了落实《国务院关于当前发展学前教育的若干意见》精神，进一步推动各地学前教育三年行动计划的实施，教育部印发了《学前教育督导评估暂行办法》（教督〔2012〕5号）。督导评估的主要内容包括落实政府责任和部门职责。加大学前教育经费投入，落实各项财政支持政策，构建学前教育公共服务体系。多种形式扩大学前教育资源，大力发展公办幼儿园，积极扶持民办幼儿园，扩大普惠性学前教育资源。加强幼儿教师队伍建设，核定并保证公办幼儿园教职工编制，落实并提高幼儿教师待遇，加强幼儿教师培养培训。规范学前教育管理，有效解决"小学化"倾向和问题等。提高学前教育发展水平，缓解"入园难"问题及提高社会公众对当地学前教育的满意程度等。

以上3份文件都是在为启动学前教育三年行动计划做准备的配套政策，从计划的组织保障、计划的经费支持、计划的督导评估等方面进行了全面的部署，为三期学前教育三年行动计划的顺利实施奠定了政策基础。

三、完善幼儿园教育指导体系

2001年7月，教育部印发了《幼儿园教育指导纲要（试行）》（简称《纲要》），指出："幼儿园的教育内容是全面的、启蒙性的，可以相对划分为健康、语言、社会、科学、艺术等五个领域,也可作其它不同的划分。各领域的内容相互渗透,从不同的角度促进幼儿情感、态度、能力、知识、技能等方面的发展。"《纲要》提出了"幼儿园教育应尊重幼儿的人格和权利,尊重幼儿身心发展的规律和学习特点,以游戏为基本活动,保教并重,关注个别差异,促进每个幼儿富有个性的发展"。说明了在幼儿园教育中幼儿作为主体的重要性,一是强调幼儿自己的人格和权利,教育使人之所以成为人,首先要尊重幼儿作为人本身的人格;二是幼儿教育工作者要深入理解和学习幼儿身心发展的规律和学习特点,要关注个别差异,针对幼儿在不同发展阶段、针对不同个体,采取的教育方式均不同;三是强调了游戏是幼儿发展的基本活动。跟1981年发布的《纲要(试行草案)》相比,教育内容方面,《纲要》将《纲要(试行草案)》的"生活卫生习惯、体育活动、思想品德、语言、常识、计算、音乐、美术"8个方面调整为"健康、语言、社会、科学、艺术"五大领域,这五大领域的分类不仅覆盖了原来的8个方面,而且外延更加全面,分类更加科学。《纲要》以五大领域的教育活动作为幼儿园教育内容,强调游戏和活动课程作为载体,强调"各领域的内容相互渗透,从不同的角度促进幼儿情感、态度、能力、知识、技能等方面的发展"。《纲要》体现了学前教育紧跟我国社会经济发展以及国际上教育发展的时代趋势,符合时代发展特征以及对人的培养要求。

2011年12月,教育部为进一步贯彻落实《国务院关于当前发展学前教育的若干意见》,规范办园行为,防止和纠正"小学化"现象,保障幼儿健康快乐成长,印发了《教育部关于规范幼儿园保育教育工作 防止和纠正"小学化"现象的通知》(教基二〔2011〕8号)。这两份文件,前者是从更宏观的角度对未来学前教育发展的方向进行了规定,后者则再次强调了幼儿园保育教育的重要性。

2012年10月,教育部出台了《3—6岁儿童学习与发展指南》(教基二〔2012〕4号)(简称《指南》),从健康、语言、社会、科学、艺术等五大领域描述幼儿学习与发展,"分别对3至4岁、4至5岁、5至6岁三个年龄段末期幼儿应该知道什么、能做什么、大致可以达到什么发展水平提出了合理期望"。同时,针对当前学前教育普遍存在的困惑和误区,为广大家长和幼儿园教师提供了具体的、可操作的指导和建议。《指南》确定了指导学前教育的四条原则,以及幼儿在健康、语言、社会、科学、艺术等五大领域的学习与发展目标和教育建议。

从《纲要》出台到《指南》正式发布,经历了十余年,其间,全国各地在《纲要》的指导下,纷纷开展幼儿园教育活动的理论研究和实践探索,《指南》是在实施和执行《纲要》的教育实践中提炼出来的,凝聚了学前教育研究者和实践者的智慧,汲取了世界上学前教育丰富的研究成果和优秀经验,并将之付诸我国本土化实践中而获得。这两份文件在此后相当长的一段时间里起着指导学前教育活动内容以及教育方式的作用。

四、推进学前教育教师专业发展

2011年11月,《教育部关于大力推进教师教育课程改革的意见》(教师〔2011〕6号)(简称《意见》)颁布,同时印发了《教师教育课程标准(试行)》(简称《课程标准》)。《意见》对教师教育课程改革提出了十条意见,即:创新教师教育课程理念;优化教师教育课程结构;改革课程教学内容;开发优质课程资源;改进教学方法和手段;强化教育实践环节;加强教师养成教育;建设高水平师资队伍;建立课程管理和质量评估制度;加强组织领导和条件保障。《课程标准》确定了教师教育的学习领域、建议模块和学分要求,制定了有针对性的教师教育课程方案,保证新入职教师基本适应基础教育新课程的需要;对幼儿园职前教师教育的课程目标与课程设置,提出了"幼儿园职前教师教育课程要帮助未来教师充分认识幼儿阶段的特性和价值,理解'保教结合'的重要性,学会按幼儿的成长特点进行科学的保育和教育;理解幼儿的认知特点和学习方式,学会把教育寓于幼儿的生活和游戏中,创设适宜的教育环境,保护与发展幼儿探究、创造的兴趣,让幼儿在愉快的幼儿园生活中健康地成长"。

2012年2月,教育部印发了《幼儿园教师专业标准(试行)》《小学教师专业标准(试行)》和《中学教师专业标准(试行)》(教师〔2012〕1号),确立了"国家对幼儿园、小学和中学合格教师专业素质的基本要求,是教师实施教育教学行为的基本规范,是引领教师专业发展的基本准则,是教师培养、准入、培训、考核等工作的重要依据",要求"要依据《专业标准》调整教师培养方案,编写教育教学类课程教材,作为教师教育类课程的重要内容。将《专业标准》作为'国培计划'和'省培计划'等各级培训的重要内容,依据《专业标准》制定教师培训课程指南。将《专业标准》作为中小学和幼儿园教师考核的重要依据,进一步细化考核的内容和指标"。

2012年9月,《教育部 中央编办 财政部 人力资源社会保障部〈关于加强幼儿园教师队伍建设的意见〉》(教师〔2012〕11号)印发,明确要求各地

"到2015年，幼儿园教师数量基本满足办园需要，专任教师达到国家学历标准要求，取得职务（职称）的教师比例明显提高。到2020年，形成一支热爱儿童、师德高尚、业务精良、结构合理的幼儿园教师队伍"，提出了"明确幼儿园教师队伍建设的目标、补足配齐幼儿园教师、完善幼儿园教师资格制度、建立幼儿园园长任职资格制度、完善幼儿园教师职务（职称）评聘制度、提高幼儿园教师培养培训质量、建立幼儿园教师待遇保障机制"7项举措。同时要求"地方各级教育、编制、财政、人力资源社会保障等有关部门要充分认识加强幼儿园教师队伍建设的重要性和紧迫性，健全工作机制，加强统筹协调，建立督促检查、考核奖惩和问责机制，确保加强幼儿园教师队伍建设的各项措施落到实处、取得实效"。

第四节　学前教育体系规范发展阶段及其政策分析

2010年，我国国民经济总量跃升为世界第二。2012年底，党的十八大召开，是我们党在全面建设小康社会的关键时期和深化改革开放、加快转变经济发展方式的攻坚时期召开的一次重要会议，对我们党团结带领全国各族人民继续全面建设小康社会、加快推进社会主义现代化、开创中国特色社会主义事业新局面具有重大而深远的意义。党的十八大报告指出："必须强化宗旨意识，相信群众，依靠群众，始终把人民放在心中最高位置。"把人民放在心中最高位置，就要问政于民、问计于民、问需于民。习近平总书记指出："人民对美好生活的向往，就是我们的奋斗目标。"为了能够满足广大人民群众对优质学前教育的需求，学前教育发展目标从"公益普及普惠"调整为"普及普惠优质"发展。

一、推动普及普惠优质学前教育体系建设

2014年11月，《教育部　国家发展改革委　财政部关于实施第二期学前教育三年行动计划的意见》（教基二〔2014〕9号）印发，计划目标是"到2016年，全国学前三年毛入园率达到75%左右。城镇和经济发达地区的农村全面普及学前三年教育，其他农村地区特别是集中连片特困地区学前三年毛入园率有较大增长。初步建成以公办园和普惠性民办园为主体的学前教育服务网络。

逐步建立起以公共财政投入为主的农村学前教育成本分担机制。幼儿园办园水平和保教质量显著提高",主要措施为：加快发展公办幼儿园；积极扶持普惠性民办幼儿园；进一步加大学前教育投入；加强幼儿园教师队伍建设；健全幼儿园监管体系；加强幼儿园保育教育指导。

2017年4月,《教育部等四部门关于实施第三期学前教育行动计划的意见》(教基〔2017〕3号)印发,提出"全国学前三年毛入园率2016年达到77.4%",主要目标是"到2020年,基本建成广覆盖、保基本、有质量的学前教育公共服务体系。全国学前三年毛入园率达到85%,普惠性幼儿园覆盖率(公办幼儿园和普惠性民办幼儿园在园幼儿数占在园幼儿总数的比例)达到80%左右"。

2017年4月,教育部印发了《幼儿园办园行为督导评估办法》(教督〔2017〕7号),主要是以评促建,推动第三期学前教育行动计划的深入实施,推动各地加强和改进对幼儿园的监管,促进幼儿园规范办园行为,保障幼儿身心健康、快乐成长。

2018年11月,《中共中央 国务院关于学前教育深化改革规范发展的若干意见》印发,认为：学前教育仍是整个教育体系的短板,发展不平衡不充分问题十分突出,"入园难""入园贵"依然是困扰老百姓的烦心事之一。主要表现为：学前教育资源尤其是普惠性资源不足,政策保障体系不完善,教师队伍建设滞后,监管体制机制不健全,保教质量有待提高,存在"小学化"倾向,部分民办园过度逐利、幼儿安全问题时有发生。该文件共分为九大部分：第一部分为总体要求,首先确立习近平新时代中国特色社会主义思想为指导思想,全面贯彻党的十九大精神和党的教育方针,认真落实立德树人根本任务,遵循学前教育规律,牢牢把握学前教育正确发展方向,完善学前教育体制机制,健全学前教育政策保障体系,推进学前教育普及普惠安全优质发展,满足人民群众对幼有所育的美好期盼,为培养德智体美劳全面发展的社会主义建设者和接班人奠定坚实基础。其次,确定"坚持党的领导、坚持政府主导、坚持改革创新、坚持规范管理"四大原则。最后,提出2020年和2035年发展的主要目标,"到2020年,全国学前三年毛入园率达到85%,普惠性幼儿园覆盖率(公办园和普惠性民办园在园幼儿占比)达到80%""基本形成以本专科为主体的幼儿园教师培养体系,本专科学前教育专业毕业生规模达到20万人以上""到2035年,全面普及学前三年教育,建成覆盖城乡、布局合理的学前教育公共服务体系,形成完善的学前教育管理体制、办园体制和政策保障体系,为幼儿提供更加充裕、更加普惠、更加优质的学前教育"等。第二至第八部分属于主要任务，提出了"优化布局与办园结构、拓宽途径扩大资源供给、健全经费投入长效机制、大力加强幼儿园教师队伍建设、完善监管体系、规范发展民办园、提高幼儿园保教质量"七大任务。第九部分属于组织保障，即"加强组织领导"。主要任务部分特别提出了"公办园资源不足的城镇地区，新建改扩建一批公办园"。提出"大力发展公办园，充分发挥公办园保基本、兜底线、引领方向、平抑收费的主渠道作用。按照实现普惠目标的要求，公办园在园幼儿占比偏低的省份，逐步提高公办园在园幼儿占比，到2020年全国原则上达到50%""规范小区配套幼儿园建设使用。2019年6月底前，各省（自治区、直辖市）要制定小区配套幼儿园建设管理办法""鼓励社会力量办园。政府加大扶持力度，引导社会力量更多举办普惠性幼儿园。2019年6月底前，各省（自治区、直辖市）要进一步完善普惠性民办园认定标准、补助标准及扶持政策。通过购买服务、综合奖补、减免租金、派驻公办教师、培训教师、教研指导等方式，支持普惠性民办园发展，并将提供普惠性学位数量和办园质量作为奖补和支持的重要依据"。提出"到2020年，各省（自治区、直辖市）制定并落实公办园生均财政拨款标准或生均公用经费标准，合理确定并动态调整拨款水平""办好一批幼儿师范专科学校和若干所幼儿师范学院，支持师范院校设立并办好学前教育专业。中等职业学校相关专业重点培养保育员"等具体措施和时间节点。

2019年1月，《国务院办公厅关于开展城镇小区配套幼儿园治理工作的通知》（国办发〔2019〕3号）出台，该文件主要是落实《中共中央 国务院关于学前教育深化改革规范发展的若干意见》中所提出的"规范小区配套幼儿园建设使用，并对小区配套幼儿园规划、建设、移交、办园等情况进行治理"而做出的部署，其主要目的是"着力构建以普惠性资源为主体的学前教育公共服务体系，聚焦小区配套幼儿园规划、建设、移交、办园等环节存在的突出问题开展治理，进一步提高学前教育公益普惠水平"。

2020年2月，教育部印发了《县域学前教育普及普惠督导评估办法》（教督〔2020〕1号），要求各地"2020年4月底前将本地制定的县域学前教育普及普惠督导评估工作方案、所辖县2030年前接受督导评估的总体规划和年度计划报教育部"。督导评估的主要内容包括普及普惠水平、政府保障情况、幼儿园保教质量保障情况三个方面。

2020年10月，中共中央、国务院印发了《深化新时代教育评价改革总体方案》，提出要完善幼儿园评价，制定幼儿园保教质量评估指南，要求各省（自治区、直辖市）完善幼儿园质量评估标准，并指出"幼儿园教师评价突出保教实践,把以游戏为基本活动促进儿童主动学习和全面发展的能力作为关键指标,纳入学前教育专业人才培养标准、幼儿教师职后培训重要内容"。

2021年12月,教育部等九部门印发了《"十四五"学前教育发展提升行动计划》,将"完善普惠性学前教育保障机制""实现学前教育普及普惠安全优质发展"作为重点,要实现的主要目标是"进一步提高学前教育普及普惠水平,到2025年,全国学前三年毛入园率达到90%以上,普惠性幼儿园覆盖率达到85%以上,公办园在园幼儿占比达到50%以上""覆盖城乡、布局合理、公益普惠的学前教育公共服务体系进一步健全,普惠性学前教育保障机制进一步完善,幼儿园保教质量全面提高,幼儿园与小学科学衔接机制基本形成",重点任务是"补齐普惠资源短板;完善普惠保障机制;全面提升保教质量"。

二、深化推进幼儿园教育改革

2016年1月,教育部印发了《幼儿园工作规程》(教育部令第39号),与1989年6月国家教委令第2号试行的规程相比,调整的内容和力度都比较大。①总则的调整:文件出台的目的方面,增加了"规范办园行为"和"促进幼儿身心健康";幼儿园教育重要性提法,将幼儿园教育从基础教育的"有机"组成部分提升到"重要"组成部分;幼儿园工作任务,增加"贯彻国家的教育方针""遵循幼儿身心发展特点和规律",从原来的"体、智、德、美"调整成为"德、智、体、美",删除原来"幼儿园同时为家长参加工作、学习提供便利条件",替换为"幼儿园同时面向幼儿家长提供育儿指导";删除一年制和两年制幼儿园的设置,明确"幼儿园一般为三年制";保育和教育的主要目标中增加"促进心理健康",智力目标中从"动手能力"调整为"动手探究能力",情感目标方面增加"友爱""勤学"等。②幼儿园入园和编班的调整:幼儿园照顾入学的幼儿增加"孤儿"和"家庭经济困难幼儿"这两个群体;幼儿园规模从"不宜过大"调整为"一般不超过360人";删除"学前幼儿班不超过40人"的规定,意味着彻底取消了"学前幼儿班"这个在发展过渡时期的概念。③增加第三章幼儿园安全共5个条款:安全管理制度和责任;园舍设备设施安全;食品药品和饮食饮水安全;安全意识和教育;校方责任险等,其中值得注意的是要求"入园幼儿应当由监护人或者委托的成年人接送",增加"开展反家庭暴力教育"条款。④幼儿园卫生保健的调整:增加及时向家长反馈幼儿健康发展状况,定期分析、评价结果;幼儿园应当关注幼儿心理健康，注重满足幼儿的发展需要，保持幼儿积极的情绪状态，让幼儿感受到被尊重和接纳；增加"晨检、午检制度和病儿隔离制度""传染病预防与管理制度""幼儿园应当建立患病幼儿用药的委托交接制度""禁止饮酒""保证幼儿合理膳食""安全卫生饮用水"等。⑤幼儿园教育的调整：明确将幼儿园教育界定为"健康、语言、社会、科学、艺术"五个学习领域；强调幼儿"直接感知、实际操作和亲身体验""主动探索、操作实践、合作交流和表达表现"；增加第三十条关于幼儿园环境资源的内容，强调"幼儿园应当营造尊重、接纳和关爱的氛围，建立良好的同伴和师生关系"；增加家庭和社区教育资源有效利用；增加情感教育目标，强调充分尊重幼儿的个体差异；增加为残疾儿童提供更多帮助和指导；增加"幼儿园不得提前教授小学教育内容，不得开展任何违背幼儿身心发展规律的活动"等内容。⑥幼儿园园舍、设备的调整：增加了寝室、综合活动室的设置，删除"家长接待室"等内容。⑦幼儿园教职工的调整：将原来的"幼儿园的工作人员"调整为"幼儿园的教职工"；将原来的"医务人员"调整为"卫生保健人员"；园长的学历要求从以前的"中师"调整为"大专以上学历、有三年以上的幼儿园工作经历"，增加了园长的职责"组织和指导家长工作"；对于幼儿教师，增加的职责有"创设良好的教育环境，合理组织教育内容，提供丰富的玩具和游戏材料，开展适宜的教育活动""定期总结评估保教工作实效"；幼儿园保育员学历要求从原来的初中学历提高到高中学历，并"受过幼儿保育职业培训"；幼儿卫生保健人员中，医师要具有"医师执业证书"，护士要具有"护士执业证书"，保健员要具备高中以上学历，并经过卫生保健专业知识培训。幼儿园卫生保健人员的职责更加细化，如负责晨检、午检和健康观察等。⑧幼儿园经费的调整：增加收费公示制度、不得收取与新生入园挂钩的赞助费，不得以培养幼儿某种专项技能、组织或参与竞赛等为由，另外收取费用，不得以营利为目的组织幼儿表演、竞赛等活动。⑨幼儿园的管理的调整：增加"加强党组织建设""建立教研制度"条款，调整原来"教育督导"为"接受上级教育卫生公安消防等部门的检查、监督和指导"。

2018年7月，《教育部办公厅关于开展幼儿园"小学化"专项治理工作的通知》（教基厅函〔2018〕57号）印发，主要针对"一些幼儿园违背幼儿身心发展规律和认知特点，提前教授小学内容、强化知识技能训练，'小学化'倾向比较严重"的现象，要求"贯彻落实《幼儿园工作规程》《幼儿园教育指导纲要（试行）》和《3—6岁儿童学习与发展指南》，推进幼儿园科学保教"，对幼儿园"小学化"问题所采取的专项治理工作。①严禁教授小学课程内容。

对于提前讲授汉语拼音、识字、计算、英语等小学课程内容的，要坚决予以禁止。②纠正"小学化"教育方式。"针对幼儿园不能坚持以游戏为基本活动，脱离幼儿生活情景，以课堂集中授课方式为主组织安排一日活动；或以机械背诵、记忆、抄写、计算等方式进行知识技能性强化训练的行为，要坚决予以纠正。"③整治"小学化"教育环境。④解决教师资质能力不合格问题。⑤小学坚持"零起点"教学。

2021年3月《教育部关于大力推进幼儿园与小学科学衔接的指导意见》（教基〔2021〕4号）印发，旨在"落实立德树人根本任务，遵循儿童身心发展规律和教育规律，深化基础教育课程改革，建立幼儿园与小学科学衔接的长效机制，全面提高教育质量，促进儿童德智体美劳全面发展和身心健康成长"；确立了"坚持儿童为本；坚持双向衔接；坚持系统推进；坚持规范管理"4个原则，主要目标是"全面推进幼儿园和小学实施入学准备和入学适应教育，减缓衔接坡度，帮助儿童顺利实现从幼儿园到小学的过渡。幼儿园和小学教师及家长的教育观念与教育行为明显转变，幼小协同的有效机制基本建立，科学衔接的教育生态基本形成"。随文下发了《幼儿园入学准备教育指导要点》《小学入学适应教育指导要点》，对幼儿园和小学分别提出了儿童的"身心准备、生活准备、社会准备和学习准备"和"身心适应、生活适应、社会适应和学习适应"四个方面具体的内容，每个内容由"发展目标、具体表现和教育建议"三部分组成。

三、完善幼儿园园长及教师培养培训体系

2014年4月，《教育部办公厅 财政部办公厅关于做好2014年中小学幼儿园教师国家级培训计划实施工作的通知》（教师厅〔2014〕1号）印发，对中小学幼儿园教师国家级培训计划示范性项目、中西部项目和幼师国培项目实施工作提出要求。文件指出，"中西部项目"和"幼师国培"要重点关注未参训农村教师，特别是针对边远、贫困和民族地区，切实扩大培训受益面，实现对中西部农村义务教育学校和幼儿园的全覆盖。

2015年1月，教育部印发了《普通高中校长专业标准》、《中等职业学校校长专业标准》、《幼儿园园长专业标准》（教师〔2015〕2号），对校长和园长的办学理念、专业要求进行了详细的规定，并提出了实施意见。

四、开展幼儿园保育教育质量评估

2021年12月,教育部等九部门印发了《"十四五"学前教育发展提升行动计划》,提出"坚持以幼儿为本,遵循幼儿学习特点和身心发展规律""坚持以游戏为基本活动,保教结合、因材施教,促进每名幼儿富有个性的发展"。文件要求"深入贯彻落实《3—6岁儿童学习与发展指南》《幼儿园教育指导纲要(试行)》,以先进的实践经验为引领,切实转变教师观念和行为,促进幼儿在快乐的童年生活中获得有益身心的学习和发展经验,提升教师职业成就感。深入推进幼儿园与小学科学衔接,在认真开展试点、加强实践探索的基础上,全面构建衔接机制,强化幼儿园和小学深度合作,切实提高入学准备和入学适应教育的科学性和有效性,坚决纠正超前学习、拔苗助长等违反幼儿身心发展规律的行为"。计划出台《幼儿园保育教育质量评估指南》,要求"各省(区、市)完善幼儿园质量评估实施办法,将各类幼儿园全部纳入质量评估范围,树立科学导向,强化过程评估,引领教师专业成长,全面提高幼儿园保教质量"。

2022年2月,教育部颁布了《幼儿园保育教育质量评估指南》(简称《评估指南》),评估的主要内容是"坚持以促进幼儿身心健康发展为导向,聚焦幼儿园保育教育过程质量,评估内容主要包括办园方向、保育与安全、教育过程、环境创设、教师队伍5个方面,共15项关键指标和48个考查要点",覆盖了幼儿园保育教育活动的方方面面;要求各地完善本地质量评估具体标准,编制幼儿园保育教育质量自评指导手册;要求县级督导评估原则上每3~5年为一个周期,确保每个周期内覆盖所有幼儿园。

五、推进学前教育法制化

2020年9月,教育部公布了关于《中华人民共和国学前教育法草案(征求意见稿)》,并面向社会公开征求意见。该《草案》主要是"为了保障适龄儿童接受学前教育的权利,促进学前教育事业普及普惠安全优质发展,规范学前教育实施,提高全民素质"而制定;包括"总则、学前儿童、幼儿园的规划与举办、保育与教育、教师和其他工作人员、管理与监督、投入与保障、法律责任、附则"共75项条款,对各责任主体的法律权利、义务和责任进行了详细的规定。

学前教育经过近30年的恢复重建、转型、完善和规范发展,政策体系建设已经完备，为了能够适应新时代的要求，需要从国家法律层面将政策实施中行之有效且符合广大人民群众利益的措施转化为法律条文，对学前教育办园规范、教育教学等相关制度在法律层面上予以明确、规定，并对违反法律条文的行为进行处罚等。

学前教育发展的目标是"普及普惠优质发展"，学前教育是国民教育体系的重要组成部分，是重要的社会公益事业。学前教育要坚持中国共产党的全面领导，坚持社会主义办学方向，落实立德树人根本任务，遵循儿童身心发展规律，培育社会主义核心价值观，促进儿童德智体美劳全面发展，为培养担当民族复兴大任的时代新人奠定基础。凡具有中华人民共和国国籍的适龄儿童，都依法享有平等接受学前教育的权利。"发展学前教育应当坚持政府主导，以政府举办为主，大力发展普惠性学前教育资源，鼓励、支持和规范社会力量参与。"我国按照学段分类的教育法，到目前为止，已经出台的教育法有：《中华人民共和国义务教育法》（1986年4月12日第六届全国人民代表大会第四次会议通过，2006年6月29日第十届全国人民代表大会常务委员会第二十二次会议修订，根据2015年4月24日第十二届全国人民代表大会常务委员会第十四次会议《关于修改〈中华人民共和国义务教育法〉等五部法律的决定》第一次修正，根据2018年12月29日第十三届全国人民代表大会常务委员会第七次会议《关于修改〈中华人民共和国产品质量法〉等五部法律的决定》第二次修正）、《中华人民共和国职业教育法》（1996年5月15日第八届全国人民代表大会常务委员会第十九次会议通过，2022年4月20日第十三届全国人民代表大会常务委员会第三十四次会议修订）、《中华人民共和国高等教育法》（1998年8月29日第九届全国人民代表大会常务委员会第四次会议通过，根据2015年12月27日第十二届全国人民代表大会常务委员会第十八次会议《关于修改〈中华人民共和国高等教育法〉的决定》修正）、《中华人民共和国学前教育法》（2024年11月8日第十四届全国人民代表大会常务委员会第十二次会议通过）。

第二章

改革开放以来学前教育教师语言相关政策的发展脉络

第一节　学前教育教师语言相关政策各阶段的主要任务

改革开放以来,学前教育体系建设大致划分为四个发展阶段,学前教育教师语言相关政策的要求与四个阶段有着密切的联系,但也并非在所有时间节点上完全对应。在这四个阶段中,学前教育教师语言相关政策在不断调整和变化,每个阶段的主要任务也有所不同。

一、要求推广、普及普通话

1978—1990年期间,国家致力于恢复和重建国民教育体系,学前教育体系得以发展。在此阶段,语言文字领域的首要任务就是推广、普及普通话。"1982年,《中华人民共和国宪法》规定'国家推广全国通用的普通话';1986年全国语言文字工作会议将推广普通话列为新时期语言文字工作的首要任务。"① 普通话学习从娃娃抓起,要求幼儿教师使用普通话开展教育活动,因此这一时期,学前教育的主要任务就是推广、普及普通话,重点在提升个体的口头语言表达能力方面。

1979年11月,《城市幼儿园工作条例(试行草案)》颁布,提出"口头语言的表达能力"属于幼儿智力发展的六个部分之一,这六部分内容即注意力、观察力、记忆力、想象力、思维能力、口头语言的表达能力。"教养员(即幼儿园专任教师)应该重视有关幼儿的教育学、心理学的学习,以及卫生保健、语言、文学、计算、音乐、舞蹈、美术、体育等基本知识和技能技巧训练""教养员应该说普通话。少数民族地区的幼儿园可使用本民族语言进行教育教学"。这份文件,强调了"幼儿的口头语言的表达能力"培养的重要性,要求幼儿教师使用普通话进行教学。

1981年10月,教育部印发了《幼儿园教育纲要》(试行草案),认为"幼儿时期是语言迅速发展时期。三四岁的幼儿能够掌握全部基本语音,随着知识经验的丰富,词汇量日益增多,词汇中实词多(其中以名词、动词最多),虚词少。语句以简单句为主,复合句少。在正确教育下,随着句子的形式和语法

---

① 赵沁平:《构建和谐语言生活 弘扬中华优秀文化》,载《中国教育报》2007年9月9日第001版。

结构的掌握，五六岁幼儿联贯性口头语言的表达能力有较大的提高。但是，由于他们的知识和经验不够丰富，认识水平所限，掌握的词汇量不够多，对词义的理解不够准确，不能恰当地表达自己的思想，口语中往往浮现不少语病"；提出了"结合幼儿的年龄特点，幼儿园的教育任务应是向幼儿进行体、智、德、美全面发展的教育，使其身心健康活泼地成长，为入小学打好基础，为造就一代新人打好基础"，教师应"教给幼儿周围生活中粗浅的知识和技能，注重发展幼儿的注意力、观察力、记忆力、思维力、想象力以及语言的表达力，培养他们对学习的兴趣，求知的欲望和良好的学习习惯""幼儿园的教育内容与要求，分为生活卫生习惯、体育活动、思想品德、语言、常识、计算、音乐、美术八个方面"。其中，语言方面的主要教育任务是，"培养幼儿发音清晰、正确，学习说普通话。丰富幼儿词汇，发展幼儿思维和口头语言的表达能力。初步培养幼儿对文学作品的兴趣。少数民族的幼儿学会本民族语言"。具体概括起来，教育内容主要为：①从小班到大班，递进式丰富幼儿的词汇。教会小班幼儿理解常用的名词、动词、人称代词和形容词等；中班幼儿要掌握运用更多的名词、动词、形容词、数量词、代词，学会使用常用副词（如现在、还、非常等）和连接词（如和、跟、同等），能理解词义；大班幼儿掌握更多的实词，学会用描述事物不同程度的形容词（如大的、比较大的、最大的）；学习一些常用的虚词：介词（如在、向、从等），连接词（如因为、所以、如果等）；掌握并能运用一些同义词。②让幼儿逐步学会与教师和同伴交谈，能表达自己的请求、大胆表达自己的想法，能够有礼貌地听别人讲话和交谈，能清晰地表达自己的要求与见闻等。③幼儿通过学习，到大班能够比较完整地、连贯地讲述图片的内容。④幼儿通过学习，到大班能够比较有表情地朗诵八至十首诗歌，复述三四个故事。学习评价别人的讲述。⑤培养幼儿爱阅读和讲述图书，听儿童广播和讲述某些内容。

《纲要（试行草案）》对幼儿园教育的8个方面内容进行了详尽的描述，对于语言领域的教育内容按照小、中、大班幼儿的语言发展水平开展递进式的教育教学指导，具体到词、句的学习要求，同时要求幼儿能够使用语言进行正确的交流和表达，并培养幼儿的文学兴趣等。此份文件指导学前教育开展活动长达20年之久，影响深远，对幼儿教师在教育教学中的语言运用起到了一定的指引作用。

1986年6月，国家教委颁布的《关于进一步办好幼儿学前班的意见》提出，教师"要注重启发幼儿的学习兴趣，培养初步的学习习惯，但必须注意不要把小学一年级的教学任务放到学前班，并防止采用'注入式'的教育方法""加强幼儿口语表达能力的培养,学说普通话,语音正确,并能大胆地、清楚地回答问题和表达自己的思想。在师资条件具备的班,可以学习汉语拼音,帮助幼儿说好普通话。少数民族地区,除学习本民族语言外,也应学说普通话"。从摘录的内容来看,当时学前教育领域的管理者已经意识到幼儿园教育教学中应重视防止"小学化"倾向。对于语言领域,主要以"说好普通话"为教育目标,开始特别强调幼儿口语表达能力的培养。1989年6月,国家教委印发了《幼儿园工作规程(试行)》(国家教委令第2号),提到了"发展幼儿正确运用感官和运用语言交往的基本能力,增进其对环境的认识,培养有益的兴趣和动手能力,发展智力"。1989年9月,《幼儿园管理条例》(国家教委令第4号)发布,继续强调"幼儿园应当使用全国通用的普通话。招收少数民族为主的幼儿园,可以使用本民族通用的语言""幼儿园应当以游戏为基本活动形式"。

二、重视语言的交际性

1991—2000年期间,学前教育体系面临着转型发展,我国加入了《儿童权利公约》,颁布了《中华人民共和国未成年人保护法》,印发了《九十年代中国儿童发展规划纲要》。学前教育的理念发生深刻变化,尊重儿童的人格、权利、主体地位等逐步为广大教育者和家长们所认可。理念的改变促成了学前教育政策从文本表述到执行实施的变化和调整。这一时期,与学前教育语言领域相关的政策主要有3份文件,开始提倡语言的交际交流功能,并将"语境"作为重要的概念提出来,起到了承前启后的重要作用。

1991年6月,国家教委印发了《关于改进和加强学前班管理的意见》(教基〔1991〕8号),随文印发的《学前班保育与教育的基本要求(试行稿)》中提到"学前班应特别注意幼儿语言的发展。教师应创造条件,通过参观、讲故事、听广播、看图书、看木偶表演、看电影、介绍优秀文学作品和表演等各种活动,扩展幼儿的社会生活知识与经验,促进幼儿语言的发展,为进入文字阅读打基础。学前班应培养幼儿运用语言进行交往的基本能力。教师应创设良好的运用语言的环境,提供幼儿之间以及幼儿与教师之间语言交流的机会"。提出"培养幼儿能注意地听别人说话、正确理解别人说话并能按教师的要求办事""注意扩大幼儿的词汇量,培养幼儿能大胆、清楚地表达自己的意见、愿望、要求、生活经验,能提出问题。培养幼儿能与同伴、成人自由交谈、讨论问题""培养幼儿听广播和看图书的兴趣""培养幼儿正确的说话态度""坚持使用全国通用的普通话。方言地区，要注意及时纠正幼儿的发音"。除了继续延续之前的推普任务外，文件中首次提出了"培养幼儿运用语言进行交往的基本能力"，"教师应创设良好的运用语言的环境"，并要求培养幼儿语言表达和说话态度等。这些提法，说明学前教育在政策导向方面已经进行了调整，开始强调教育过程中语言的交际性以及语言在互动过程中的生成性。

1992年11月，《国务院批转国家语委关于当前语言文字工作请示的通知》（国发〔1992〕63号）印发，要求"各级人民政府和有关部门要支持这项工作，加强领导，坚持不懈地抓好推广普通话、推进文字规范化、推行汉语拼音等工作"。特别提出"推广普通话，学校是基础。学校用语一律使用普通话。学校和社会的推广普通话工作要互相结合，互相促进""学校推广普通话，必须列入学校工作计划，提出明确的目标和要求，建立必要的规章制度。学校推广普通话的重点是各级各类师范院校，初等和中等学校""到本世纪末，普通话要成为城市幼儿园和乡中心小学以上以汉语授课为主的各级各类学校的教学用语，成为师范学校、初等和中等学校的校园语言。各级各类师范学校（包括承担师资培养任务的普通高校、有条件的部分民族院校）和职业高中的幼师类、文秘类、公共服务类（旅游、商业等）专业都要开设普通话课程，要把普通话作为一项重要基本功，认真训练，严格考核；普通话不合格的毕业生，必须进行补课和补考，补考合格后方可发给毕业证书。用普通话进行教学是合格教师的一项必备条件，应当成为评估教学质量、评选优秀教师、评聘教师职务的一个内容。对语文教师说普通话的能力和水平应有更高的要求。建议国家教委制订加强学校推广普通话工作的规定和实施办法"。

结合上述两份文件以及1986年全国语言文字工作会议的要求来看，这段时期属于学前教育语言政策发展变化的过渡期：一方面，普通话普及推广的力度加大；另一方面，学前教育将语言从以前作为8个方面的课程之一，提升到高度重视的地步，并且对语言的交际性和语境创设提出了要求，开始关注幼儿在语言交际交流方面的主体性和生成性，也开始关注教师语言及其对幼儿的价值和示范性。这些政策变化为2001年《幼儿园教育指导纲要（试行）》出台打下了基础。

三、关注语言的渗透性

2001—2012年期间，《幼儿园教育指导纲要（试行）》《3—6岁儿童学习与发展指南》发布，正如前文所述，此两份文件为学前教育活动内容和开展形式锚定了方向和行动指南,与此同时,关于幼儿园教育中与语言相关的政策和指导意见也不断成熟。

2001年发布的《纲要》指出:"幼儿语言的发展与其情感、经验、思维、社会交往能力等其他方面的发展密切相关,因此,发展幼儿语言的重要途径是通过互相渗透的各领域的教育,在丰富多彩的活动中去扩展幼儿的经验,提供促进语言发展的条件。"幼儿语言的学习目标主要为5项,即"乐意与人交谈,讲话礼貌;注意倾听对方讲话,能理解日常用语;能清楚地说出自己想说的事;喜欢听故事、看图书;能听懂和会说普通话"。在指导要点中列出了以下4条,即:①语言能力是在运用的过程中发展起来的,发展幼儿语言的关键是创设一个能使他们想说、敢说、喜欢说、有机会说并能得到积极应答的环境。②幼儿语言的发展与其情感、经验、思维、社会交往能力等其他方面的发展密切相关,因此,发展幼儿语言的重要途径是通过互相渗透的各领域的教育,在丰富多彩的活动中扩展幼儿的经验,提供促进其语言发展的条件。③幼儿的语言学习具有个别化的特点,教师与幼儿的个别交流、幼儿之间的自由交谈等,对幼儿个体的语言发展具有特殊意义。④对有语言障碍的幼儿要给予特别关注,要与家长和有关方面密切配合,积极地帮助幼儿提高语言能力。

《纲要》对幼儿语言发展领域的要求,可概括为几条:一是幼儿语言的发展不是孤立的,而是与其他4个领域的教育活动相互渗透,也属于一种综合的能力,这种能力包括情感、经验、思维、社会交往能力等,共同作用于幼儿的身心发展;二是幼儿通过各种教育活动,能够主动与别人交谈,并培养语言交际能力;三是幼儿语言的发展需要较为轻松的语境,幼儿应在语境下去体验和提升语言交往的技能;四是幼儿语言具有个性化特点,需要教师关注和理解,并且需要以教师与家长等其他主体进行有效沟通为支持。

2001—2012年期间,全国各省份开始具体贯彻《纲要》和《指南》精神,并制定了地方的学前教育课程指南或教育活动指引等。譬如,2004年,《上海市学前教育课程指南》(试行稿)发布;2007年,北京市教委发布了《北京市贯彻〈幼儿园教育指导纲要(试行)〉实施细则》。

2011年11月,《教育部关于大力推进教师教育课程改革的意见》(教师〔2011〕6号)颁布,印发了《教师教育课程标准(试行)》;确定了教师教育的学习领域、建议模块和学分要求,有针对性地制订幼儿园、小学和中学教师教育课程方案,保证新入职教师基本适应基础教育新课程的需要。职前学前教师教育课程目标设置了观察、谈话、倾听、作品分析的相关语言技能课程以及幼儿语言教育与活动指导的相关课程等。

2012年9月，教育部印发了《幼儿园教师专业标准（试行）》《小学教师专业标准（试行）》和《中学教师专业标准（试行）》（教师〔2012〕1号），对幼儿园教师语言运用能力方面提出了更为具体的要求，如对教师与不同主体（幼儿、家长、同事、社区人员等）进行语言交流都提出较为详细的要求。

四、强调语言的融合性

2012年10月，教育部出台的《3—6岁儿童学习与发展指南》将幼儿语言发展提升至非常重要的地位，指出"语言是交流和思维的工具。幼儿期是语言发展，特别是口语发展的重要时期。幼儿语言发展贯穿于身心发展的各个领域，对其他领域的发展有至关重要的影响。幼儿在运用语言进行交流的同时，也在发展着人际交往能力、对交往情境的判断能力、组织自己思想的能力等，并通过语言获取信息，逐步使学习超越个体的直接感知""幼儿的语言能力是在交流和运用的过程中发展起来的""幼儿的语言学习需要相应的社会经验支持，应通过多种活动扩展幼儿的生活经验，丰富语言的内容，增强理解和表达能力"。《指南》对幼儿语言发展方面的教育建议，从之前的语言"渗透"到各个学习领域，提升到语言"贯穿"于幼儿身心发展的各个领域，建议将语言融入幼儿园教育活动之中。《指南》发布后，全国各地根据该文件精神，开始制定幼儿园一日活动的指引，譬如：2015年，广东省教育厅印发了《广东省幼儿园一日活动指引（试行）》，山东省教育厅印发了《关于规范幼儿园一日活动的指导意见》等。

2022年颁布的《幼儿园保育教育质量评估指南》（简称《评估指南》），将幼儿园教育活动中的语言融合特性纳入了多项评估指标之中。

从《纲要》到《指南》和《评估指南》，国家对幼儿教育提出了更科学和更符合幼儿身心发展特点的教育活动要求，以促进幼儿全面且个性化发展为前提，为幼儿终身良性顺畅发展打下基础。从文件文本来看，无论是对幼儿语言发展，还是对幼儿教师语言运用能力的要求，语言作为幼儿园教育活动开展的重要载体，需要融入幼儿各种领域的学习中，与幼儿的学习活动和生活经验紧密结合起来，教育过程中特别重视语言交际功能的发挥和幼儿的语言体验；提倡幼儿教师具有创设语境且将语言贯穿和融合在各个教育活动中进行设计的能力。

第二节　学前教育教师语言相关政策的发展阶段

从改革开放至今，国家政策对于幼儿教师语言运用的要求，大致可以划分为3个阶段：1979—2000年，是培养和培训幼儿教师运用普通话进行教育教学能力的阶段；2001—2011年，是要求幼儿教师关注并发展语言交际交往功能的阶段；2012年以后，是要求幼儿教师具备语言运用综合能力的阶段。

一、培养幼儿教师运用普通话进行教育教学能力的阶段

1979年11月，《城市幼儿园工作条例（试行草案）》颁布，将"口头语言的表达能力"作为幼儿智力培养的六个部分之一提出；对于幼儿教师的语言方面，要求重视教师语言的基本知识和技能技巧训练，要求"教养员（即专任教师）应该说普通话。少数民族地区的幼儿园可使用本民族语言进行教育教学"。同时，要求教师具有语言教学的基本知识和技能，以及具有使用普通话进行教学（除少数民族地区的幼儿教师）的能力。

1992年11月，印发的《国务院批转国家语委关于当前语言文字工作请示的通知》将"普通话合格"列为幼儿教师入职的一项必备条件。从1979年到2001年，学前教育对幼儿教师语言方面的要求基本上没有太大的变化，主要是以普及推广普通话作为教师职前培养和职后培训的重点内容。这一阶段对幼儿师范生的语言能力培养方面，主要开设了"普通话语音""语言""教师口语"等课程，并重视通过演讲比赛、戏剧表演等多途径对准幼儿教师的语言技能进行培养。

二、要求幼儿教师关注并发展语言交际交往功能的阶段

2001年印发的《幼儿园教育指导纲要（试行）》，对幼儿教师在促进幼儿语言发展方面提出了7点要求，即：①创造一个自由、宽松的语言交往环境，支持、鼓励、吸引幼儿与教师、同伴或其他人交谈，体验语言交流的乐趣，学习使用适当的、礼貌的语言进行交往。②养成幼儿注意倾听的习惯，发展其语言理解能力。③鼓励幼儿大胆、清楚地表达自己的想法和感受，尝试说明、描述简单的事物或过程，发展语言表达能力和思维能力。④引导幼儿接触优秀的儿童文学作品，使之感受语言的丰富和优美，并通过多种活动帮助幼儿加深对

作品的体验和理解。⑤培养幼儿对生活中常见的简单标记和文字符号的兴趣。⑥利用图书、绘画和其他多种方式，引发幼儿对书籍、阅读和书写的兴趣，培养前阅读和前书写技能。⑦提供普通话的语言环境，帮助幼儿熟悉、听懂并学说普通话。少数民族地区还应帮助幼儿学习本民族语言。

要达到上述7点要求，幼儿教师在语言方面应当具备以下6种能力：

①教师具备创设自由和宽松语境的能力，强调在语境中幼儿的体验。②教师要具有倾听能力，要以身作则去培养幼儿的倾听习惯。③教师具有鼓励幼儿用语言表达的能力。④教师具有利用文学作品去感受语言美的能力。⑤教师具有培养幼儿阅读兴趣和对文字符号感知的能力。⑥教师具有示范和教会幼儿说普通话的能力。

2011年11月，《教师教育课程标准（试行）》印发实施。在幼儿教师职前教育课程目标中，该课程标准将"掌握观察、谈话、倾听、作品分析等基本方法，理解幼儿发展的需要"列入"具有理解幼儿的知识和能力"条目下，将"了解我国幼儿园教育的目标和任务，熟悉健康、语言、社会、科学、艺术等各领域的教育目标，学会以此指导自己的学习和实践"列入"具有教育幼儿的知识和能力"条目下。在课题设置的建议模块中，涉及语言领域的是"幼儿语言教育与活动指导"和"教师语言技能"两个模块。

2012年9月，印发实施的《幼儿园教师专业标准（试行）》，对幼儿园教师语言运用提出了较为详细的要求，例如："不讽刺、挖苦、歧视幼儿，不体罚或变相体罚幼儿""重视自身日常态度言行对幼儿发展的重要影响与作用""语言规范健康，举止文明礼貌""掌握观察、谈话、记录等了解幼儿的基本方法和教育心理学的基本原理和方法""引导幼儿在游戏活动中获得身体、认知、语言和社会性等多方面的发展""提供更多的操作探索、交流合作、表达表现的机会，支持和促进幼儿主动学习""有效运用观察、谈话、家园联系、作品分析等多种方法，客观地、全面地了解和评价幼儿""善于倾听，和蔼可亲，与幼儿进行有效沟通""与同事合作交流，分享经验和资源，共同发展""与家长进行有效沟通合作""与社区建立合作互助的良好关系"等。该文件对教师在语言方面的交际功能相当重视，要求教师能够与幼儿、家长、同事、社区人员等主体通过语言交际进行沟通和合作。

三、要求幼儿教师具备语言运用综合能力的阶段

2012年10月，教育部出台了《3—6岁儿童学习与发展指南》，将幼儿语

言学习领域划分为两大部分6个子目标,即:"(一)倾听与表达。目标1:认真听并能听懂常用语言。目标2:愿意讲话并能清楚地表达。目标3:具有文明的语言习惯。(二)阅读与书写准备。目标1:喜欢听故事,看图书。目标2:具有初步的阅读理解能力。目标3:具有书面表达的愿望和初步技能。同时对6个子目标,还分别提出了对幼儿语言发展具体的教育建议。"

以上教育目标的实现,需要幼儿教师具有较强的语言运用能力,结合教育建议,可以提炼和推演出幼儿教师的语言运用能力具体包括以下几点:

(1)具有倾听能力和语言转换能力。即教师首先能够倾听,要理解幼儿语言特点,并将自己的语言转化为幼儿能够理解的语言。要理解语气、语调所表达的情绪和态度,并创设语境引导幼儿去感知和学习运用语气、语调表达信息。

(2)具有创设语言环境,鼓励幼儿运用语言进行表达的能力。即教师自身的语言要清晰和简洁,具有与幼儿运用语言互动的能力和组织幼儿之间用语言互动的能力。

(3)语言文明规范,具有引导幼儿学会遵守交往语境中的语言规则的能力。

(4)具有培养幼儿阅读兴趣和阅读习惯的能力,能引导幼儿体会标识、文字符号用途。

(5)具有提供图书资料,引导幼儿调动自身经验使用语言讲述和表达,发挥想象力和创造力、感受语言文字美的能力。

(6)具有通过画画、涂鸦、连线、简单书写等途径,引导幼儿萌发书面表达愿望和初步技能的能力。

2022年颁布的《幼儿园保育教育质量评估指南》,其中的《幼儿园保育教育质量评估指标》(简称《评估指标》)将教师语言运用能力提到了更重要的位置,几乎贯穿于"活动组织""师幼互动"两项二级指标下的所有三级指标。《评估指标》中的第21—31条(共计11条)指标都暗含着幼儿语言发展的教育要求,提示幼儿教师应该如何运用语言去有效组织和实施幼儿园教育活动。具体包括:教师如何通过语言组织游戏并引导幼儿分享经验;如何通过语言开展讨论,鼓励幼儿表达观点;如何将语言教育目标与其他4个领域教育目标有机整合,并融于幼儿的生活和游戏活动中;如何以良好的情绪状态、以肯定性和支持性语言,鼓励幼儿表达真情实感;如何支持和鼓励幼儿进行自主决策;如何倾听并移情理解幼儿;如何发现并理解幼儿在语言发展方面的个性化特征等。可以说,该评估指标对教师语言运用能力的要求是综合的,包括:教师运用语言组织教育活动的能力、运用语言构建游戏环境的能力、运用语言引导幼儿表达和分享的能力、运用语言鼓励幼儿主动沟通和自主决策的能力、具有倾听和通过幼儿语言去理解幼儿的能力，等等。

2024年11月8日，《中华人民共和国学前教育法》颁布。第五十六条规定"幼儿园应当以学前儿童的生活为基础，以游戏为基本活动，发展素质教育，最大限度支持学前儿童通过亲近自然、实际操作、亲身体验等方式探索学习，促进学前儿童养成良好的品德、行为习惯、安全和劳动意识，健全人格、强健体魄，在健康、语言、社会、科学、艺术等各方面协调发展"，要求幼儿教师将语言教育活动融入幼儿的各方面经验和活动之中，这对教师语言的能力提出了新的要求。

从国家政策对幼儿教师语言运用的要求来看，20世纪80—90年代，主要是推广和普及普通话，合格的普通话水平成为幼儿教师入职的硬性条件之一；2001—2012年，逐步重视幼儿教师语言运用，从重视语言交际功能，到强调师幼互动，发展到要求教师具备创设语境、能够充分运用语言开展教育活动乃至设计课程的能力。2013年之后，对幼儿教师语言运用能力提出了更高的要求，幼儿教师需要具备《评估指标》中的能力，这几类能力是幼儿教师语言运用的综合性能力，也是本研究构建幼儿教师语言运用能力结构体系的重要基石。

第三章

幼儿教师语言运用能力理论研究

第一节 幼儿教师语言运用能力研究综述

一、幼儿教师语言运用中存在的问题

（一）信息化时代语言异化现象影响教师语言运用的规范性

信息化时代改变了人类的交往和生活方式，也在悄然影响着人类的文化及文化走向。幼儿作为未来人类社会的主体，承载着传承、创新和发展科技和文化的责任。语言作为人类沟通协作的符号，其本身具有文化的属性。幼儿期是个体语言发展的关键期。幼儿语言是否能良好发展，关系到其身心健康成长，离不开教育环境的有利影响。值得注意的是，随着信息化时代网络的普及化和大众化，语言异化现象逐渐凸显。研究者在与幼儿接触过程中发现，网络语言已经渗透幼儿交往过程和成长环境之中。一些关于校园语言环境对个体语言发展影响的研究显示，"异化的语言多为词语或短句且与图形、符号、数字和英文单词字母等相拼合，因此衍生出诸多不符合现代汉语规范的问题"[①]；"语言异化会导致语言失去正确的信息交流功能、清晰的感情表达功能而最终导致文化的混乱"[②]。在校园环境中，语言异化倾向导致部分学生和教师的语言沟通不太顺畅，对此问题的解决显得尤为迫切。

在幼儿园教育阶段，幼儿教师就需要提前干预，为幼儿创设规范、丰富和健康的语言学习和交往环境。对此，幼儿教师首先要具备正确的语言文化观念、健康优雅的语言习惯、有利于幼儿成长的语言交流沟通方式和驾驭语言组织教育教学活动的能力。然而，信息化时代语言异化现象影响幼儿教师语言运用的规范性，导致一些教师语言运用不规范，无法为幼儿树立正确的语言榜样，影响幼儿园教育质量和幼儿的发展。

---

① 贾晓玲：《校园推普要警惕语言异化倾向》，载《内蒙古民族大学学报（社会科学版）》2011年第4期，第68—70页。

② 贾晓玲：《校园推普要警惕语言异化倾向》，载《内蒙古民族大学学报（社会科学版）》2011年第4期，第68—70页。

（二）学前教育领域师资队伍整体素质影响教师个体语言运用的水平

现阶段，学前教育领域的师资队伍在年龄、结构、稳定性等方面存在着诸多问题。李赛认为"幼儿园教师培养层次不高，由中专起步，本科、研究生较少，再加上职前职后职业培训提升断裂等问题，使幼儿园师资质量堪忧"[①]。吴琼的实证研究显示，"教师资质与结构的平均值（M=1.97）最低，有74%的幼儿园未达到合格水平"[②]。谢梦雪、杜微微对重庆市N区调查得出，该区民办幼儿园教师资格证持有率为78.81%，保育员持证率仅有36.09%，助教中55%具有学前教育专业背景，以中专学历为主。26.72%的专职教师学历相对较高，但有的教师不具备学前教育专业背景。幼儿园教师具有学前教育专业背景的比例不高，获得职后培训的机会不多，特别是在非公办园里。[③]

幼儿教师的年轻化和流动率高，造成师资队伍整体的专业能力不足。尤其是在幼儿教师语言运用能力方面，职前和职后培养都未能引起高度重视：一是从幼儿教师培养现状来看，职前培养及教师资格考试偏重于教师的口语基本能力训练和考核，忽视了对语言运用中其他4个成分（语言选择能力、语言倾听能力、语言调控能力和语言风格）的训练；二是职后培训缺乏常规化、系统化和有效评价指标；三是教师语言能力职前培养与职后培训存在脱节现象。这些均导致了幼儿教师从业后语言运用不理想，而影响了幼儿语言的发展。

（三）缺乏语言运用的专业培训和评价影响教师组织教育活动的质量及成效

幼儿教师在职前主要接受普通话和口语基本技能的课程训练，这些课程主要目标是培养学前教育专业学生的语言清晰和准确表达能力，属于准幼儿教师基础能力方面的培养。虽然这些课程的设计也结合了幼儿的身心发展特点，但总体而言，还没有深入涉及幼儿园教育活动情境之中的语言实际运用。换言之，它们没有真正结合幼儿心理学、语用学方面的理论，课程的专业性和系统性不强。因此，在幼儿园，师幼互动仍然存在着下述问题。

[①] 李赛：《幼儿园师资能力培训现状分析与对策建议——以陕西省幼儿教师在职培训为例》，载《中国培训》2020年第6期，第50–51页。

[②] 吴琼：《我国幼儿园师资保障质量评估与提升策略》，载《学前教育研究》2021年第1期，第57–66页。

[③] 谢梦雪、杜微微：《第三期"学前教育三年行动计划"幼儿园师资队伍建设成效分析——以重庆市N区为例》，载《重庆第二师范学院学报》2021年第3期，第75–80页。

毕月花、马玉霞、汪念念等对幼儿教师语言运用中的有效提问进行研究，发现幼儿教师在语言领域教学中出现一些现象：注重幼儿知识积累忽略非知识（如情感）方面的教育；让幼儿自愿回答过多，个别提问与幼儿应答较少；给予幼儿的待答时间太短，不利于幼儿思考；提问的事实陈述过多，鼓励赞扬较少；封闭式问题多，开放性问题少；程式化的"平行问题"频率高、质量低，递进的"台阶式问题"少（所谓程式化的"平行问题"，是指教师的提问中，对文本高频率的复述多，启迪幼儿思维少，"程式化问题"限制了幼儿思维活动空间，剥夺幼儿发现、想象和创新的机会，无法对幼儿的思维构成挑战；与之相对立的是"台阶式问题"，是指能够逐步引导幼儿思考、开启幼儿想象的问题，但目前这类提问较为缺乏）。①

一些报道中涉及教师的语言失范问题更应该引起关注和警惕。"幼儿教师语言暴力是指在教育过程中幼儿教师通过使用恐吓、威胁等性质的语言，致使幼儿感到自卑且内心受到极大创伤的言语行为。"②语言暴力，比较容易被识别；但是威胁性语言，则较难被觉察。幼儿教师使用威胁性语言在教育教学活动中对幼儿产生潜移默化的影响，不可小觑。宋晶晶根据观察和访谈，采集了231个案例，并对之进行分析，将幼儿教师威胁性语言划分为直接威胁性语言与间接威胁性语言、针对个体威胁性语言与针对集体威胁性语言、剥夺式威胁性语言与惩罚式威胁性语言。③根据她所提供的案例发现，这些威胁性语言在幼儿园日常教育教学活动过程中出现时，绝大多数幼儿教师难以自我觉察，家长也很难辨别和区分。

值得关注的是，在民办幼儿园中，教师流失率相对较高，工资相对低，获得培训和发展机会相对较少，这些容易导致教师心理失衡，缺乏安全感。此外，不少幼儿园聘用的一些毕业生，虽然"普通文化知识较高，却缺乏幼儿教育学科专业知识，如教育学、心理学、卫生学等。她们往往了解知识的内涵，却无法将之幻化为幼儿熟悉、易掌握的语言"④。上述教师普遍缺乏语言运用方面的专业培训，这些均影响着幼儿园教育教学的质量和成效。

---

① 毕月花、马玉霞、汪念念：《幼儿教师在语言教学活动中有效提问的研究》，载《兰州教育学院学报》2011年第1期，第147-149页。
② 宋晶晶：《幼儿教师威胁性语言研究》，华中师范大学2013年硕士学位论文，第4页。
③ 宋晶晶：《幼儿教师威胁性语言研究》，华中师范大学2013年硕士学位论文，第11页。
④ 陈小英：《幼儿教师教学语言的现状、问题与对策研究》，苏州大学2010年硕士学位论文，第18页。

二、幼儿教师语言运用研究现状

国内外关于教师语言的研究,整体而言,涉及理论层面的包括教师语言特点、语言分类和语言作用等方面的研究,涉及实践层面的包括教师教学语言及改进方法、课堂教学语言类型和风格等方面的研究。在对幼儿教师语言能力的研究方面,目前偏重对教师个体的语言表达能力的讨论,忽视对教师在教育情境中语言运用情况的系统研究、有效性分析和科学评价,究其本质,是缺乏对幼儿教师语言运用能力的理论研究。虽然近十年国内研究者受语用学理论的影响,开始进行幼儿教师语言运用能力方面的理论研究,偏向于运用理论在教育实践领域进行实证研究;但由于语言运用能力的理论体系还不是很明晰,造成实证研究的理论支撑不足。

(一)国外研究重点关注教师语言规律与效率

国外关于教师语言方面的研究由来已久,普遍认为教师语言对学生有重要影响。20世纪50年代起,澳大利亚、日本、美国等明确将教师语言作为教师职业技能进行专门研究。澳大利亚学者对教师口语的类型进行细分,主要对教师讲授语、幽默语等的运用策略进行了研究;日本学者将教师语言作为教育学部等院校专业课程进行细分并开展专题授课;英美学者对教师语言能力的探讨主要集中在课堂语言的互动研究领域。德朗舍尔(G. Delandshere,1969)从语言的作用出发,区分了小学教师的7个言语范畴,指出教师语言约有1/3的时间花在维持课堂秩序上。[①] 在教师口语技巧训练方面,美国学者非常重视并将教师语言能力作为教师资格证的考评项目;认为只有在真实交往情境中的语言才能成为学生易于理解的语言输入,才能为学生提供鲜活的语言示范,才能使学生参与语言的理解、感知和表达,实现师生语言互动,进而实现师生语言交际的功能。

国外关于教师语言的研究主要集中在对教师语言特点和规律的探索及其对学生学习效率的影响上,较少涉及幼儿教师语言方面的研究。

(二)国内研究重点关注教师的口语能力及其对幼儿的影响

近30年来,我国教育研究者开始重视教师语言研究并积累了不少经验,语言能力尤其是口语表达能力逐渐成为我国师范生职业能力培养的重要一环,

---

① G. Delandshere, E. Bayer. *Comment les maîtres enseignent: analyse des interactions verbales en classe.* Belgique: Ministère de l'Education nationale et de la Culture, Bruxelles, Belgium, 1969.

出现了一批专门研究教师口语基本构成及其能力训练方面的论著。秦学武等人对高等师范院校学生"教师口语能力的构成要素和培养途径"进行了探索,指出对教师的口语表达能力和心理调控能力培养的重要性;①程培元在2011年、2012年分别提出科学设置师范生教师口语课程内容应以正确认识教师口语能力的构成要素为前提,详细分析了教师口语能力既包括语言运用能力(即口语基本能力、语言选择能力、语言倾听能力、语言调控能力和语言风格等5个要素),也包括支持语言运用的能力要素(即丰富的知识基础、良好的思维品质和健康的心理素质)。②但这些研究指向的是高校和中小学教师,较少涉及幼儿教师。也有一些研究者尝试进行幼儿教师语言能力的研究,比较早开始的是幼儿教师语言表达的职前培养研究。

1. 职前培养研究重点关注教师口语方面研究

20世纪90年代中期,国家教育主管部门在幼儿师范学校及高等院校学前教育专业开设了一门应用语言学科"教师口语"。其后,不少研究者展开了针对幼儿教师(学前教育专业学生)语言能力的培养和研究。陈红在研究中发现,"教师口语"课程在开展过程中遇到很多问题,如课时数少,内容多,没有明确的评价标准,用"普通话"课代替"教师口语"课,忽略了口语课程的核心即教师职业口语训练,造成很多师范毕业生走上讲台无所适从;通过对新上岗教师(工作3年及以下)的调查,研究者发现新教师在职业口语方面存在教态不够自信、表达不够流畅、语言的启发性不够、处理突发事件应变能力不强等问题。③这些说明"教师口语"课程在关注教师专业技能训练方面相当不足。邓萌基于现状调研,探讨了学前教育专业学生"教师口语技能"培养的重要性和主要途径;④吴雪青基于对大学本科幼儿教师口语课程教学问题的分析,探讨了幼儿教师职前培养过程中口语能力培养的重要性及其途径。⑤盛敏菊在探索中职幼师生职业口语能力提升策略的基础上,提出了能力考核训练的一些

---

① 秦学武、盖海红:《教师口语能力的构成因素和培养途径》,载《河北师范大学学报(教育科学版)》1998年第4期,第289-290、293页。
② 程培元:《教师口语课程建设的回顾与问题分析》,载《课程·教材·教法》2012年第12期,第95-101页。
③ 陈红:《"教师口语"课程:问题与对策》,华东师范大学2009年硕士学位论文。
④ 邓萌:《学前教育专业教师口语技能培养研究》,华中师范大学2011年硕士学位论文。
⑤ 吴雪青:《幼儿教师口语能力培养的途径和策略》,载《语文学刊》2012年第20期,第137-139页。

思路。① 还有的研究者基于国家在语言文字规范运用方面提出的要求,对幼儿教师语言文字规范意识和能力进行调研和分析。李莉对河南省幼儿教师②、李令对长沙市幼儿教师的语言文字应用能力分别开展了实证研究。③ 上述研究成果为探讨幼儿教师语言运用能力的培养途径和评价方法提供了借鉴。

2. 职后研究主要关注幼儿教师语言对幼儿的影响及幼儿语言运用的影响

十多年来,我国研究者不再局限于对幼儿教师语言的思辨研究,而是积极开展应用研究,采用实证方法在动态的教育教学活动中去深入考察、揭示幼儿教师语言表达的规律和技巧。相关实证研究主要集中在两大方面:

(1) 幼儿教师语言对幼儿影响的研究。

一是幼儿教师语言对幼儿积极影响的研究。方建华基于研究归纳了幼儿教师语言指导的7种方式,探讨了角色游戏中教师运用适宜的语言指导方式对中班幼儿游戏顺利开展和兴趣激发的价值。④ 刘海梅对幼儿园科学活动中教师教学语言的类型和表现形式进行了研究,提出教师积累相关教学法的教学语言对教学成效的重要性。⑤ 蒋美霞在2012年运用观察法对12位教师进行了研究,讨论分析了幼儿教师的言语类型和言语水平及其影响因素,对幼儿教师改变命令性指令式言语方式提出建议,以更好地为幼儿提供言语指导。⑥ 高杰重点探讨了在师幼互动中教师言语反馈的教育价值,提出大班音乐活动中教师激励性语言对幼儿学习动机、兴趣和效果的影响。⑦

二是幼儿教师语言对幼儿消极影响的研究。研究者普遍认为,幼儿教师运用语言开展教育教学活动的水平不高,出现如发音不准、词语误用、语法搭配不当、内容表达不清、语言平淡乏味等问题。韩宏莉对幼儿教师语言失范现象及其对幼儿的危害进行了分析,提出要关注幼儿教师师德修养和心理压

---

① 盛敏菊:《有效培养幼师生职业口语素养的实践探究》,载《职业教育(下旬刊)》2013年第14期,第44-46页。
② 李莉:《幼儿教师语言文字应用能力的实证研究——基于河南省的调查》,载《语言文字应用》2017年第4期,第71页。
③ 李令:《幼儿教师语言文字应用能力调查研究——以长沙市幼儿教师为例》,载《陕西学前师范学院学报》2020年第11期,第94-101页。
④ 方建华:《中班幼儿角色游戏中教师语言指导行为研究》,载《幼儿教育(教育科学版)》2008年第Z1期,第30-34、38页。
⑤ 刘海梅:《幼儿园科学教学活动中教师教学语言的研究》,陕西师范大学2011年硕士学位论文。
⑥ 蒋美霞:《指向幼儿的教师言语类型及水平的研究》,南京师范大学2012年硕士学位论文。
⑦ 高杰:《大班集体音乐教学活动中教师激励性反馈语言的研究》,南京师范大学2013年硕士学位论文。

力。①姚开琼对幼儿教师言语道德失范如语言暴力问题进行了探讨，并指出幼儿教师加强语言能力及园方提供外部环境支持的重要性。②宋晶晶基于对某市小班幼儿教师威胁性语言的现场观察和研究，分析了这种语言现象的危害性，进一步强调了幼儿教师专业能力提升及外部环境支持的重要性。③这些成果对引发社会关注的幼儿教师语言失范问题进行了研究，其本质还是指向幼儿教师语言规范和技巧的运用研究。

（2）幼儿教师语言对幼儿语言运用的影响研究。

近年来，一些研究者尝试从语用学角度展开幼儿教师语言方面的研究。例如，王雪认为在幼儿园早期阅读活动中，教师的语言运用水平对幼儿的语言运用水平发展具有重要影响。④教师良好、有效的语言能促进幼儿语言运用能力的提高，反之则会阻碍幼儿语言的发展。张艳提出，对幼儿教师的语言训练不仅要重视运用语用学中的合作原则，而且在双方话语交际过程中要重视运用通俗易懂和准确到位的表达方式，更要重视在幼儿园教育情境中教师正确运用教育口语的相关技能对幼儿所产生的影响。⑤

综上可见，关于幼儿教师语言能力的研究视角日趋丰富，实证方面的研究开始逐渐增多。但是，关于幼儿教师语言运用能力的概念的内涵和外延，依然没有获得较为统一的共识和理解。如何在教育情境中对幼儿教师语言运用情况进行科学评价，如何系统设置幼儿教师职前与职后语言运用能力培训课程，从而提升幼儿教师运用语言有效组织教育活动，促进幼儿健康、语言、社会、科学、艺术等领域多种能力协调、全面、个性化发展，是当前幼教研究者和工作者应重视的课题。

第二节　幼儿教师语言运用能力研究理论基础

对幼儿教师语言运用能力概念的界定，学术界一直颇有争议。教师语言

---

① 韩宏莉：《幼儿教师"语言暴力"现象探析》，载《教育探索》2009 年第 1 期，第 88-90 页。
② 姚开琼：《幼儿教师言语道德失范的审思》，湖南师范大学 2012 年硕士学位论文。
③ 宋晶晶：《幼儿教师威胁性语言研究》，华中师范大学 2013 年硕士学位论文。
④ 王雪：《幼儿园图画书阅读教育活动中师幼语用分析》，陕西师范大学 2013 年硕士学位论文。
⑤ 张艳：《语用学合作原则在幼师专业口语教学中的运用》，载《吕梁教育学院学报》2017 年第 3 期，第 87-89 页。

运用能力究竟包括哪些指标要素，这些要素之间存在着何种逻辑关系，以及存在着何种相关或因果联系，都需要从理论上寻找支撑，同时要结合已有的教育教学实证研究进行推演和验证。多年来幼儿教师语言运用能力的研究，主要基于幼儿心理学、语言学的理论，研究集中于语言能力的静态研究和偏重口语表达技巧的单一内容研究。当前，越来越多的研究者开始引入语用学理论对学前教育领域的语言运用进行研究。语用学是语言学的分支学科领域，是以语言意义为研究对象，专门研究语言理解和使用，是研究特定情境中的特定话语，研究通过语境去理解和使用语言。语用学分析研究影响语言行为（如招呼、回答、应酬、劝说）的标准和支配轮流发言的规则，还是研究语言用于成事的方式。[①]语用学重视在真实情境中讨论语言现象，重视语言交往双方的合作情况，这有助于改善幼儿教师语言行为的品质、协调师幼关系和提高教育活动效能。最新的语用学研究成果虽然已经引入教师语言运用的相关研究之中，但通过中国知网文献梳理后，我们发现其在理论方面还未能有效整合。现有的文献中，还没有发现综合运用学前教育学、儿童发展心理学、教育心理学、语言学、语用学等理论对幼儿教师语言运用能力进行研究；也没有发现有研究者对幼儿教育语言运用能力的内涵、外延以及构成要素进行系统的分析和讨论。由此，下文对相关问题进行研究和讨论。

（一）教育心理学理论依据

语言是人类社会生活的工具，它以个体的心理认知发展水平为基础，最终服务于社会生活的各个领域。语言是教师用于开展教育教学活动必备的基本工具。根据"最近发展区"理论，在运用语言时，幼儿教师应了解幼儿所处的发展阶段、所面对的问题，让自己在教育过程中使用的语言既适应幼儿的现有水平，又能发挥语言对幼儿发展的主导作用，只有这样才能引导幼儿在最近发展区获得更为有效的发展。个体的语言运用是指个体在学习和获得语言的过程中不断操作和使用语言进行交流的现象（J. Piaget，1981）。20世纪末，西方心理学界开始强调对心理活动中诸多积极因素的研究，"积极语用"这个概念开始进入研究者的视野。有研究者认为，它源于主观成就感、满足感和幸福感等积极的心理品质与自尊、创造力、热情、坚定、正直等积极的人格特质共同

[①] 常夏丽：《跨文化交际中口语附加语的语用功能分析》，载《商业文化（上半月）》2011年第8期，第370-372页。

形成的表现性言语行为。①

能力是个体能够顺利完成某类工作任务所必备的个性心理特征，个体能力水平直接影响其所从事工作的效率。能力素质也称为胜任力，大卫·麦克利兰（David McClelland）将能力素质定义为能明确区分在特定工作岗位和组织环境中杰出绩效水平和一般绩效水平的个人特征；他借用"冰山理论"，把在"海平面"之上的知识和技能称为通用性素质，把潜伏在"海平面"之下的自我概念、特质、动机称为鉴别性素质，并认为真正能区分优秀者与一般人的是个体所拥有的鉴别性素质；他把个体的能力素质划分为知识、技能、自我概念、特质和动机5个要素。

安德森将广义知识分为陈述性知识和程序性知识两大类。在此基础上，加涅从学习结果的角度对广义知识进行了分类，他认为知识分为3类：第一类是言语信息，包括符号学习、事实学习（命题）、有组织的知识学习（命题网络或认知结构）；第二类是智慧技能，包括辨别、具体概念、定义性概念、规则和高级规则；第三类是认知策略。布鲁姆等人从评价的角度，将广义知识区分为认知、情感和心因动作技能三大领域。可以发现，教育心理学关于广义知识、教育目标分类学方面的理论与麦克利兰关于能力素质构成要素的划分不谋而合。

马扎诺（Robert J.Marzano）在心理学最新研究成果基础上，提出了教育目标新分类法。②他认为人是由自我系统、元认知系统、认知系统3个系统共同作用进行知识和技能的学习。他提出了教育目标分类的两维评价体系。第一个维度是知识，包含了3个不同领域的6类知识：信息领域（事实、组织理念），智力程序领域（智力技能、智力过程），心理意向领域（心理技能、心理过程）。第二个维度是过程运作，包括了3个系统的6种运作。第一至四类分别是：回顾、理解、分析和知识运用，属于认知系统；第五类为元认知系统；第六类为自我系统。其中，元认知系统包括：明确目标、过程监控以及清晰和准确程度的监控；自我系统包括：重要性检验、有效性检验、情意检验和整体动机检验。以此分类学的理论框架，他认为学习者在接到新的学习任务时，自我系统启动，开始判断任务的价值和重要性，再决定自己投入学习任务的程度。这与奥苏泊尔提出的学习心向（也就是学习动机）相一致——当学习

---

① 潘涌：《积极语用教育观与母语教师语用能力重构》，载《中国教育学刊》2012年第7期，第61–65页。

② [美]罗伯特·J.马扎诺、[美]约翰·S.肯德尔：《教育目标的新分类学（第二版）》，高凌飚、吴有昌、苏峻译，教育科学出版社2019年版。

者具有学习动机，决定投入学习时，会调动其元认知系统来确定学习目标、学习方式和学习策略。其后学习者会调动认知系统所存储的知识和技能通过同化和顺应将新的知识和技能整合到自身原有的知识体系中并达成学习目标。在整个过程中，学习者的3个系统与学习者已有的知识、技能、经验相互之间不断地发生作用，广义知识的结构及其要素之间不断进行解构、整合、优化、重组、建构，甚至会出现知识的创造和创新，自此学习者获取和完成相对应的学习结果，包括获取新的知识、发展新的技能、提升学习动机、更新元认知体系等。

基于以上假设，上述的关于能力素质要素构成以及广义知识分类方法为幼儿教师语言运用能力结构要素的界定和构建提供了理论基础。

（二）语言学理论依据

语言是人类最重要的思维工具和交际工具，是由音义结合的能够进行交流的符号系统组成。[①]瑞士现代语言奠基人索绪尔对系统的语言（langue）和言语（speech）进行了区分，他认为语言是封闭系统，而言语是开放系统。语言材料和规则是有限的，但是个人使用有限的材料和规则组成的语句是不可估量的。语言属于社会全体成员，而言语属于讲话者个人。语言存在于言语之中，言语是对语言的具体运用。交际功能是语言最重要的社会功能，是维持社会的基本条件之一。

语言作为人类不可缺少的思维工具，逻辑思维（又称为抽象思维）主要依靠语言进行，人类的思维实质上是语言思维，语言是人进行抽象思维的主要工具，起着组织和制约思维全部过程的作用。语言和思维是相互依存、共同发展的。语言是思维的工具，思维离不开语言，同时语言也离不开思维。[②]二者各以对方为存在条件，如影随形。

对于幼儿教师语言运用能力而言，教师与幼儿交流、沟通以及组织教育活动，首先需要能够听懂幼儿个性化的言语；其次是教师运用语言组织活动，也反映了教师的抽象思维能力和水平，幼儿通过教师的语言也潜移默化地感受到了教师的语言思维特点。

[①] 张建理：《从系统论的结构和功能看语言和语言教学》，载《浙江大学学报（社会科学版）》1987年第2期，第84–91页。

[②] 李晖：《"可说"与"不可说"：庄子与维特根斯坦语言哲学观比较研究》，载《求索》2011年第6期，第131–133页。

(三)语用学理论依据

语用学是以语言意义为研究对象,专门研究语言理解和使用。它吸纳了社会现象学和解释学相关理论和研究方法,研究在一定的社会和文化情境下主体之间的言语互动,研究个体如何通过语境去理解和使用语言。

教育社会学者认为,教学语言即教学话语,存在于学校和课堂环境中,具有精制语言编码特征和符号互动中的不平等性。语用学者认为,教育教学语言是教师在教育情境中使用语言的外在行为,是师生教育教学过程中的交际行为,是师生共同建构的创造性产物,它具有社会性、情感性、艺术性等特点。J. Thomas 认为语用能力是指个体在实际情境中运用语言进行交际活动的能力,它包括个体使用适切的语言内容、语言形式以及适合语境的语体等,譬如词汇、语音、语调、句式等。① 语用能力包含的不仅仅是说话者自身所拥有的语言知识,还包括他所具有的社会文化素养和运用语境达成目标的策略性知识。

语用能力粗略分为语用语言能力和社交语用能力,前者是说话者运用语法规则遣词造句的能力;后者则是说话者在一定语境中运用社交规则组织和使用语言并达到其交际目的和功能的能力,属于更高层次的语言运用能力。言语行为理论(J. Austin,1962)认为,言语可以被看作行为,说话者的意向和语境是语言运用中重要的考量因素,个体的言语只有被放在其说话时的语境中,包括说话的对象、地点、场合、环境、接触方式等,才能真正理解其话语背后所蕴含的真实含义。语用学的这些理论为幼儿教师在教育过程中的语言运用提供了新的理论视角。

第三节 幼儿教师语言运用能力概念界定研究

关于"教师语言运用能力"的概念,学界一直以来对其界定比较模糊,与之类似的概念有教师口语能力、教师口语技能、教师语言文字应用能力、教师言语交往能力、教师教学语言运用能力、教师语言应用能力、教师语用能力等。

---

① J. Thomas. "Cross-cultural pragmatic failure". *Applied Linguistics*, 1983(4):91–112.

一、幼儿教师语言运用能力概念内涵方面的研究述评

学界对幼儿教师语言运用能力有很多提法，合并分析后分为两大类：

（一）将教师语言运用能力几乎等同于语言文字应用能力或教师口语技能

李莉、李令、李金辉、盛敏菊、程培元、邓萌等研究者在研究中提及了教师如何根据语境恰当地运用语言与学生进行有效沟通，也指出了对教师语言运用能力的培养仍然是以教师口语技能训练为主。主要观点有：语言文字应用能力特指国家通用语言文字应用能力，即幼儿教师普通话和规范汉字的综合运用能力，包括运用普通话准确流利地进行口语表达、规范使用汉字和标点符号进行书面表达、写作能力、沟通能力、组织话题和调控主题能力等。幼儿教师职业口语素养是指准幼儿教师为适应未来教育工作所应具备的口语交际能力与素养，它反映出教师所应具备的复杂的语言思维能力，且表现出一种鲜明的情感态度和人文素养。教师口语能力是指教师运用口语表达实现预设目标的能力，它需要教师具备课程教学专业知识，以及教育学、心理学方面的知识。教师口语能力包括：一是运用语言的能力，包括口语基本能力、语言选择能力、语言倾听能力、语言调控能力和语言风格；二是支持语言运用的能力，包括丰富的知识、良好的思维、健康的心理。[①]教师口语技能包含三个方面：普通话、一般口语交际技能和教师职业口语技能。幼儿教师职业口语训练是培养其口语运用能力，包括掌握与幼儿谈话的语言、活动的导入语、讲解语、结束语、提问语、评价语，与幼儿的沟通语、劝慰语、激励语、表扬语、批评语，与幼儿家长、同事的沟通技巧等。

（二）将教师语言运用能力视为教师通过言语与幼儿的互动从而共同创建生成知识的能力

周兢、余珍有、付英、崔凤娟、覃红梅等研究者将语用学和现象学理论引入研究中，并分析教师教学语言对儿童的影响及儿童语言运用能力的概念。主要观点有：幼儿教师教学语言是在使用过程中促进教育者和学习者之间相互理解和相互沟通，并共同创建知识和创建相互关系的"共同体"。课堂教学语言分为与教学内容有直接关系的教学话语、与教学内容无关的组织和管理课堂

[①] 邓萌：《学前教育专业教师口语技能培养研究》，华中师范大学 2011 年硕士学位论文。

的教学用语。师幼交际其本质是教师与幼儿言语互动，是"融审美性、情感性和社会文化性于一体的'特殊合金'"①，融会贯穿于幼儿五大领域的学习和发展中。言语交往是指"人与人之间依赖言语交换意见、传递信息、传达思想、协调行为、表达感情和需要的双向活动过程"②。师幼言语交往是指教师与个别幼儿之间进行的言语交往，包括有声语言和肢体语言。只要一方的言语行为引起了对方的言语反应或行为反应/改变，就可界定为双方之间发生了言语交往行为。一次独立的言语交往行为的界定，依据交往主体、交往主题和交往场景3个因素来界定。

德国哲学家卡西尔指出："语言常常被看成是等同于理性的，甚至就等同于理性的源泉。"语用哲学和语言现象学具有内在一致性。周兢教授在分析儿童语言运用能力时提出，语用是指个体不断操作和使用语言进行交流的互动现象。③ 由此分析教师语言运用能力，从本质上体现了教师的理性思维能力，幼儿教师根据交往主体（幼儿）及环境，通过言语（包括肢体语言）达到与幼儿沟通和交流的目的，并实现自己所期望达到的教育目标。

二、幼儿教师语言运用能力概念外延方面的研究述评

（一）教师语言的分类

关于教师语言，在可获得的国内外文献中，主要是从教育教学环节、语言功能、语言内容、语言形式等逻辑角度进行分类。如，李志行将教学语言划分为导入语、提问语、讲解语、过渡语、应变语和结束语；付英把课堂教学语言具体分为组织语、讲授语以及反馈语；崔凤娟将之具体分为讲解语、提问语和评价语；蒋和舟将课堂教学语言称为组织语、讲解语和评价语；④ 赵红霞将教学语言分为讲授语、评价语、情感语和维序语；喻君将之区分为传递知识、师幼互动、情感交流和维持秩序；⑤ 也有研究者把教学语言分为提问语、应答语、提示语、维序语4种类型。贝尔斯从语言使用的内容和功能两方面

---

① 余珍有：《教师的交际行为研究》，南京师范大学 2004 年博士学位论文。
② 覃江梅：《幼儿园师幼言语交往研究》，广西师范大学 2004 年硕士学位论文。
③ 周兢：《重视儿童语言运用能力的发展——汉语儿童语用发展研究给早期语言教育带来的信息》，载《学前教育研究》2002 年第 3 期，第 8–10 页。
④ 蒋和舟、匡文化：《论教师语言的语用选择——基于哈贝马斯的语言哲学观》，载《牡丹江教育学院学报》2012 年第 5 期，第 29–30、139 页。
⑤ 喻君：《不同教龄幼儿教师教学语言与教学能力关系研究》，深圳大学 2018 年硕士学位论文。

将师生语言类型分为两类：一类是"表示支持和表示异议""表示满意和表示不满""表示同意和表示反对"等情感性语言；另一类是"发出指令和请求指令""提出意见和征求意见""提供信息和索取信息"等认知性语言。[①] G.德朗舍尔（1969）等人在对小学一年级课堂师生言语互动进行研究时，从语言的作用出发区分了教师的7个言语范畴：组织课堂生活、强制、发展、个性化、反馈（正反馈、负反馈）、具体化和情感（肯定性情感和否定性情感）。他们的研究发现，小学教师在课堂上大体有1/3的时间用于组织课堂生活、维持课堂秩序上，用于启发儿童认知学习的语言（发展范畴）平均只占2%，用于情感交流的语言（情感范畴）也不多。

（二）幼儿教师语言分类

王素珍认为幼儿教师教学语言是为达到教育教学目标使用的语言，是教师扮演的角色的语言，是教师指导幼儿学习、引导幼儿探索与表达的主要手段，是教师传递知识技能、表达态度情感时最主要的工具，是教师的教学原则和教学策略最基本的表现，包括书面语、口头语和肢体语言。[②] 刘晶波从互动主题出发，分别考察了幼儿教师和幼儿的交际语言，将教师的交际语言分为"约束纪律""指导活动""照顾生活""抚慰情绪""提问""让幼儿做事"等18种；将幼儿的交际语言分为"寻求指导与帮助""请求""告状""寻求关注与安慰"等9种。[③] 叶子在研究幼儿园师幼互动时将教师发起的交际语言分为"要求、指令或提醒""约束纪律""询问""照顾生活"等11种，幼儿发起的交际语言分为"请求或征询许可""展示活动或活动结果""寻求指导和帮助""表述客观情况""提问""帮助教师做事"等12种。[④]

关于语言运用能力构成要素或维度，提及的文献非常少。高艳认为幼儿教师语言学科教学知识有4个维度，即语言内容知识、语言教学策略知识、语言教学情境知识以及关于幼儿的知识。[⑤] 程培元认为语言运用有5个构成要素，即"口语基本能力、语言选择能力、语言倾听能力、语言调控能力和语言

[①] 余珍有：《教师的交际行为研究》，南京师范大学2004年博士学位论文。
[②] 王素珍：《幼儿教师口语训练教程（第三版）》，复旦大学出版社2020年版。
[③] 刘晶波：《社会学视野下的师幼互动行为研究——我在幼儿园里看到了什么》，南京师范大学出版社2006年版。
[④] 叶子：《师幼互动的内容分布及其特征》，载《幼儿教育》2009年第7期，第10-12页。
[⑤] 高艳：《成熟型幼儿教师语言学科教学知识的个案研究》，西北师范大学2015年硕士学位论文。

风格"①。

通过以上文献我们可以发现，研究者更倾向于对教师教育教学语言进行分类，再对各类语言所表现出来的行为进行编码，运用实证的研究方法，去获得他们所想得到的研究结论。但对于教师语言运用能力本身的结构要素的构成及要素之间的关系，却鲜有研究者去涉及和论述。

三、幼儿教师语言运用能力概念界定和研究路径

（一）幼儿教师语言运用能力的概念界定

从麦克利兰关于能力素质的定义来看，能力实际上是属于心理学的概念，是个体内隐的、稳定的心理特征。能力能够通过个体的外在行为表现出其工作效能，但并非个体的外在行为。虽然人们可以对个体外显行为的指标进行观察甚至测量，并根据观察和测量的结果对个体某方面或某领域能力进行推论，但这些观察和测量的结果也只能是有限度的，而非精确的推论。

本研究主要采用心理学中关于"能力"概念的定义作为分析框架，基于此，将语言运用能力定义为"个体综合运用其所具备的语言知识和技能，与别人进行有效沟通和交往的稳定的个性心理特征"②。幼儿教师语言运用能力是"幼儿教师根据幼儿身心发展阶段特点，通过恰当的语言内容、语言形式和设计的语境与幼儿进行交流和沟通，并达成传递知识、技能、情感、态度和价值观等教育活动目标，促进幼儿身心健康发展所具备的较为稳定的个性心理特征"③。

（二）幼儿教师语言运用能力结构体系的研究路径

本研究在幼儿教师语言运用能力概念界定的基础上，对能力结构体系进行分析和构建。结构是系统论的基本概念，是指系统范围内诸要素间形成的秩序，是各要素间相互联系、相互作用的内在的组织形式。结构具有稳定性、层次性、组织性、有序性、多样性等特征。结构体系是由要素和结构组成的系

---

① 程培元：《教师口语能力构成要素与呈现形式》，载《山东师范大学学报（人文社会科学版）》2011 年第 1 期，第 102 页。
② 郭卉菁：《幼儿教师语言运用能力结构体系的理论构建》，载《天津市教科院学报》2023 年第 4 期，第 49-58 页。
③ 郭卉菁：《幼儿教师语言运用能力结构体系的理论构建》，载《天津市教科院学报》2023 年第 4 期，第 49-58 页。

统。语言运用能力结构体系实质上是个体语言方面各种心理要素按照层级和关联组成的具有言语功能的系统。

对于幼儿教师内隐的语言运用能力结构体系，特别是其组成要素的研究，目前所采用的两种研究路径：一是采用政策文本分析法进行研究。政策文本所表达的内容通常是显性的、可观察的、可操作的和可模仿的行为操作程序。本研究对学前教育系列政策文本运用编码分析的方法，根据幼儿教师语言运用能力概念中所表述的几大方面进行归纳梳理，概括提炼出外显行为所代表的能力要素。通过政策文本分析，推论其背后的内隐能力，实质上是运用了心理学的归纳推理方法。二是采用理论演绎推理法进行研究。主要采用教育心理学的教育目标新分类法的理论分析框架，吸纳了语言学、语用学相关研究成果，并结合幼儿教师语言方面的相关实证研究成果，运用心理学的演绎推理方法，推演出幼儿教师语言运用能力的结构体系及其组成要素。假设这两种研究路径和方法获得的研究结论具有较高的一致性，则说明该结构体系具有科学的逻辑性和自洽性，研究结论也就比较可靠。

第四章

幼儿教师语言运用能力结构体系构建研究

第一节 基于国家政策文本的幼儿教师语言运用能力结构体系的构建

根据教育心理学关于广义知识的分类,参照前文所述麦克利兰提出的"个体能力素质"的5个要素,即知识、技能、自我概念、特质和动机,本研究将语言运用方面的广义知识大致分为认知领域、情感领域、态度和价值观领域、技能领域(对外做事的能力,也叫程序性知识,并且是经过练习能够达到自动化水平的程序性知识,其外显就是行为)、元认知领域(包括动机、自我认知等)。在政策文本分析中,本研究根据幼儿教师工作和语言运用的特点,将主体和载体、语言环境(即语境)作为另外两个领域。也就是将幼儿教师语言运用能力的政策文本按照7个领域内容的分析框架进行分析,即:①主体与载体,②语言环境,③认知,④情感,⑤态度与价值观,⑥行为,⑦元认知。

自2001年以来,国家教育政策中涉及幼儿教师语言方面的主要有5份文件,即:《幼儿园教育指导纲要(试行)》《3—6岁儿童学习与发展指南》《教师教育课程标准(试行)》《幼儿园教师专业标准(试行)》《幼儿园保育教育质量评估指南》(分别简称《纲要》《指南》《课程标准》《专业标准》《评估指南》)。

将以上政策文件中涉及幼儿教师语言运用方面的政策文本摘录出来(见表4-1),运用Nvivo对表4-1中的政策文本,采用主题和词频两种编码方法进行分析。Nvivo对文本自动编码产生了16个主题词,将这16个主题词归入前文所说的幼儿教师语言运用能力的7个领域进行分类。通过分析发现,"⑤态度与价值观""⑦元认知"这两个领域在这里是缺失的,16个主题词只能归类在"①主体与载体""②语言环境""③认知""④情感""⑥行为"这5个领域(见表4-2)。其原因是"⑤态度与价值观""⑦元认知"属于内隐的心理特征,政策文本通常带有外显的指令性质,以便政策执行主体进行操作,因此对内隐特征性质的名词提及频次不高。

表4-1 我国学前教育政策涉及幼儿教师语言的文本

《纲要》	《指南》	《课程标准》	《专业标准》	《评估指南》
创设一个能使他们想说、敢说、喜欢说、有机会说并能得到积极应答的环境;教师的态度和管理方式应有助于形成安全、温馨的心理环境;尊重幼儿在发展水平、能力、经验、学习方式等方面的个体差异,因人施教;幼儿的语言学习具有个别化的特点,教师与幼儿的个别交流、幼儿之间的自由交谈等,对幼儿语言发展具有特殊意义;以多种方式引导幼儿认识、体验并理解基本的社会行为规则;教师的态度和管理方式应有助于形成安全、温馨的心理环境;言行举止应成为幼儿学习的良好榜样;教师直接指导的集体活动要能保证幼儿的积极参与,避免时间的隐性浪费;善于发现幼儿感兴趣的事物、游戏和偶发事件中所隐含的教育价值,把握时机,积极引导;关注幼儿在活动中的表现和反应,敏感地察觉他们的需要,及时以适当的方式应答,形成合作探究式的师生互动	创设温馨的人际环境,让幼儿充分感受到亲情和关爱,形成积极稳定的情绪情感;为幼儿创设自由、宽松的语言交往环境,鼓励和支持幼儿与成人、同伴交流,让他们想说、敢说、喜欢说并能得到积极回应;尊重幼儿发展的个体差异;要充分理解和尊重幼儿发展进程中的个别差异,支持和引导他们从原有水平向更高水平发展	学会把教育寓于幼儿的生活和游戏中,创设适宜的教育环境;观察幼儿,根据幼儿的表现和需要,调整活动,给予适宜的指导;教师是反思性实践者;在日常学习和实践过程中积累所学所思所想,形成问题意识和一定的解决问题的能力	创设富有教育意义的环境氛围,将游戏作为幼儿的主要活动;掌握幼儿园环境创设的知识与方法。使用符合幼儿年龄特点的语言进行保教工作;引导幼儿在游戏活动中获得身体、认知、语言和社会性等多方面的发展;及时发现和赏识每个幼儿的点滴进步;善于倾听,和蔼可亲,与幼儿进行有效沟通;建立良好的师幼关系,让幼儿感到温暖和愉悦;观察幼儿,根据幼儿的表现和需要,调整活动;提供更多的操作探索、交流合作、表达表现的机会,支持和促进幼儿主动学习;语言规范健康,举止文明礼貌;为人师表,教书育人,自尊自律,做幼儿健康成长的启蒙者和引路人;坚持实践、反思、再实践、再反思;主动收集分析相关信息,不断进行反思,改进保教工作;重视自身日常态度言行对幼儿发展的重要影响与作用	因地制宜为幼儿创设游戏环境;发现和支持幼儿有意义的学习,采用小组或集体的形式讨论幼儿感兴趣的话题,鼓励幼儿表达自己的观点,提出问题、分析解决问题,拓展提升幼儿日常生活和游戏中的经验;尊重并回应幼儿的想法与问题,通过开放性提问、推测、讨论等方式,支持和拓展每一个幼儿的学习;幼儿在一日活动中是自信、从容的,能放心大胆地表达真实情绪和不同观点;教师保持积极乐观愉快的情绪状态,以亲切和蔼、支持性的态度和行为与幼儿互动;一对一倾听并真实记录幼儿的想法和体验;善于发现各种偶发的教育契机,能抓住活动中幼儿感兴趣或有意义的问题和情境,能识别幼儿以新的方式主动学习,及时给予有效支持;关爱幼儿,严格自律,没有歧视、侮辱、体罚或变相体罚等有损幼儿身心健康的行为

表 4-2 主题编码分析

领域	主题	频次
主体与载体	幼儿	13
	语言	3
	活动	4
	问题	4
语言环境	环境	10
认知	方式	3
	发展	7
	意义	4
	差异	2
	水平	3
情感	情绪	4
行为	学习	5
	交流	4
	支持	3
	教育	4
	尊重	3

　　Nvivo 对文本运用词频编码，获得了表4-3中的词语及其词频。我们先将这些词归类于前文所述的7个领域，即主体与载体、语言环境、认知、情感、态度和价值观、行为和元认知。其中，行为细分为引导与诱导、教育活动行为、互动行为、言语操作、倾向性行为、示范性6个子领域；元认知细分为反思与觉察、自我观念2个子领域（见表4-3）。对两种编码的结果进行归类后发现，两者具有一致性。

表4-3 词频编码分析

领域		词语及词频
主体与载体		说（10）、语言（6）、教育（5）、活动（7）、游戏（6）、生活（2）、话题（1）、问题（6）、个体（2）、同伴（2）、关系（1）
语言环境		环境（10）、创设（7）、温馨（4）、语境（1）、宽松（1）、温暖（1）、适宜（2）、氛围（1）、时机（1）、契机（1）、真实（2）、开放性（1）
认知		认知（1）、识别（1）、意义（4）、理解（2）、发展（8）、学习（8）、差异（3）、经验（2）、观点（2）、信息（1）、规则（1）、规范（1）、体验（2）、想法（2）、个别（3）、方式（7）
情感		和蔼（1）、和蔼可亲（1）、亲情（2）、亲切（1）、情绪（4）、情感（2）、感受（2）、关爱（3）、赏识（1）、愉快（1）、愉悦（1）、敏感（1）
态度和价值观		态度（4）、积极（8）、主动（3）、兴趣（3）、关注（1）、引路（1）、价值（1）、放心（1）、严格（1）、大胆（1）
行为	引导与诱导	引导（5）、指导（2）、鼓励（3）、管理（2）、调整（2）、发现（4）、解决（2）
	教育活动行为	行为（3）、分析（2）、讨论（2）、观察（2）、探究（1）、探索（1）、表现（4）
	互动行为	互动（2）、人际（2）、交往（1）、交谈（1）、交流（4）、沟通（1）、合作（2）
	言语操作	回应（3）、应答（2）、提问（1）、操作（1）、参与（1）、反应（1）、表达（3）
	倾向性行为	尊重（4）、体罚（2）、歧视（1）、侮辱（1）、变相（1）、言行（2）、勇敢（3）
	示范性	为人师表（1）、教书育人（1）、文明（1）、榜样（1）、礼貌（1）、启蒙（1）、举止（2）
元认知	反思与觉察	察觉（1）、反思（4）、意识（1）
	自我观念	自信（1）、自尊（1）、稳定（2）、自律（2）、自由（2）、心理（2）、乐观（1）、从容（1）、需要（1）

第二节　基于教育心理学的幼儿教师语言运用能力结构体系的构建

本研究运用心理学的 5 个领域，加上"主体与载体""语言环境"2 个领域的框架对政策文本进行分析，将子领域纳入，从政策文本归纳得出 13 个领域，其中"主体与载体"并非从心理学或语用学角度来分析的，不将之列为能力要素中。由此，获得了幼儿教师语言运用能力的 12 个要素。对这 12 个要素，采用马扎诺"教育目标新分类法"框架构建幼儿教师语言运用能力的结构体系。

一、"教育目标新分类法"理论分析框架

我们根据第三章第二节"教育心理学理论依据"的分析框架，再根据政策文本分析得出的 12 个要素，对照马扎诺的 2 个维度、3 个领域六类知识、3 个系统 6 种运作的教育目标新分类法，能够直接对应的是认知[①]，行为对应心智程序、心理动作程序，情感的部分内容可以对应心智程序和自我系统，情感的其他部分内容以及动机、态度和价值观对应自我系统，反思和觉察对应元认知。语境是语用学的重要概念，作为一个独立的要素。马扎诺将情感、态度与价值观归类于自我系统，认为它们是贯穿于整个学习过程之中的。在这里，我们采用布鲁姆的分类方法把情感独立出来，因为在语言互动过程中，共情非常重要。动机、态度与价值观归类于自我系统，为了简化便于操作，将元认知和自我系统合并为一类，即元认知。通过这样的分析，将语言运用能力的 12 个要素纳入马扎诺的分类框架中，这 12 个要素的表征是表 4-3 中"词语及词频"项列出的词语，这些词语绝大多数是外显的行为动词。这里要说明的是，能力的构成要素是内隐的，外显表征与内隐特征有高度相关关系，但并非一一对应关系。由上，本研究得出语言运用能力主要涉及"语言环境、认知系统、情感、语言元认知"四大领域。

---

① "认知"和"认知系统"两个概念的差异："认知"指信息，即事实、事理；"认知系统"包括信息和技能，而技能又包括"心智程序"（加涅称为"智慧技能"和"认知策略"）和"心理动作程序"（加涅称为"心理动作技能"）。

二、幼儿教师语言运用能力构成要素的推演

教育目标新分类法为幼儿教师语言运用能力结构体系的构建提供了理论框架，以之为主体，参照布鲁姆、加涅的分类方法，将政策文本分析所得出的要素纳入我们建构起来的框架中进行分析，通过表格对比、分析和归纳，得出心理学概念所表达的幼儿教师语言运用能力的组成要素及其在框架中的功能和位置，进而初步构建出其结构体系（见表4-4）。

为了能够符合四大领域的框架，我们将政策文本获得的12个要素进行同类合并或拆分处理。创设语境需要"主体与载体"，将其与"语言环境"合并为"语境创设能力"；"认知系统"所包括的广义知识有"信息、心智程序和心理动作程序"，我们将文本得出的"认知"要素进行拆分，根据语用学和幼儿语言学习特点，将其拆分为"语言理解力""语言转换能力"；"情感"对应"语言共情能力"；将"态度和价值观"的部分内容和"行为"中部分"子要素"归纳为"语言诱导能力"；将"行为"中其他大部分"子要素"对应"语言调控能力"；"态度与价值观"的部分内容以及"倾向性行为""反思与觉察""自我观念"，可将它们归类为"语言元认知"。

根据以上分析和推演，提炼出幼儿教师语言运用能力是由"语言基础能力、语言运用基本能力、语境创设能力、语言元认知"4个基本维度组成的。其中，语言基础能力作为教师入职的基本条件，是掌握普通话及运用语言组织教育活动的基础能力，包括诸如语音、词汇、语法、语言组织能力等；语言运用基本能力包括语言的理解能力、转换能力、诱导能力、共情能力及调控能力。具体而言：①语言理解能力，即幼儿教师要能够听懂和理解每个幼儿的个性化语言，理解幼儿真正想说什么、想做什么，想得到教师什么样的反馈；②语言转换能力，即幼儿教师能够将自己的成人语言转换为幼儿能听懂和理解的教育活动语言，它是幼儿语言发展的支架；③语言诱导能力，即幼儿教师善于利用一切可能的情境和时机去引导、去提问、去追问、去鼓励，引导幼儿大胆表达，激发幼儿探究和表现欲望，诱发幼儿自主学习和主动思维的能力；④语言共情能力，即幼儿教师要具备较强的情绪情感表达、感染能力，具有同理心，能够换位思考去理解幼儿的情绪情感、识别幼儿情绪的变化，关注幼儿情绪波动；⑤语言调控能力，即幼儿教师能够识别和把握幼儿在活动过程中的认知、情绪以及行为表现，把握时机，通过智慧性和艺术性的言语，针对突发情况对活动进程进行有效调节和调整，能不失时机地做到随机教育，使教育活动目标向着预设的方向发展；⑥语境创设能力，即幼儿教师能够创设自

表4-4 教育目标新分类法及相关理论与幼儿教师语言运用能力结构体系对照分析

马扎诺教育目标新分类法			布鲁姆教育目标分类法		加涅分类法		幼儿教师语言运用能力结构体系	
系统	分类	水平层次	分类	水平层次	分类	水平层次	分类	水平层次
认知系统	信息领域：事实、组织理念	信息提取：再认、回忆、执行；理解：整合、象征；分析：匹配、分类、分析错误、概括、具体化	术语、事实、惯例、趋势或顺序、类别、准则、方法、原则、理论和结构	知识、理解、应用、分析、综合、评价	言语信息：陈述性知识	信息提取和应用	语言基础能力	语音、词汇、语法、语言组织能力等
	心智程序领域：智力技能、智力过程				技能：智慧技能、心因动作技能（程序性知识中的强度）		语言运用基本能力	理解、转换、共情、诱导、调控
	心理动作程序领域：心理技能、心理过程	知识运用：调查、实验、问题决策			态度			
元认知系统	明确目标、过程监控以及清晰和准确程度的监控	元认知：目标设定、过程监控、清晰度监控、准确度监控			问题解决：高级规则获得	自动化程度（从弱到强）	语境创设能力	上下文语境、主题语境、教育活动语境、大型活动的语境
自我系统	重要性检验、有效性检验、情意检验和整体动机检验	自我系统：动机检查、情绪反应检查、效能检查、重要性检查			认知策略（程序性知识中的弱方法）		语言元认知	语言正面、自我觉察、自性科学性及有效设计、语境恰当、语境创设有效性审视

由、宽松、温馨的语言交往环境，激发幼儿主动与教师和同伴进行沟通、分享和表达；⑦语言元认知，即自我觉察能力和反思能力，"经验+理论+反思=成长"是教师专业发展路径，要求教师能够反思自己在教育活动中的语言及行为是否符合幼儿身心发展规律，主动觉察其可能对幼儿造成的不利影响，并能够根据幼儿身心发展规律去设计自己的教育语言，审慎使用词汇、句法、语气、语调等。

第三节　幼儿教师语言运用能力要素构成的理论分析

根据表4-4，得出幼儿教师语言运用能力层级依次递进的4个基本维度，即语言基础能力、语言运用基本能力、语境创设能力、语言元认知。其中，幼儿教师的语言运用基本能力由语言的理解能力、转换能力、共情能力、诱导能力和调控能力5个要素构成。

用教育目标新分类法的框架来对照，幼儿教师语言基础能力大体对应信息领域和心智程序；语言运用基本能力的5个要素类似对应心智程序和心理动作程序；语境创设能力属于语言运用的综合性能力，在加涅的分类中类似于"问题解决"，可以理解为幼儿教师综合运用语言基础能力和语言运用基本能力对教育活动进行设计和实施的能力；语言元认知对应着元认知系统和自我系统。

一、幼儿教师语言运用基本能力要素构成

（一）语言理解能力

幼儿在3～4岁年龄段，词汇的年增加量最大，增加率为70%，其后增加率随年龄增长而递减。3岁幼儿的词汇量约1000个，6岁约3000个。[①] 幼儿能够与其他人进行简单交流，但由于幼儿的个体发展和家庭语言交流环境不同，每位幼儿的语言发展有着个性化特征。理解幼儿语言，是师幼互动的第一步，因此幼儿教师要能够从幼儿的角度和年龄班特点去理解幼儿的各种言语表达，同时敏锐地观察和感知幼儿的肢体语言，及时了解他们的需求。

---

① 郭念锋：《心理咨询师（基础知识）》，民族出版社2005年版，第206页。

(二)语言转换能力

幼儿最初所获得的词的意义与成人所理解的词义并不完全相同,主要存在词义扩大、词义缩小与成人词义部分重叠等问题。幼儿对词汇的理解是从不确切逐渐发展到确切、从对词义肤浅理解到理解不断加深、从具体性向概括性转化,幼儿语言学习过程中会对其所掌握词汇的内涵和外延进行不断的调整和修正。幼儿教师要能够把成人语言转化为幼儿能理解的语言,能够把握幼儿个体的语言"最近发展区",并且要引导幼儿初步根据语境理解别人语言背后所想表达的含义,从而不断增强幼儿语言的规范性、流畅性和灵活性。

(三)语言共情能力

共情也叫移情,是指能深入他人主观世界,了解其感受的能力,即在与他人交流时能深入体验对方感受,去理解对方的情感、情绪,并做出恰当的反应。朱小蔓认为"情绪、情感是婴幼儿生存适应的工具,是婴幼儿认识发生的动力,对人的行为起内部监控作用,对人的生命具有享用价值"①,"从认识到行为,其中介是以情感为核心的意向系统"②,"人的发展,特别是人的早期发展,决不是由智力因素决定的,而是智力水平与情绪健康发展双重因素相结合的结果"③。幼儿与成人进行心理沟通及建立稳固关系的信号并非主要是语言,而是情绪和情感。因此,幼儿教师的语言共情能力其实也决定着幼儿未来的道德情感和智力发展水平。

(四)语言诱导能力

语言是幼儿学习语言和获得非语言经验的主要渠道。"在完成教师安排的真实任务过程中,幼儿与教师的言语对话和共同建构生成新知识和技能的积极性会大大提高,语言和非语言能力都能够获得较好的发展。"④ Nystrand 等人在研究课堂中提问时发现,教育教学活动中的真实问题能够激发幼儿的已有经

---

① 朱小蔓:《情感德育论》,人民教育出版社 2005 年版,第 143 页。
② 朱小蔓:《情感德育论》,人民教育出版社 2005 年版,第 143 页。
③ 朱小蔓:《情感德育论》,人民教育出版社 2005 年版,第 144 页。
④ D.Mccormick, R.Donato. "Teacher questions as scaffolded assistance in an ESL classroom". In: J. Hall, L.Verplaetse. *Second and foreign language learning through classroom interaction*. Mahwah, NJ: Lawrence Erlbaum Associates, 2000.

验，引发幼儿高水平认知过程的参与。[①] 教师的语言诱导主要是指师幼围绕共同的话题，通过多次来回的语言交际单元的互动，教师采取引导、诱导和激发幼儿产生积极反馈和更高阶思维的教育策略。

下面，借鉴语用学的"语言交际单元"概念对语言诱导能力进行具体分析。语言交际单元是指诱发行为、应答行为和后续行为构成的一个具有连续性的、最小的语言意义单位，也有学者称为"交往片段"[②]。提问是幼儿教师使用最多的诱导性语言，"提问—候答—应答—追问—应答—行为反应"等师幼之间轮流交错的一系列交往单元的设计和教师根据教育教学活动过程变化及时调整的语言，都需要教师具有较强的语言诱导能力。语言诱导能力主要是教师基于幼儿的"最近发展区"，通过系列的交往单元，在师幼互动过程中运用提问、追问、陈述知识、提供支架、诱发幼儿思考、激发其参与兴趣等方式，提升幼儿各方面的能力素质和思维创新能力。

（五）语言调控能力

调控是指调节和控制。语言调控能力是指幼儿教师运用语言调节教育教学活动进程，控制其节奏，并能创造性解决活动过程中出现的非预设情况，以确保活动顺利且有效地开展。语言调控能力包括两个方面：一是教师运用言语对外部教育教学活动进程及幼儿言语和行为的调控；二是教师对自己语言运用的调控，这方面与教师语言元认知水平有关。

下面，我们引入语用学中的认识立场、语调、话轮和序列等概念，分析幼儿教师的语言调控能力。认识立场，是指"言语交际过程中，说话人对交际主体认识状态的动态设定和对交际客体信度与信源的即时评判"[③]。认识立场标记，就是设定和评判在言谈应对中的语言形式，从语法角度来看，汉语已有的认识立场标记包括情态词、副词、句末助词等词汇手段，以及规约化构式、指句等句法手段。汉语交际的构成要素包括交际主体、交际意图、语言形式和交际环境。语调是"贯穿整个句子的抑扬顿挫的声音变化形式，是说话嗓音

[①] M. Nystrand, L. Wu, A.Gamoran, et al. "Questions in time: investigating the structure and dynamics of unfolding classroom discourse". *Discourse Processes*, 2003.

[②] G.Wells. "Language and education: Re-conceptualizing education as dialogue". *Annual Review of Applies Linguistics*, 1999.

[③] 杨云：《汉语自然会话中认识立场标记的类别、分布及影响因素》，载《语言教学与研究》2022年第6期。

高低、强弱、长短、音质等变化和停顿的总体结构"[1]。话轮是指"会话过程中，说话者在任意时间内连续说的话语，其结尾以说话者和听话者的角色互换或各方的沉默等放弃话轮信号为标志"[2]。序列由前后彼此相邻的话轮构成，关涉的是交谈中的话轮所实施的一系列行为，是活动得以完成的载体。会话中交际者通过序列组织来建构、识别以及协调各种社会行为。[3]

因此，语言调控能力是指幼儿教师通过语气语调、话轮切换、立场标记以及行为反应等对幼儿园教育教学活动过程进行一系列的调节和控制的能力。

二、幼儿教师语境创设能力

语境就是语言环境，包括语言因素和非语言因素，可以划分为情境语境和文化语境。语境包括上下文、时间、空间、情景、对象、话语前提等与语词使用有关的因素。语境是决定语义的唯一因素，脱离了语境，则不存在语义。师幼互动的情感、情绪以及教师根据幼儿身心发展阶段特征所营造的教育活动环境的质量，直接影响师幼言语交往的效果，对教师实现教育活动目标的效能起着关键作用。幼儿教师在创设语境中的言语行为示范，以及在其背后隐性的语言组织和思维方面的品质，能够被幼儿感知和模仿。

幼儿教师的语境创设能力是指在幼儿园教育情境中，教师综合运用各种材料、言语提示及提出话题等方式，创设有利于幼儿进行沟通、交流的生态环境，能够激发幼儿积极参与活动，让幼儿在多个领域获得身心健康发展。

三、幼儿教师语言元认知

元认知是认知主体对自己的认知过程、结果或与之相关活动的认识，它主要由元认知知识和元认知监控两部分组成。元认知知识是主体对认知活动的一般性知识，也就是对认知活动的影响因素及其相互作用和作用产生的结果等方面的认识；元认知监控是指主体将自己正在进行的认知活动作为意识对象，

---

[1] 汪文珍：《基础阶段的语音教学》，载胡文仲《基础阶段英语教学论文集》，外语教学与研究出版社 1985 年版。

[2] 杨云：《汉语自然会话中认识立场标记的类别、分布及影响因素》，载《语言教学与研究》2022 年第 6 期。

[3] 方迪：《互动视角下的汉语口语评价表达研究》，中国社会科学院研究生院 2018 年博士学位论文。

不断地对其进行积极的监视、控制和调节。元认知知识通过元认知监控起作用。元认知发展初期，它是有意识的；随着年龄的增长，元认知发展可以在非常熟悉的基础上变成自动的、不被意识的过程；[①]也就是成为不同程度自动化的程序性知识。自动化程度越高，则元认知发展水平越高。

幼儿教师语言元认知，实质上是教师对教育活动中言语的自我觉察能力，是对语言组织、语气语调、话轮切换、言语反馈等有着比较深入的自我认知、觉察和反思，能够及时根据实际情况调整自己言语策略的能力。对于新手教师而言，其语言元认知的自动化程度较低；而对于专家型教师，其语言元认知能够达到比较高的自动化水平。也就是说，新手教师在面对突发情况时，通过言语调控的能力较弱，并且不能完全把握自己言语可能对幼儿产生的积极或消极的影响；而专家型教师能够很快调出记忆中自动化程度较高的图式，运用语言调控教育教学活动的进程，运用适合于幼儿身心发展阶段的、正面引导效果的语言艺术，处理教育活动过程中的突发事件，不失时机地运用事件的育人功能为幼儿展示语言的魅力。幼儿教师的语言元认知，对师幼言语交际互动起着最高的统摄作用，是教师对自己语言的自我觉察、自我监控、自我批判、自我反思的较为稳定的思维个性特征。

本研究经过归纳和演绎的方法，得出了幼儿教师语言运用的4个基本维度，即语言基础能力、语言运用基本能力、语境创设能力、语言元认知。其中，语言运用基本能力由5个要素构成，即：语言的理解能力、转换能力、诱导能力、共情能力、调控能力。同时，对幼儿教师语言运用能力的4个基本维度及其要素进行了阐述，初步完成了其结构体系的理论构建。本研究由于只是采用国家政策文本分析和理论演绎推演的方法进行前期的理论构建，尚未进行实证方面的检验，其逻辑性是否科学、周延性是否完整，还需要更多的理论研究者去完善和调整，更需要实证研究者去检验、审视、验证和修正。因此，研究结论只是抛砖引玉，后续研究可以从语言运用能力结构体系出发，构建幼儿教师语言运用能力的评价指标体系，并通过实证研究和现场研究，对其进行分析和修正。

---

① 田学红：《国内外有关元认知研究的综述》，载《浙江师范大学学报（社会科学版）》2000年第2期。

第五章 幼儿教师语言运用能力测试量表的编制

第一节 能力测试量表编制研究常用的设计思路

一、能力测试量表编制的基本方法

根据中国知网文献来看，目前关于能力测试量表的编制文献比较多，但从量表的设计来看，基本上采用了心理测量中经常使用的李克特量表（Likert scale），这种量表是一种心理反应量表，也是目前调查研究中使用最为广泛的量表。主要是让受测者回答量表中项目陈述的认同程度。下面，我们以林国耀的硕士学位论文《大学生学习能力的量表编制与现状测查研究》[1]为例，了解目前研究者编制"能力"测试量表普遍采用的研究设计和编制方法。该项研究的研究过程和材料比较全面，且研究思路比较清晰，研究设计也比较规范，并能够反映目前能力测试量表研究中常用的研究设计思路和程序，具有典型性和代表意义。

（一）通过文献研究和理论研究，初步建构测试量表的理论框架

《大学生学习能力的量表编制与现状测查研究》的研究者，首先对目前大学生学习能力的相关研究进行文献梳理，经过分析和提炼，得出大学生学习能力理论结构的基本要素。该研究者认为，学习能力是一个结构复杂、多维度、多层次的心理现象。而学习能力模型中则涉及智力因素（如感知、记忆和思维等）、非智力因素（如动机、兴趣等）和策略因素（如组织策略、监控策略等）。但是，该研究者选择以"学会学习"为切入点来定义和研究学习能力。"学会学习"的含义主要包括这三个方面：①从知识的角度来看，一个"学会学习"者应该能够独立地、主动地去获取和应用知识；②从学习活动过程来看，一个"学会学习"者应该能够对自己的学习过程进行计划、监控和反思，即具备自我监控学习能力或元学习能力；③从学习资源来看，一个"学会学习"者应该能够合理而又充分地管理和利用内部学习资源（如学习精力、学习动力等）和外部学习资源（物质资源和人际资源等）。

该研究者将学习能力定义为"学生用以指导自己的学习活动的策略和技

---
[1] 林国耀：《大学生学习能力的量表编制与现状测查研究》，福建师范大学2006年硕士学位论文。

能的总和,学习能力的结构可以从知识的获得与应用能力、自我监控学习能力、学习资源的管理与应用能力这三个方面进行概括"。该研究者还认为"当前存在的学习能力的测评工具(如学习策略的测评、学习自我监控的测评、自主学习能力的测评)也是研究者根据自己的理论取向而编制的,都有各自的用途。但是如果要评价学生'学会学习'的水平的话,这已有的工具还不是很适合,所以有必要根据相关理论的指导编制一份学习能力问卷"[①]。该研究者从"学会学习"的角度对学习能力的实质与结构进行了理论构思。

(二)通过开放性访谈和问卷调查,验证和完善测试量表的理论维度

该研究者通过开放式访谈和问卷调查收集客观的资料和信息,对3名高校教师、10名大学生、10名研究生进行了个别访谈,对20名大学生、20名研究生进行了开放式问卷调查。从"学会学习"的角度来考察大学生的学习能力,访谈的主题是大学生"会学"与"不会学"的具体表现。整理和分析访谈和问卷调查所获得的资料,验证和完善大学生学习能力的理论构思,同时资料能够为编制"大学生学习能力问卷"提供足够的、具体化的题项内容。

(三)根据理论维度及借鉴其他相关测评工具,来设计测试量表的题项

该研究者在前期研究的基础上,参考其他研究者与学习能力相关的测评工具,设计了84条题项内容,形成了封闭式的《大学生学习能力问卷》,该问卷采用的是李克特5点量表计分方法。

该问卷结构设计了以下3个维度:

(1)知识获得与应用能力:包括记忆策略与技能、思维策略与技能、探究性学习策略与技能、知识应用策略与技能4个亚维度。

(2)学习资源管理与应用能力:包括学习时间管理能力、学习环境管理能力、学习精力管理能力、学习动力管理能力、学习行为习惯管理能力、信息资源应用能力、人际资源应用能力7个亚维度。

(3)学习过程自我监控能力:包括自我设置目标能力、学习方法选择能力、学习计划执行控制能力、自我认识与评价能力、自我调节能力、自我反思与总结能力6个亚维度。

[①] 林国耀:《大学生学习能力的量表编制与现状测查研究》,福建师范大学2006年硕士学位论文。

问卷设计了反向题,共设计了14个反向题项,并对每个反向题设置了一个内容相似的正向题。统计时通过反向计分后,将反向题的得分与对应的正向题相减,求所得差的绝对值,再将所有绝对值相加,结果越小则说明答题质量越高。要求每对题目的平均得分差不超过1,也就是要求被试对每一对内容相同、表述形式相反的题目的自我判断的平均误差不超过一个幅度(比如从"基本不符"到"有点符合"就差一个幅度),否则该问卷视为无效卷。

(四)抽样试测,对测试量表的题项、信度和效度进行分析

该研究者选择在各方面具有代表性的样本,发放问卷250份,收回有效问卷212份,有效率为84.80%。然后对回收的问卷采用社会科学统计分析软件 SPSS 11.5 和 LISREL 8.30 进行信度、效度分析。

1. 问卷的项目分析

项目分析即求出每一个题目的"临界比率"(Critical Ratio,简称 CR 值)。将总分按从高到低的顺序排列,得分前27%者为高分组,得分后27%者为低分组,求出高低二组被试在每题得分平均数差异的显著性检验。如果 CR 值没有达到显著标准(以 p 值等于0.03为界限),即表示这个题目不能鉴别不同被试的反应程度,应当被删除。其中1个选项的 p 值等于0.04,大于0.03,因而删除。

2. 效度指标分析

(1)探索性因素分析。

项目分析的结果表明,《大学生学习能力问卷》中的71个项目均具有良好的区分度。研究选取 KMO 和球型检验对采样充足度及因子模型是否适宜进行分析。计算结果表明采样充足度(KMO)值为0.893(>0.50);Bartlett's 球型检验的 x 值为7445.896(自由度为2485),Sig=0.000,达到了非常显著的水平。根据 Kaiser 的观点,如果 KMO 值小于0.50时较不适于进行因素分析[1],而《大学生学习能力问卷》的 KMO 值为0.893,该检验表明这些项目之间存在较多的共同因素,完全适合进行因素分析。

进行因素分析采用的是主成分分析法抽取因素、极大方差正交旋转法、抽取特征值大于1的因素,并根据以下标准确定因子数目:①因子分解必须符合碎石检验;②以0.40作为负荷量的取舍点。逐步剔除负荷低于0.40,且其内容构成难于被概括的8个题项后,得到了比较清晰且易于解释的12个因子,

---

[1] H. F. Kaiser. "An index of factorial simplicity". *Psychometrika*, 1974.

这 12 个因子共解释了 56.03% 的方差。

结果分析表明，剔除部分题目后的《大学生学习能力问卷》55 个项目在各自的公共因子上都有较高的负荷值，而且抽取的 12 个公共因子的累积贡献率超过 50%，由此可以认为因子的提取结果是比较理想的。

计算一级因素分析所得的 12 个因子的因子总分，然后以这 12 个因子的因子总分进行二级因素分析。二级因素分析采用的也是主成分分析法和极大方差正交旋转法，并给定抽取的因素数为 3。仍选取 KMO 和球型检验对采样充足度及因子模型是否适宜进行分析。计算结果表明采样充足度（KMO）的值为 0.910（>0.50）；Bartlett's 球型检验的 x 值为 1089.913（自由度为 66），Sig=0.000，达到了非常显著的水平。这表明这些因子之间仍存在着较多的共同因素，还可以进行因素分析。最后根据二级因素分析的结果和内容对因素进行命名。

（2）验证性因素分析。

根据探索性因素分析，得到了 3 个维度构成的三因素模型。为了确定问卷的测评维度的最佳结构，进一步用 Lisrel 8.30 对本问卷的结构模型进行验证性因素分析，分析时以二级维度的题项均分为观测变量，以一级维度为潜变量，并假设单因素模型（模型 2）与三因素模型（模型 1）进行比较，以确定问卷的最佳模型。单因素模型即假设所有的题项为观测变量，设置一个潜变量。

采用 LISEL 进行验证性因素分析，可以得到的拟合指数包括：*GFI*、*AGFI*、*RMR*、*RMSEA*、*TLI*、*NFI*、*IFI* 等。一般认为，χ^2/df 越接近 1 越好，小于 5 可以接受；*RMSEA*、*RMR* 应该小于 0.050，越接近 0 越好；*GFI*、*AGFI*、*CFI*、*NFI*、*NNFI* 这些指标越接近于 1，拟合性越好。分析结果表明，模型 1 较之模型 2 有更好的拟合效果，同时其各项拟合度数都达到要求，说明《大学生学习能力问卷》分为 3 个维度是较为理想的。

3. 问卷的内容效度

（1）内容效度。

内容效度主要是指所选的项目是否符合所要测量的内容或主题，就是测验在性质上与收集方法上与事先所建立的标准是否一致。具体做法如下：①该问卷在编制过程中，请教育心理学的有关专家进行了专业审定，以保证问卷专家效度（内容效度中的一种），但是考虑到请教的专家数量有限，因此没能量化计算专家效度的大小。②在最后形成的《大学生学习能力问卷》中，计算 12 个二级维度得分、3 个一级维度得分与总问卷得分两两之间的相关系数。如果相关系数不显著,则表示该维度鉴别力低,将影响测量的准确性;相关系数的显著程度越高,则表明问卷的内容效度越高。

对《大学生学习能力问卷》内容效度的分析结果表明:①3个一级维度与总问卷之间的相关系数分别为0.848、0.869、0.910($p<0.0001$),3个一级维度之间的相关系数为0.554、0.642、0.755($p<0.0001$);②每个二级维度与对应的一级维度的相关系数为0.633~0.851($p<0.0001$);③每个二级维度与非对应的一级维度的相关系数为0.103~0.694,均比与对应的一级维度之间的相关系数小;④每个二级维度与总问卷的相关系数为0.413~0.831,大部分小于与对应一级维度的相关系数而大于与非对应一级维度之间的相关系数。这些都表明该问卷有较好的内容效度。

(2)问卷的效标效度。

因为该问卷采用不记名的调查方式,获得相关的指标有点难度,也就不能很好地对问卷的效标进行衡量,所以采取下列方法来弥补。计算每个被试在《大学生学习能力问卷》55个项目上的总分,按这个总分将被试分成高(前30%)、中(中间60%)、低(后30%)3组,分别赋值为3、2、1,这个值称为量表所测得的学习能力等级;而被试对自己学业成绩、学习能力的自评情况均为四分变量,从高到低分别赋值为4、3、2、1。计算学习能力等级与学业成绩自评、学习能力自评的斯皮尔曼等级相关系数。结果发现:①学习能力等级与学业成绩自评的相关系数为0.675,p值小于0.001,即两者有非常显著的正相关;②学习能力等级与学习能力自评的相关系数为0.664,p值小于0.001,即两者也有非常显著的正相关。这在一定程度上说明《大学生学习能力问卷》具有良好的效标效度。

4. 信度指标分析

量表采用多重记分法,故用Cronbach a系数来估计问卷及各维度的同质性信度;采用Spearman-Brown分半相关系数计算方法来计算问卷及各维度的分半信度系数。该问卷各个维度及总问卷的同质性信度在0.8603~0.9475,分半信度在0.7745~0.8906。这说明《大学生学习能力问卷》的3个分维度均具有较高的信度,具有较高的可靠性。

(五)根据数据分析,对自编的测试量表进行评价

1. 测试量表的结构

《大学生学习能力问卷》的编制是在访谈、开放式问卷的基础上,并参照学习能力的实质与构成的理论构思编制而成的。探索性因素分析的结果基本验

证了研究所设想的大学生学习能力的 3 个维度：知识获得与应用能力、学习过程自我监控能力、学习资源管理与应用能力。一级探索性因素分析的结果表明，剔除部分题目后的《大学生学习能力问卷》55 个项目在各自的公共因子上都有较高的负荷值，而且抽取的 12 个公共因子的累积贡献率超过 50%，由此可以认为因子的提取结果是比较理想的，这 12 个公共因子便是问卷的二级维度；以 12 个公共因子的均分为变量进行的二级探索性因素分析，结果表明，这 12 个公共因子可以抽取出累积贡献率超过 60% 的 3 个公共因子，这 3 个公共因子便是问卷的一级维度，其中知识获得与应用能力维度有 3 个二级维度（知识记忆能力、知识理解能力和知识应用能力），学习过程自我监控能力维度有 4 个二级维度（学习目标设置能力、方法选择与调节能力、学习计划执行控制能力和学习反思与总结能力），学习资源管理与应用能力维度有 5 个二级维度（学习时间管理能力、学习环境管理能力、信息资源应用能力、学习动力管理能力和学习行为管理能力）。

经过验证性因素分析，进一步证明由这 3 个维度构成的模型是比较稳定和可靠的。验证性因素分析模型的结果表明，该研究者在探索性因素分析中得出的 3 个维度的结构模型具有较好的拟合效果，各项拟合度数都达到要求，说明《大学生学习能力问卷》分为 3 个维度是较为理想的。

2. 测试量表的效度和信度

《大学生学习能力问卷》的效度、信度、问卷的稳定和可靠性在该问卷的项目分析、信度、内容效度分析中也都有所体现。从信度上看，《大学生学习能力问卷》内部一致性系数为 0.9475，分半信度为 0.8906；从内容效度上看，该问卷的项目分析表明，55 个项目均具有良好的区分度，各二级维度与其所属的一级维度、总问卷之间均达到了显著的相关。

该研究者认为自编的《大学生学习能力问卷》是一个比较可靠、有效、理想的问卷。从结果的各项指标来看，大学生学习能力的量表基本上符合研究者的理论构思，同时符合心理测量学的要求，信效度以及项目鉴别度等指数优良。

二、目前能力测试量表编制存在的主要问题

"大学生学习能力量表编制"的基本程序和方法符合目前在量表编制方面的规范，无论是从理论维度构建、量表题项的设计，还是从因素提取和分析，以及效度、信度、区分度检验等方面，都按照心理测量量表的范式进行了比较

规范的研究。但是，目前能力测试量表编制所采用的传统方法和数据分析处理技术仍存在很多局限性。

（一）量表题项内容和形式的适用性问题

根据文献整理，大多数能力测试量表采用的是李克特量表。李克特量表又称总加量表，是社会调查和心理测验等领域中最常使用的一种态度量表形式。这种量表由一组与主题相关的问题或陈述组成，用来表明被调查者对某一事物的态度、看法、评价或意向。实际应用中通常采用5级量表形式，即对量表中每一道题目均给出表示态度积极程度等级的5种备选评语答案（如"很不同意""不同意""说不准""同意""非常同意"等），并用1~5分别为5种答案计分。将一份量表中各题得分累加后即可得出态度总分，反映了被调查者对某事物或主题的综合态度；量表总分越高，说明被调查者对某事物或主题的态度越积极。李克特量表可以用于个体或群体测量或评价。在社会调查中，人们常常更关心被调查群体的平均社会意向或态度，此时需将所有被调查者的量表总分累加后求平均值，后者即为该群体对某事物的平均意向。但是，这种做法未能直观显示被调查群体对事物总体态度的归属等级以及各等级评价所占的比例，而这些信息往往是研究者更希望了解的。①

李克特量表是否适用于能力测试？能力是个体内隐的较为稳定的个性心理特征，直接影响个体工作的效率。个体的能力素质划分为知识、技能、自我概念、特质和动机5个要素。李克特量表主要是调查个体对某些事物、观点、行为、意向的态度的积极程度。态度的积极程度并不能直接转化为行动力，也不能决定个体完成某项任务的工作效率，态度也只是影响工作效率的众多因素之一。

以《大学生学习能力预测问卷》中的题项为例，该问卷采用的是5点计分法，5个选项分别是"完全不符""基本不符""有点符合""基本符合""完全符合"。对该问卷的第54题、第62题、第66题、第68题进行分析，其中，第54题是第62题的反向题；第66题是第68题的反向题。第54题和第62题的内容分别是"经常用自己的学习目标来对照检查自己一段时间的学习进度""很少对自己一阶段内的学习和效果进行反思"。第66题和第68题的内容分别是"经常总结自己在学习中的方法和经验""从不反思自

---

① 亓莱滨：《李克特量表的统计学分析与模糊综合评判》，载《山东科学》2006年第2期，第18-23、28页。

己的学习经验和学到的内容"。作为被试的大学生，对于正向题，相信大多数学生会选择"有点符合"或"基本符合"；而对于反向题的选择，则会选择"基本不符"或"有点符合"。每项题的平均得分必然落在3～4分的区间内。从研究者最终获得的数据来看，被试在总问卷上得分的平均分和标准差是3.275 ± 0.435，问卷由"知识获得与应用能力""学习过程自我监控能力""学习资源管理与应用能力"3个分维度组成，这3个分维度得分的平均分和标准差分别是3.201 ± 0.505、3.282 ± 0.468、3.311 ± 0.499。数据结果与我们对这类量表得分的预判是一致的。

邓稳根等认为目前心理量表编制存在方法学局限，也就是"大多数量表项目采用自我报告方法进行作答"[1]。N. D. M. Mahudin 等认为：这可能会增加受试者的偏见、社会赞许性、需求特征和反应集的可能性，从而影响测量结果的有效性。[2]

如果说上述量表测试的是大学生的学习能力，从理论上是存疑的。事实上，这个量表测试的是被试对各个题项所表达内容的态度、倾向。当然被试事实上也选择了与自己实际行为相近的选项，但客观上是存疑的。被试的选择还与其自身对这些题项内容的认知程度和判断标准有关，不同被试对同一题项内容的认知和判断是个性和主观的。所以，能力的测试使用对于态度调查适用的李克特量表，是存在一定问题的。

（二）量表因素分析的科学性问题

我国心理测量领域奠基人陈立先生早在1992年就对粗糙的实验设计和过于依赖心理计量学提出批评。他认为："用方差分析法来指导实验设计，我至今仍认为是很有用的。但这只能作为探索性试验，而费希尔（Ronald Fisher）用p值来肯定或否定一个实验的结果，这就成问题了。""梅尔顿在主编美国心理学会的权威刊物《实验心理学》十二年以后，离任时发表了一篇社论，我认为是很中肯的。他不无感慨地说，p值只是一个方面，不能决定论文的取舍。他认为如果不通过重复的考验，p值等于0.01又算得什么呢？就是赢得了一个否证，符合哲学家波普尔的证伪要求，也可能只是因为实验的灵敏度不够，实验粗糙，专家可以看得出，这样的报道，不足以否证变量间存在或不存

---

[1] 邓稳根、张文丽、郭磊：《近10年中国心理量表编制的现状、问题与建议》，载《江西师范大学学报（自然科学版）》2021年第5期，第441-451页。

[2] N. D. M. Mahudin, T. Cox, A. Griffiths. "Measuring rail passenger crowding: scale development and psychometric properties", Transportation Research Part F Psychology and Behaviour, 2012.

在关系。所以他提出更高的要求,即不仅要肯定一个变量的作用,而且还要深入到自变量与因变量中间的实质性(substantiality)的关系。他分析实质性为决定变量的水平与效果水平的函数关系,和从已得的实验结果,能进一步收集更多的信息。我在上面曾经提到费希尔只图肯定或否定变量间的交互作用,为什么不进一步追究自变量与因变量间的函数关系?""费希尔的错误在进行探索性实验后不再进行证实性实验。在证实性实验中,取样不仅要大,而且要根据探索性实验中的纰漏,把取样的偏颇淘汰掉;对有效的自变量也可加以更有效的控制,使层次增加,更能显出与因变量的函数关系,从性质的判断,到精密的数量函数。我相信,最重要的还是实验过程的本身。"[1]

赵必华等认为:心理量表编制中常采用因素分析的方法研究量表所测特质的内在结构。在验证性因素分析(confirmatory factor analysis,CFA)之前,探索性因素分析(exploratory factor analysis,EFA)成为研究量表结构的主要手段。[2] 然而,根据范津砚等人的综述,国内研究者在样本容量的确定、因素个数的抽取、旋转方式的选择、负荷矩阵的报告等方面均存在许多问题,甚至有些研究者将整个研究完全交给统计软件,默认统计软件的内在设定,任由"数据驱动"。近年来,越来越多的研究者采用 CFA 确认量表的内在结构。运用 CFA 是假设经 EFA 获得的量表结构是一个随遇而生(capitalization on chance)的模型,即一个依样本而变动的模型,因此需要再重新抽取样本通过交互验证来确认模型结构。然而,仍有一些研究者以同一样本进行 EFA 与 CFA,这犹如做自我证言,并无验证的味道。

邓稳根等 2021 年在《近 10 年中国心理量表编制的现状、问题与建议》中也认为:心理计量学方面的第一个局限涉及量表的结构分析方面。一些研究仅采用 EFA 或 CFA 对量表的结构进行分析,未选取两个不同的样本分别采用这两种方法对量表的结构进行验证。这可能导致所得到的量表结构存在样本依赖性和方法依赖性,无法进一步推广使用。在采用 EFA 方法对量表的结构进行探索时,一些研究并没有根据 KMO 值和 Bartlertt 球形检验等结果来考查因素分析的适当性。[3] 在 CFA 中,一些研究中所获得的模型的数据拟合指数值并没有达到相应的标准。这些局限都影响结果的有效性。此外,大多数 EFA 和

---

[1] 陈立:《对方差分析法的重估与改辙的考虑》,载《心理科学》1992 年第 4 期,第 3—6、65 页。
[2] 赵必华、顾海根:《心理量表编制中的若干问题及题解》,载《心理科学》2010 年第 6 期,第 1467—1469 页。
[3] 邓稳根、张文丽、郭磊:《近 10 年中国心理量表编制的现状、问题与建议》,载《江西师范大学学报(自然科学版)》2021 年第 5 期,第 441—451 页。

CFA 分析结果没有列出相应的因素负荷值，这也影响了所编制量表结构的可重复性。S. Sveinbjornsdottir 等指出：只有通过量表结构和信度验证，才能证实新量表的有效性和可靠性。① 对量表做出相关分析来考查效度大小所选择的工具或变量不合理，是心理计量学的第二个局限。Rocha M. F. F. D 等的研究提供了一个有效的替代方案。研究者使用在社会人口调查问卷上收集的信息（如教育水平和体力活动强度）与量表的结构相关联。② 心理计量学的第三个局限，是所有的量表编制者都没有对量表的等价性或项目是否存在偏差进行检验（有可能量表编制者另写论文进行此方面的研究）。不同的被试群体不仅存在特质水平的差异，而且也可能具有不同的特质结构。不加证明地认为所有被调查的群体都有相同的特质结构，可能会导致量表的不合理使用。

结合我们在幼儿教师语言运用能力评价指标体系建构研究过程中的经历以及对心理量表编制方法相关文献的研究，可以得出一些不成熟的结论，即能力量表的编制不太适合使用李克特量表，因素分析的计量方法也可能会导致对数据本身以及计量技术的路径依赖，对于幼儿教师语言运用能力的量表编制，需要采用其他的方法和技术。

第二节　幼儿教师语言运用能力评价指标体系理论分析框架的构建

一、幼儿教师语言运用能力评价指标的理论维度

第四章中已对幼儿教师语言运用能力结构体系进行了理论构建，将幼儿教师语言运用能力按照层级依次递进分为 4 个基本维度，即语言基础能力、语言运用基本能力、语境创设能力、语言元认知。

第一，幼儿教师语言基础能力，根据教育心理学的分析框架，大体对应着信息领域和心智程序。在实际工作中，幼儿教师语言基础能力大致包括运用普通话进行教育教学的能力，主要包括根据普通话语音、语法、语气语调等方

---

① S. Sveinbjornsdottir, E. B. Thorsteinsson. "Adolescent coping scales: a critical psychometric review". *Scandinavian Journal of Psychology*, 2010.

② M. F. F. D. Rocha, B. C. A. N. Neves, Fernandes Tavares, et al. "Development and validation of the self-acceptance scale for persons with early blindness: the SAS-EB". *PLoS One*, 2014.

面的规范进行交流的能力。由于幼儿教师资格证的获取是以普通话合格为必要条件之一,本研究假设的前提是幼儿教师已经具备用普通话进行教育活动的能力,因此下文不将幼儿教师语言基础能力列入研究范畴。

第二,幼儿教师语言运用基本能力包括理解能力、转换能力、共情能力、诱导能力和调控能力共5个要素,类似对应着心智程序和心理动作程序。本研究将这5个要素作为5个理论维度设计幼儿教师语言运用能力的评价指标体系。

第三,幼儿教师语境创设能力属于语言运用的综合性能力,在加涅的分类中类似于"问题解决",可以理解为幼儿教师综合运用语言基础能力和语言运用基本能力组织教育活动的能力。语境创设能力的综合性表现为:教师要提供幼儿园教育活动的设计方案,教师使用的材料及创设的环境、师幼互动及活动组织,要具备科学性、教育性和合理性,并要评估这些设计达成教育活动目标的有效性。对于语境创设能力,通常需要使用表现性评价,即通过观察按活动设计方案开展的教育现场,对教师进行能力评估。由于表现性评价的操作需要大量的人力和时间,这里暂时不将语境创设能力作为评价指标进行研究,有待后续做深入研究时单独进行探讨和分析。

第四,幼儿教师语言元认知对应着元认知系统和自我系统。实质上是教师对自己在教育活动中言语的自我觉察能力,是对自己组织语言、语气语调、话轮切换、言语反馈等有着比较深入的认知、觉察和反思,能够及时根据实际情况调整自己言语策略的能力。本研究将语言元认知作为一个理论维度设计指标体系。

综合以上分析,本研究将语言的理解能力、转换能力、共情能力、诱导能力、调控能力和语言元认知作为幼儿教师语言运用能力的6个理论维度设计评价指标。

二、幼儿教师语言运用能力评价指标的实践维度

《广东省幼儿园一日活动指引(试行)》提出,"根据幼儿活动的属性,把幼儿园一日活动划分为四种类型:生活活动、体育活动、自主游戏活动和学习活动",并对这四类教育活动进行了较为明晰的界定。

生活活动是指满足幼儿基本生活需要的活动,主要包括幼儿入园、进餐、饮水、盥洗、如厕、睡眠、离园等环节。生活活动贯穿于幼儿园一日活动中,旨在帮助幼儿发展生活自理、与人交往、自我保护等能力,逐步养成健康的生活规则和习惯。

体育活动主要是指在运动场地上，通过器械运动、自然因素锻炼、操节等形式开展的日常运动。体育活动能增强幼儿的运动能力和环境适应能力，是幼儿形成健康体魄、拥有愉快情绪的重要途径。体育活动包括体育集体活动、自选活动和操节（幼儿园可自选）3个方面。

自主游戏活动是指幼儿在游戏情境中根据自己的兴趣和需要，以快乐和满足为目的，自由选择、自主展开、自发交流的积极主动的活动过程。自主游戏活动能够满足幼儿的个体需要，促进幼儿在自发、自主、自由的活动中发展想象力、创造力、交往合作能力及提升好奇探究的品质。

学习活动是指教师采用游戏、谈话、实验、操作、实地参观、听赏、表演等多种方式，有目的、有计划地引导幼儿通过直接感知、实际操作和亲身体验获取经验，帮助幼儿逐步养成积极主动、认真专注、敢于探究和尝试、乐于想象和创造等良好学习品质。学习活动包括活动准备、活动实施和活动评价3个环节，教师通过集体、小组和个别学习的方式组织学习活动。

根据幼儿教师在日常教育实践中开展的这四类教育活动，本研究将这4类活动作为幼儿教师语言运用能力评价4个实践维度设计评价指标。

将理论维度和实践维度综合起来，幼儿教师语言运用能力指标体系的6个理论维度和4个实践维度就可以组合成为"6×4=24"个维度的二维评价指标体系，构成幼儿教师语言运用能力指标体系的理论分析框架。

第三节 幼儿教师语言运用能力测试量表编制的思路与方法

一、幼儿教师语言运用能力测试量表编制的思路

本研究对幼儿教师语言运用能力的概念界定，是基于教育心理学关于能力素质或胜任力的理论，而能力素质是个体内隐的、稳定的心理特征。前文提出：能力能够通过个体的外显行为表现出其工作效能，但能力并非个体的外显行为。虽然研究者可以对个体外显行为的指标进行观察甚至测量，并根据观察和测量的结果对个体某方面或某领域能力进行推论，但这些结果也是有限度的，而非精确推论。换言之，能力素质可以通过个体的外显行为进行测量，但不是精准测量。

外显行为的测量通常需要使用现场观察的研究方法，这种方法需要编制

能够量化的行为指标体系,并需培训专业观察人员到现场对幼儿教师在活动中的语言进行记录,同时对照行为指标体系将语言的内容、语气语调、话轮、语境等进行分类和量化处理。观察测量的研究方法需要大量的人力和时间,需要非常专业的研究机构开展此类研究。

外显行为的测量也不能够通过问卷询问被试的态度进行测量。也就是说,不宜运用李克特5点量表通过被试选择是否"符合"或是否"赞同"等具有主观性的回答进行测量。

综合考虑客观条件以及各类研究方法的优缺点,本研究主要采用封闭式问卷的方式,将具体情境事件描述作为题干,将对情境事件行为反应的描述作为选择项进行设计。这种量表编制具有以下优势:一是量表是封闭式问卷,节省了研究成本,包括人力和时间;二是量表能够反映出被试对具体事件的行为反应,被试将自己代入事件之中,该选项会最接近真实事件中被试所表现出来的真实行为;三是量表的题项全部是原创的,以本书为例,研究中涉及的幼儿教师语言运用能力测试量表是作者带领其研究团队原创的,具有知识产权的价值。

但这类量表的编制也存在许多困难:一是量表的原创性决定了量表的编制难度相当高。二是很难编制完全符合"6×4=24"个维度的具体情境事件,即出现仅对应24个维度中的1个维度而不涉及其他维度具体情境事件的可能性不大,事件往往涉及多个维度,容易出现维度交叉。三是从理论角度上看,题项的选项越多越好;同时选项应满足具有明显的层级特征,最好是5个选项描述被试5个层级的行为反应。四是具体情境事件、选项的文字表达需要既精炼又能让被试完全理解,要做到这点,难度也非常大。五是量表编制要求研究者具备较高的理论知识和量表编制技术,也要具备丰富的幼儿园工作实践经验,目前很难发现具有这种知识储备的研究者群体和专家群体。

鉴于幼儿教师语言运用能力量表编制存在的困难,本研究采用团队协作的组织形式开展研究,课题组主要由学前教育知名专家牵头,多位实践层面的园长及具有一定研究能力的骨干教师组成,课题组还邀请了在教育心理学、学前教育、量化研究领域经验较为丰富的专家加入团队进行研究和指导。园长和骨干教师在专家的指导下,先提供大量的情境事件和反应选项的题项,经过多次研讨和反复打磨,并通过两轮试测,不断修改和完善,最终完成了量表的编制工作。

由于本量表的编制难度大,专业性强,属于探索性研究的成果,因而还不够成熟。但这种研究和探索仍具有较高的价值,不失为量表编制方法和技术的一种有益尝试。

二、幼儿教师语言运用能力测试量表编制的过程与方法

（一）《情商测试》题项的具体编制样例

本研究量表的编制参照了英国心理学家 Robert Wood 和 Harry Tolley 的著作《情商测试》中测试题项的设计方法。

1. 情商的能力构成维度

情商由 5 个部分或者 5 方面的能力构成[1]：

（1）自我调节：有能力管理和控制你自己的情绪状态。

（2）自我觉察：认识你自己，了解你的各种情绪状态要告诉你一些什么。

（3）动机：引导你的各种情绪，让你能够达成自己的目标。

（4）同理心：能够识别、理解其他人的各种情绪。

（5）社会性技能：与别人建立关系并影响他人。

2. 自我觉察维度的二级指标

自我觉察分成如下 6 个重要的方面[2]：

（1）尊重你自己。

（2）保持积极的心态。

（3）忠实于你自己。

（4）随性而为，不要总是让你的逻辑性和理性左右你的生活。

（5）倾听他人。

（6）了解自己对他人的影响力。

3. 二级指标"倾听他人"的测试题

二级指标"倾听他人"设计了 6 个题项，每个题项含 3 个 ABC 选项。下面举例说明：

题项 1. 有个人提出了一个观点，与你搜索到的信息相反。对此，你会如何反应？

　　A．听其他人把话讲完，然后再回应。（最高水平）

　　B．听了一会儿，然后驳回对方的观点。（中间水平）

　　C．当场不客气地驳回对方提出的观点。（最低水平）

题项 2. 你和一群喋喋不休的人在一起，对方不知所云，花了很长时间才勉强说出一些东西来。对此，你会如何反应？

---

[1] [英]伍德、托利：《情商测试》，李小青译，中国轻工业出版社 2007 年版。
[2] [英]伍德、托利：《情商测试》，李小青译，中国轻工业出版社 2007 年版。

A. 听了一会儿后失去兴趣，走开不再听对方说话。（最低水平）

B. 举起一只手引起他们的注意，当他们停止说话时，礼貌地问对方要讲的重点是什么。（最高水平）

C. 一旦你觉得他们也感到痛苦，快要支撑不下去了，马上以一句"对不起"打断他们的说话。（中间水平）

题项3. 当你不确定自己要做什么事情时，下一步你打算怎么做？

A. 无论花多长时间，自己一个人也要把这个问题解决掉。（最低水平）

B. 向周围的人征求意见。（最高水平）

C. 看书或者上网查资料。（中间水平）

题项4. 想想你刚刚和他人进行的五个谈话，试着回忆对方跟你讲过的内容，不要求完全准确，说出大概的意思即可。你可以记住多少内容？

A. 如果能记得，也非常少。（最低水平）

B. 记得一些。（中间水平）

C. 全部，或者几乎所有的内容。（最高水平）

题项5. 你被问到倾听他人讲话时你的感觉怎么样。对此，你会如何反应？

A. 表示人们并不是深不可测，你总是可以说出他们将要讲些什么内容。（中间水平）

B. 表示你对其他人讲的内容基本上不感兴趣。（最低水平）

C. 表明人们的表达方式和他们讲话的具体内容同样都很重要。（最高水平）

题项6. 当你和其他人交流时，脑海中在想什么？

A. 没有想什么特别的事情。（最低水平）

B. 想的是，在某些特定的方面，你和其他人存在一些差别，他们可能更温柔、更顽固、更挑剔、更有趣或者更乏味等。（最高水平）

C. 想的是，他们和你没有什么不同。（中间水平）

测验5	EI最高水平	EI最低水平	EI中间水平
题目1	A	C	B
题目2	B	A	C
题目3	B	A	C
题目4	C	A	B
题目5	C	B	A
题目6	B	A	C
合计			

（二）幼儿教师语言运用能力测试量表的编制过程

1. 第一轮量表编制

本研究的课题组团队，在专家的指导下，先行学习了本书作者在《天津市教科院学报》发表的论文《幼儿教师语言运用能力结构体系的理论构建》，同时学习了《情商测试》中测试题项的设计方法和具体样例；再仿照《情商测试》中的测试题项，根据本章第二节中关于幼儿教师语言运用能力评价指标体系理论分析框架，结合他们在一线的幼儿园教育活动实践经验，按照"6×4=24"个维度设计情境测试题，其中，每个维度针对小班、中班和大班的幼儿分别设计了一道情境题。

第一轮测试题的设计由6位课题组成员完成，她们均具有10～20年担任幼儿园骨干教师的经历。这6位成员先根据24个维度共设计了210道测试题，约2.86万字。

（1）存在的问题及分析。

课题组邀请了2位专家与课题组成员对200多道测试题进行了认真细致的研讨。研讨过程中发现设计的测试题存在以下问题：

问题①：设计者对于设计出来的题目，究竟测试的是语言运用能力的哪个维度，不太清晰。专家认为，成员对6个维度的能力特别是对语言调控能力、语言诱导能力和语言共情能力这三者之间的区别没有深刻把握，需要调整。

问题②：题目题干中使用的是抽象概括事件，如当幼儿哭闹或无理取闹时教师所应对的情况。专家提出，成员在设计题目时，题干尽量使用真实事件，不要出现"无理取闹"等带有主观评价性的词语。

问题③：题目选项中出现不完整的表达，甚至有省略号存在。专家提出，成员在设计题目时，对选项中描述的教师的语言行为反应尽量具体并且完整。

问题④：题目中出现比较明显的"好的"和"差的"选项，被试非常容易辨别出来，会直接选择"好的"选项。专家提出，成员在设计题目时，题目的选项中描述涉及教师语言行为反应事件时，尽量不出现主观性修饰词语，仅描述客观行为反应。

问题⑤：题目的3个选项（即问卷中每个题干下的ABC选项）出现了包含关系。专家提出，成员在设计题目时，题目的3个选项从逻辑上来说应该相互排斥。

问题⑥：题目的3个选项之间没有层级关系，难以确定选项赋分。专家提出，成员在设计题目时，题目的3个选项之间要有较好的层级区分。

问题⑦：题目的3个选项之间的文字字数（也可以称为"文字长度"）差异太大，具有暗示性。专家认为，题目的选项之间的字数或"长度"应该接近，不能让被试仅根据文字"长度"就可以进行判断和选择。

（2）例举。

下面，我们通过两个事例来说明第一轮测试题在设计中存在的问题。

测试题1：小班游戏活动中，文文在用积木建房子，遇到了困难，不知道怎么才可以把房子继续垒高，我会说（　　　）

A. 这么简单都不会，跟我一起做。（1分）

B. 我可以和你一起玩吗？我们一起来建房子吧。（2分）

C. 这座房子能建这么高，你付出了很多努力！可是这里为什么有个缺口？有办法让这些积木立起来吗？（3分）

[专家分析]测试题1存在三个问题：①设计者认为此题测试的是语言共情能力，事实上设计出的题目测试的却是语言诱导能力；②第一个选项，用词明显具有简单粗暴的特征，被试很容易识别，基本上不会选择此项；③第三个选项，字数太多，描述具体生动，被试可能会直接选择此项。

测试题2：游戏活动结束后，老师让幼儿把积木收拾好。有些积木掉在地上，乐乐和嘉俊同时看见了。嘉俊视而不见，而乐乐主动把那些积木收拾整理好。如果你是在场的老师，会这样表扬乐乐（　　　）

A. 乐乐真乖。（1分）

B. 乐乐帮助大家收拾玩具，看到掉在地上的积木能主动地收拾好，做得很好，老师真为乐乐感到高兴。（2分）

C. 大家说说，乐乐和嘉俊谁做得更好？（3分）

[专家分析]测试题2存在两个问题：①设计者认为此题测试的是语言共情能力，事实上设计出的题目测试的却是语言调控能力；②第二个选项，字数太多，被试可能会直接选择此项。

此轮量表编制由6位幼儿园骨干教师设计，没有进行具体分工，事实上属于开放性征集测试题项的过程。针对题项设计存在的7个主要问题，课题组对原有的测试题项进行了筛选，课题主持人组织了研讨会，对全体课题组成员进行了理论培训，邀请专家到现场进行面对面研讨，对情境设计较好的题项进行点评，并让成员对题目进行了修改和完善。

2. 第二轮量表编制

课题组在前期修改完善的测试题项基础上，6位成员再分别针对6个维度中的1个维度设计量表的测试题项，挑选和修改符合各个维度的题项。编制好各自负责维度的测试题后,课题组邀请专家和课题组其他 2 位成员参与设计,与前 6 位成员对测试题进行了第二次研讨。

(1) 存在的问题及分析。

专家认为,此轮的测试题设计与上一轮相比,进步比较大。设计者基本上能够避免第一轮量表编制出现的大部分问题,但还是远未达到能够试测的要求。主要问题有:

问题①:对语言运用能力的 6 个子能力概念的内涵和外延把握不准。将语言理解能力、语言转换能力、语言诱导能力、语言调控能力和语言共情能力等相互混淆,最难以区分的是语言诱导能力和语言调控能力,导致相关的题项设计有误。

问题②:测试题题干的文字描述不够清晰,背景和过程交代不是很清楚。换言之,对语境的描述不到位。

问题③:语言理解能力和语言转换能力测试题的设计难度比较大,主要是幼儿教师对于一些词语概念的理解存在偏差,特别是对一些科学方面概念的理解存在着问题。由于教师自己对抽象概念的理解不准确,导致语言理解能力和转换能力测试题设计出现概念错误或无法将抽象概念转化为正确的具体形象语言来描述。

(2) 例举。

下面以每个能力的部分测试题为例,说明第二轮测试题的设计要求、存在的问题及改进建议。

①语言理解能力测试题的编制。

设计要求:幼儿能够与其他人进行简单的交流,但由于幼儿的个体发展和家庭语言交流环境不同,每个幼儿语言发展有着个性化特征。理解幼儿语言是师幼互动的第一步,幼儿教师要能够从幼儿的角度和年龄阶段去理解幼儿的各种言语表达,敏锐地观察和感知幼儿的肢体语言,及时了解他们的需求。理解能力测试题编制要抓住词汇、幼儿个性化语言内容和表达方式;了解幼儿语言表达出来的词和句子往往与幼儿实际所指称的事物或事件不完全一致。教师不仅需要根据语境去理解幼儿的意思,而且也需要借助幼儿的肢体语言去判断。

测试题:大班语言活动,看图讲述环节,我指着图中一位高个子的叔叔对全班幼儿进行提问:"你觉得这位叔叔长得高还是长得矮?"欣欣说:"他长得很矮。"对此,我的反应是( )

A. 你确定他长得矮吗?你再好好看看,不要故意说反话。(1分)

B. 你为什么觉得他长得矮呢?我想听听你的想法。(2分)

C. 高和矮是相对比较的,我们来对比一下图片上的另一位叔叔,现在你觉得他长得高还是长得矮?这两位叔叔比较,谁长得更高?为什么?(3分)

[专家分析]此题的题干没有将语言背景交代清楚,应附上图片;3个选项的文字长度相差仍然很大。

②语言转换能力测试题的编制。

设计要求:语言转换能力测试题编制,主要是将抽象事物或事件转换为幼儿能够理解的、与幼儿熟悉的生活经验相关的具体形象的事物或事件。

测试题:中班的孩子们正准备用餐,小明在饭前洗手时没有认真洗干净。注意到这个情况后,我决定用一种更生动、有趣的方式来引导小明养成饭前洗手的习惯。我会(　　)

A. 强调洗手的重要性,说:"记住,每次吃饭前都要洗手,这样我们才能保持健康,不被细菌侵扰。"(1分)

B. 边念"七步洗手法"步骤口诀,边亲自示范正确的洗手方法,让小明观察并模仿。并问其他孩子:"你们知道什么时候需要洗手吗?"孩子们纷纷回答:"上厕所后!""做手工后!"我微笑着说:"对,还有吃饭前也必须洗手哦!"(2分)

C. 讲述一个关于"小兔子养成良好卫生习惯"的故事,特别强调小兔子每次吃饭前都会洗手,从而引出饭前洗手的重要性。最后,边示范边讲解:"记得要先把手淋湿,然后涂上肥皂,搓出泡沫,最后用清水冲洗干净。我们的小手就像小汽车,每天都要开出去,所以它们需要保持干净。每次吃饭前,记得给小手洗个澡,这样它们就不会带着细菌进肚子啦!"(3分)

[专家分析]此测试题的重点是让幼儿懂得为什么要洗手。饭前便后、做手工后都要洗手,其理由是为了幼儿不沾上对身体有害的病毒和细菌。教师就需要运用类比等方法,让幼儿明白为什么和在什么情况下要洗手,初步感知有害细菌和病毒对自己健康的影响。题目的第三个选项,过于复杂,文字冗长。

测试题:大班语言活动"蚂蚁与西瓜"中,孩子们对小蚂蚁用长杆去撬西瓜感到好奇,我说"这是利用了杠杆原理,借助长杆集合更大的力量撬起西瓜"。孩子们还是一脸疑惑,我会说(　　)

A. 杠杆原理就是在杠杆的两边,一边放置一个重物,另一边施加一个重力,当这个重力大于另一边的重物时,重物会被抬起。(1分)

B. 结合科普图片和绘本图片进行解释:杠杆是一种工具,它可以帮助我们放大或缩小力量,让我们能够更容易地完成一些任务。垫高的石头是支点,长杆是支撑力量的力臂,小蚂蚁们团结合作一起用力,如果力气大过西瓜的重

量,就可以撬动西瓜。(2分)

C. 小朋友,想象一下你正在玩一个跷跷板游戏。你坐在一端,你的朋友坐在另一端。如果你们的重量不同,那么更重的小朋友就会向下压,轻的小朋友就会被抬高。假如小蚂蚁们一起使出的力气能够大于西瓜的重量,就可以把西瓜抬起来了。(3分)

[专家分析]此测试题主要是要求教师能够把科学领域中抽象的杠杆原理,通过语言,转换成为幼儿能够理解的具体的生活事例,让幼儿去感知科学现象。从选项来看,题目设计者对杠杆原理理解不到位,A选项仅对于等臂杠杆成立,且"施加一个重力"的表述存在错误。B选项中,设计者描述了支点、力臂的概念,但未说清省力杠杆的原理,语言也体现本地方言特点,如"力气大过西瓜的重量"。C选项中所举的事例,仍然属于等臂杠杆现象,而本题实际上是省力杠杆现象。

这里的转换能力,实际上是教师通过幼儿熟悉的涉及省力杠杆的物体如指甲剪、饮料瓶开启器等,引导幼儿去理解省力杠杆现象,知道这些现象在生活中随处可见,教师在讲解时可以使用实物进行辅助展示。

③语言共情能力测试题的编制。

设计要求:共情也叫移情,是指能深入他人主观世界,了解其感受的能力,即在与他人交流时能深入体验对方感受,去理解对方的情感、情绪,并做出恰当的反应。人的情绪有七情,是指喜、怒、忧、思、悲、恐、惊等情感的表现或心理活动。因此,问卷设计时尽量考虑到7类情绪。共情属于感性层面的活动,不属于理性层面。共情是教师通过语言启发幼儿去理解别人的情绪,同时启发幼儿如何与他人相处与合作;共情是教师能够对幼儿表现出来情绪的理解和感同身受,通过语言对话让幼儿感受到教师对幼儿情绪的理解和认同。

测试题:午饭后,大班幼儿阅读图书时,发现有一本图书被撕破了,大家你看看我,我看看你,没有人承认是自己弄破的。这时,壮壮指着丁丁说:"老师,我好像看到是他撕烂的。"丁丁听了,过了好一会才小心翼翼站出来,说:"老师,我是不小心的。"我会说(   )

A. 你怎么这么不小心,请你爱护图书。(1分)

B. 下次小心一点,请你想办法修补好它。(2分)

C. 我知道你不是故意的,你能勇敢地承担责任,做得很好。我们想办法把它修补好,下次看图书的时候轻轻地翻。(3分)

[专家分析]此题中,幼儿表现出来的是恐惧情绪,害怕受到教师的批评。其实,共情的重点不在于教幼儿如何做,重点在于教师理解和认同幼儿

的情绪。教师要通过对话去理解幼儿恐惧的情绪,并有效地化解幼儿的恐惧情绪,以避免负面情绪对幼儿心理造成不必要的伤害。这个测试题的3个选项,主要采取的方式是教育引导,而不是共情。因此,该选项要从共情这个角度进行重新设计。

测试题:中班的孩子在玩体育游戏"老鹰捉小鸡",当"小鸡们"四处躲闪时,洋洋和贝贝两人不小心碰在了一起,洋洋摸着脸蛋、贝贝摸着额头,都不高兴地责备对方撞疼了自己。我会说(   )

A. 你们都各自撞到了对方,没什么好生气的。(1分)

B. 老师知道你们都不是故意碰到对方的,下次小心点。(2分)

C. 洋洋快看看贝贝的额头,贝贝快看看洋洋的脸蛋,老师也帮你们看看,还好没有受伤,你们如果能互相关心对方,就更棒了!下次,我们再玩这个游戏时,要怎样才能保护自己又不会碰撞呢?(3分)

[专家分析]此题主要是处理幼儿的愤怒情绪。教师需要共情的是两个幼儿的"怒",因何而怒,怒的对象。因此,教师的语言对话要抓住"怒"。选项中也可以有话轮,3个主体之间展开对话,教师要把握住共情是对话的重点,引导幼儿之间相互共情,教师要教会幼儿从对方立场想问题。选项的文字长度差异较大。

测试题:中班幼儿在玩自主游戏时,京京看见小轩手中的大卡车玩具很想玩,就想拿自己手上的小轿车玩具与小轩交换,小轩表示不愿意,京京就把小轩手上的大卡车玩具抢了过来,这时小轩嚎啕大哭,并向老师告状,京京委屈地说:"老师,我想玩大卡车,小轩不给我玩。"我会对京京说(   )

A. 你都没有经过人家同意就拿了,肯定不行啊,快把玩具还给人家。(1分)

B. 如果大家都想玩的话,那可以想个什么办法呢?(2分)

C. 如果你是小轩,你喜欢的玩具被别人抢走了,你也会伤心是吗?京京你试试安慰一下小轩,和他一起商量想个好办法,让大卡车、小轿车玩具也成为好朋友,一起玩起来!(3分)

[专家分析]此题属于共情,设计选项时,注意教师要用语言与两个孩子共情。选项A和选项B中的教师的行为,明显没有使用共情的方式展开3个主体相互的对话,设计的重点应以共情为目的,调控和教育幼儿只是次要的功能。选项的内容可以采用多个话轮,将客观的语言对话呈现出来。

④语言诱导能力测试题的编制。

设计要求:幼儿教师语言诱导能力是师幼围绕共同的话题,通过多次语言交际单元进行互动,教师采取引导、诱导和激发的方式,让幼儿产生积极反馈和更高阶思维。诱导能力主要是教师基于幼儿"最近发展区",通过系列的语言交际单元,在互动过程中运用提问、追问、陈述知识、提供支架、诱发幼儿思考和参与兴趣的方式方法,提升幼儿各方面能力素质和思维创新能力。对于幼儿思维发展而言,主要是能够在具体形象的事物或事件之间建立联系,包括事物或事件的因果关系等。

测试题:大班体育活动"小山羊过桥",老师设计了这样的情境:孩子们饰演小羊在过小桥,自然灾害发生了,山上滚下来一块大石头,他们被石头(大笼球)撞得东倒西歪,还有好几个孩子没站稳掉到桥下。然后发生了以下对话。

老师:"石头滚过来的时候,你们的心情是怎样的?发生了什么事情?"

小君:"很害怕,我被后边的'小羊'撞了,从桥上掉了下来。"

佳佳:"我不害怕,但是桥上很挤,后边的'小羊'在往前推,前边的'小羊'又太多,我过不去。"霖霖:"我也不害怕,我们几个拉着手,没有从桥上掉下去,我们最厉害了。"接着我会说(　　)

A. 遇到危险不要慌也不要害怕,老师想到了解决危险的方法。我们可以互相合作,通过手握手、分开腿蹲着的动作让我们站得更稳,避免从桥上掉下去,我们一起来学做这个动作吧!(1分)

B. 小君和霖霖都很勇敢,他们战胜了害怕,还会观察周围的情况,思考保护自己的方法。想想石头滚过来时,有什么动作或方法可以保护好我们自己呢?(2分)

C. 遇到危险,害怕是正常的,但是互相推挤会更危险,我们可以先观察周围的情况,然后思考解决的方法,霖霖想到了互相拉手的方法可以避免掉下去,还可以做怎样的动作让我们不掉下去?(3分)

[专家分析]此题主要是考察教师如何引导幼儿通过一些动作并运用集体的力量在应急情况下进行自救自保。选项A中,教师对幼儿的动作进行了肯定和总结,但没有诱导幼儿去思考因果关系;选项B中,教师开始时强调了幼儿的勇敢,后面呈现了诱导幼儿思考的语言;选项C中,教师总结了"相互挤"的危险性,诱导幼儿使用集体的力量,最后诱导幼儿思考因果关系,并让幼儿进行开放性的思考。题目设计的缺点是语言方面还不够精练。

测试题:小班的安安是个活泼开朗、充满探索欲的男孩子,在喝汤时总是被其他事物吸引,所以多次在喝汤时把汤洒到地面。今天喝汤时,老师看见安安又被玩具吸引了,可能又会出现洒汤的现象。为了提醒安安,我会对安安说(　　)

A. 安安,喝汤的时候要端好碗,坐在位置上喝,不能把汤洒在地面哦!

（1分）

　　B. 安安，老师知道你很喜欢探索和玩耍，但是在喝汤的时候，我们需要集中注意力。如果你被其他事物吸引而把汤洒出来了，不仅会浪费汤，还会造成地面湿滑。所以，老师希望你能够坐下来，专心地喝汤，不要分心。（2分）

　　C. 安安，老师知道你很喜欢探索和玩耍，但是在喝汤的时候，我们需要集中注意力。如果你被其他事物吸引而把汤洒出来了，会浪费汤，还会造成地面湿滑。所以，我希望你能够坐下来，专心地喝汤，不要分心，可以喝完汤后再继续玩。这样可以养成良好的进餐习惯，还能保护环境，保证安全。我相信你一定可以做到的！（3分）

　　[专家分析] 此题的主要问题是教师把答案直接给了幼儿，选项B和选项C只是增加了教师对因果关系的解释，并且这两个选项没有层级上的区分度。题目的事件符合诱导测试题的要求，但选项需要修改和调整。

　　⑤语言调控能力测试题的编制。

　　设计要求：语言调控能力包括两个方面，一是教师运用言语对外部教育教学活动进程及幼儿言语和行为的调控；二是教师对自己语言运用的调控，这方面与教师语言元认知水平有关。调控和诱导从表面上看非常类似，但事实上两者之间有着很大的区别。调控是针对活动中的异常现象，或者说是针对一些干扰教育活动的事件，这些事件影响了教育活动的正常进程，调控就是要将教育活动拉回到正常的轨道上来。从本质上来看，诱导是教师在教育活动中通过与幼儿互动，主要是通过语言交流去激发幼儿思维，将幼儿思维诱发引导向更高阶思维发展的过程；而调控主要任务是将教育活动调节至正常的进程中。当然这两者会存在交叉的情况，调控中可能会存在诱导，诱导中同时也存在调控，那么就需要看教师的语言行为更偏重于哪一方面。

　　测试题：大一班在户外玩男女分组接力竞跑游戏时，两位女孩输了后开始争吵相互埋怨，红红说："就是乐乐，跑得那么慢，弄得我们输给男孩子。"乐乐说："不是我跑得慢，是敏敏在接力的时候把棒子掉了，所以输了。"这时我（　　）

　　A. 鼓励她们说："你们跑得比较慢，又掉了接力棒，所以输给男孩子了，你们要向男孩子学习，下次跑快一点，小心接棒，就不会输了。"（1分）

　　B. 鼓励她们说："老师看到你们刚才都很努力地在跑，只要你们下次再跑快一点和小心接棒，就有机会赢哦。"（2分）

　　C. 会说："那我们来讨论下次怎样做才能赢呢？"（3分）

　　[专家分析] 此题中，教师的主要目的是把幼儿由争吵状态调整回正常的

游戏过程中。主要是在选项方面，如何体现出教师调控行为的区分度和层次感。在文字表达上，不要使用"鼓励"这些正向性的词，描述要更加客观。也不要出现"讨论"这种抽象而又不能很快调整到正常游戏活动的语言行为。这个题目可以从集体意识和团队合作这个角度设计具有区分度和层次感的选项。

测试题：小班自主游戏的时候，小朋友们都在开心地玩游戏，晴晴不愿意玩游戏，抱着蜘蛛侠边走边哭着说："我要妈妈。"这时我（　　）

A. 抱着她温柔地说："在幼儿园不要妈妈，要老师，老师会像妈妈一样爱你和关心你。"晴晴说："我想找妈妈。"（1分）

B. 说："你想找妈妈啊，老师帮你打电话给妈妈，叫她下午第一个来接你，好吗？"晴晴说："我要打电话。"（2分）

C. 说："你手里抱着什么啊？"晴晴说："蜘蛛侠。"我说："你的蜘蛛侠有名字吗？"晴晴说："有。"我说："叫什么名字？"晴晴说："叫小白。"我说："我们带小白一起去玩游戏吧。"（3分）

［专家分析］此题的设计总体上比较好，主要是通过转移注意力的方式来调节幼儿与妈妈的分离焦虑。

⑥语言元认知测试题的编制。

设计要求：语言元认知，是幼儿教师对自己在教育活动中言语的自我觉察能力，是对自己组织语言、语气语调、话轮切换、言语反馈等有着比较深入的自我认知、觉察和反思，能够及时根据实际情况调整自己言语策略的能力。

题目的设计可以从4个方面着手：一是对于教师语言表达的词汇，幼儿没有理解时，教师察觉到并进行调整；二是教师语言表达中的语气语调存在问题，引发幼儿情绪变化，教师意识到并进行调整；三是话轮切换过程中，存在打断幼儿语言表达、没有倾听幼儿说话等问题，教师察觉到并进行调整；四是幼儿回答问题，教师反馈时出现语言不当等问题，教师自我察觉到并进行调整。问卷的情境可以是教师当场觉察并进行调整，也可以是教师在活动结束后的回忆反思，自我觉察到、准备以后进行调整等。

测试题：在大班科学活动"水的变化"中，我将"液化"说成"汽化"，我会（　　）

A. 活动过后才发现我说错了。（1分）

B. 说："这样就是水的液化，我们继续看看水是怎么变化的。"（2分）

C. 说："非常抱歉，我刚才说错了。实际上，液化是指物质从气态转变为液态的过程。例如，当我们把水烧开时，水会变成水蒸气，这就是汽化。但

是，如果我们将水蒸气冷却下来，它就会凝结成水滴，这就是液化。"（3分）

[专家分析]此题总体上设计比较符合情境性测试要求，选项也基本上具有区分度和层次感，但各选项的字数相差太多，需要调整。

（三）幼儿教师语言运用能力测试量表试测卷的编制

经过两轮研讨，专家与课题组成员在100题中选取了29道测试题，从以下几个方面对题目进行筛选、修改和完善：

1. 测试题的分类框架

（1）筛选出6个维度的测试题。先确定题目主要测试的能力维度，即语言理解、语言转换、语言共情、语言诱导、语言调控和语言元认知。

（2）确定测试题所属活动情境。在上述基础上，将题目归类于4类教育活动情境，即生活活动情境、学习活动情境、自主游戏活动情境、体育活动情境。

（3）确定测试题所属年龄班。测试题的情境发生在大班、中班还是小班？

以（1）和（2）条目为主，在"维度×情境=6×4"的框架下，尽可能考虑（3）条目的情况下，最后正式筛选出24道测试题。

第一轮试测，为了在后面试测时能够有筛选的余地，共设置了33道测试题。测试题的主要分布情况如下：

（1）除了研究测试题目外，6个维度测试项目共29道题目（第13~40题、第45题），由于语言理解能力维度的情境题设计难度较大，在语言理解能力维度设置8道题目；语言转换能力维度5个题目；其他4个能力维度分别设置4道题目。

（2）设置了4道研究测试题目（第41~44题），属于语言调控能力，尝试着研究多个话轮的情境连续反应设计，作为研究和备选之用。

（3）33道测试题中，生活活动情境9题、学习活动情境9题、自主游戏活动情境7题、体育活动情境8题。大班16题、中班9题、小班8题。

（3）设置了开放性提问题（第46道），请被试反馈题目中的不足之处。

2. 试测的样本选择

试测运用纸质发放和回收方式，试测教师共90~100人。每所幼儿园的试测卷分为3组发放和回收。分别在回收的档案袋上注明：第一组教师、第二组教师、第三组教师。

量表经过修改和完善后，形成了正式的试测问卷（即第一轮试测卷，详见本章附录1，由于版权问题，本章附录1及第六章附录1和附录2涉及相关的单位名和地区名暂时隐去或者用拼音首字母大写的方式替代，图片暂时隐去）。

附录 1

幼儿园教师语言运用能力调查问卷
（第一轮试测问卷）

尊敬的老师：

您好！为了解××市幼儿园教师语言运用现状，××市××研究院进行本次问卷调查。根据调查结果，我们将会向教育行政部门提出科学的政策建议，采取精准措施提升老师从事幼儿教育活动语言运用的有效性。

本问卷调查采取匿名形式，答案无对错之分，结果仅用于本次调查研究，我们会对您填写的所有信息进行严格保密。您的真实回答对整个调查十分重要，请您抽出宝贵的一小段时间，认真阅读题目，并根据自己的实际情况回答。感谢您的支持和配合！

幼儿园教师语言运用课题组
2024 年 1 月 8 日

1. 您的性别是（　　）

    A. 女　　　　B. 男

2. 您的年龄为（　　）

    A. 24 岁及以下　B. 25～29 岁　C. 30～34 岁　D. 35～39 岁

    E. 40～44 岁　F. 45～49 岁　G. 50 岁及以上

3. 您的岗位是（　　）

    A. 主班教师　　B. 副班教师　C. 专科教师

    D. 保教组长/主任（不带班）　E. 级长（不带班）

    F. 其他岗位教师（请注明具体岗位名称）

4. 您担任幼儿园教师的时长是（　　）

    A. 不到 1 年　　　　　　　B. 1 年以上、不到 5 年

    C. 5 年以上、不到 10 年　　D. 10 年及以上

5. 您入职时的初始学历是（　　）

    A. 研究生　　　　B. 本科　　　　C. 专科

    D. 高中　　　　　E. 高中以下

6. 您的专业是（　　）

    A. 学前教育　　　　B. 跨学科教育

7. 您的编制是（　　）

A. 编制内　　　　　　　B. 编制外

8. 您的教师资格证持有情况是（　　）

A. 没有教师资格证

B. 持幼儿园教师资格证

C. 持其他类型教师资格证

9. 您任职幼儿园的所在区是（　　）

A. YX 区　　　　B. HZ 区　　　　C. LW 区　　　　D. TH 区

E. BY 区　　　　F. HP 区　　　　G. PY 区　　　　H. HD 区

I. MS 区　　　　J. ZC 区　　　　K. CH 区

10. 您任职幼儿园的规模是（　　）

A. 5 个幼儿班及以下

B. 6～12 个幼儿班

C. 13 个幼儿班及以上

11. 您任职幼儿园的评估等级为（　　）

A. 省一级园　　　B. 市一级园　　　C. 区一级园　　　D. 未评估园

12. 您任职幼儿园的办园类型为（　　）

A. 教育部门办园

B. 其他类型公办性质幼儿园（包括机关办园、集体办园、事业单位办园、部队办园等）

C. 普惠性民办园

D. 非普惠性民办园

13. （语言理解能力，学习活动情境，大班）大班语言活动中，我指着图中的巨人对全班幼儿进行提问："你觉得这个人长得高还是长得矮？"晨晨说："他长得很矮。"对此，我会说（　　）

（1 分）A. 他长得高，不是矮，你再仔细看看。

（3 分）B. 高和矮是需要比较的，你觉得他矮，是跟谁比较？

（2 分）C. 你为什么觉得他长得矮呢？你是用谁跟他比较的呢？

14. （语言共情能力，生活活动情境，小班）午饭后，小班幼儿自由阅读图书，发现有一本图书被撕破了，你看看我，我看看你，没有人承认是自己弄破的。这时，丁丁指着丫丫说："老师，我看到是她撕烂的。"丫丫听了，马上低下头，脸变红了，断断续续地说："老师，是我撕破的。"我会说（　　）

（3 分）A. "你怕什么？"丫丫说："我弄破图书，怕老师和小朋友说我。"我说:"别怕别怕,你能大胆承认错误,这点真棒,下次看图书时小心点就可以了。"

(1分)B. 图书是我们好朋友,丫丫一定是不小心把图书弄破了,我们原谅你了,以后好好保护好图书啦!

(2分)C. 丫丫,你能主动承认图书是你撕破的,是不容易的。我小时候也会遇到这种事情,很怕给老师批评,都不敢说,你已经做得很好了!

15.(语言元认知,体育活动情境,中班)中班体育活动中,露露在角落呆呆站着没有跳绳,我走过去问道:"你怎么不跳绳?"露露:"老师,我……"我接着说:"你不用说了,你每次都有一堆原因。"露露委屈地低下头没有再说话了。我会说( )

(3分)A. 刚才老师说话太急了,对不起,你能告诉我为什么没跳绳吗?

(1分)B. 你看,小红都学会了跳绳,你也可以的。

(2分)C. 我现在陪你一起练习,我相信你可以学会跳绳。

16.(语言元认知,自主游戏活动情境,大班)在大班自主游戏时间,小宇在建构区搭建大桥,突然他大声哭着说:"我的桥倒啦,我的桥倒啦!"边哭还边摔自己所搭的桥掉下来的物件。我对他说:"不许吵闹!不能摔玩具!"他边流着眼泪,边气冲冲地瞪着鹏鹏,然后转头一脸委屈地看向我,同时用手拍打地毯,哭着说:"我的桥没啦!"这时,我会说( )

(1分)A. 你出去哭吧,我没办法跟你说话。

(2分)B. 过来吧,跟我说说你为什么要哭?

(3分)C. 鹏鹏,桥倒了真可惜,你跟小宇一起来重新把桥搭好。

17.(语言理解能力,自主游戏活动情境,大班)大班艺术体验区,小明兴致勃勃地和大家介绍他的作品。他指着画说:"春天来了,花儿们百花齐放。"这时我会说( )

(3分)A. 你会用成语百花齐放,很好。你可以和大家说一下这个成语的意思吗?如果百花齐放是很多花一起开放的意思,那你还需要说"花儿们"么?

(2分)B. 百花齐放就是很多花一起开放的意思,你直接说"百花齐放"就可以了。

(1分)C. 百花齐放是个成语,你用得很好。你告诉其他小朋友这个成语的意思。

18.(语言诱导能力,体育活动情境,大班)大班体育活动"小山羊过桥",老师设计了这样的情境:孩子们饰演小羊在过小桥,自然灾害发生了,

山上滚下来一块大石头,"小羊们"被石头(大笼球)撞得东倒西歪,还有好几只"小羊"没站稳掉到桥下。然后发生了以下对话:

老师:"石头滚过来的时候,你们的心情是怎样的?发生了什么事情?"

玲玲:"很害怕,我被后边的'小羊'撞了,从桥上掉了下来。"

铭铭:"我不害怕,但是桥上很挤,后边的'小羊'在往前推,前边的'小羊'又太多,我过不去。"洋洋:"我也不害怕,我们几个拉着手,没有从桥上掉下去,我们最厉害了。"接着我会说(　　)

(2分)A. 铭铭和洋洋都很勇敢,他们战胜了害怕,还会观察周围的情况,思考保护自己的方法。想想石头滚过来时,有什么动作或方法可以保护好我们自己呢?

(1分)B. 遇到危险不要慌也不要害怕,老师想到了解决危险的方法。我们可以互相合作通过手握手、分开腿蹲着的动作,站得更稳,避免我们从桥上掉下去。现在我们一起来学做这个动作吧!

(3分)C. 遇到危险,害怕是正常的,但是互相推挤会更危险,我们可以先观察周围的情况然后思考解决的方法,洋洋想到了互相拉手的方法可以避免掉下去,还可以做哪些动作让我们不掉下去吗?

19.(语言转换能力,体育活动情境,大班)早操时间,大班幼儿正在按照之前的队列进行练习。突然,我发现有一个地方的队列出现了问题,需要进行调整。我会说(　　)

(3分)A. 小朋友们,我发现现在的队列有问题,现在请这一排高个子小朋友往前排在队伍的前面,这样队列就会很整齐了。

(1分)B. 小朋友们注意,现在的队列有问题,我们需要重新排队。

(2分)C. 请小朋友们按照高个子在前、矮个子在后的顺序重新排队,这样我们的队列就会更加整齐。

20.(语言共情能力,学习活动情境,大班)大班在进行辩论赛:欣欣这次找到了很多"证据",在比赛中获胜,灵灵找到的"证据"太少,在比赛中未能获胜。灵灵在得知比赛结果时,非常沮丧捂住脸趴在桌子上,旁边的莉莉说:"灵灵你怎么了?哭了?"灵灵听后"哇"的一声哭了出来,我会(　　)

(3分)A. 说:"你难过了?"灵灵说:"是的,输了心里难过。"我说:"上次,老师参加一个运动会中的比赛,结果输了,心里也很难过,但后来老师想比赛总会有输赢,下次更加努力就可能会赢。"

(1分)B. 说:"灵灵,比赛总有输赢,这次输了,下次想办法赢回来,要坚强,莉莉,你说对不对?"

（2分）C. 说："比赛输了，你难过了？"灵灵："是的，我很难过。"我说："看到你哭了，我感觉到你输了确实很难过。"

21．（语言诱导能力，自主游戏活动情境，中班）中班自主游戏"搭建房子"中，亮亮正在用积木搭建一座城堡。他把城堡搭得越来越高，但是随着他的每一次尝试，城堡都会不断地倒塌。亮亮看起来有些失落和沮丧。我会说（　　）

（2分）A. 你的城堡总是倒塌，是不是可以尝试一些新的搭建方法？想想怎样才能让城堡的搭建更稳固？

（3分）B. 城堡每次都会倒塌，原因是什么？是搭建的方式不对？还是没有选择合适的积木？或是其他原因？可以怎么解决？

（1分）C. 城堡每次都会倒塌是因为你的搭建方法不对，你看城堡最底下的积木太小，在它上边放的积木多了，就容易倒塌。

22．（语言理解能力，生活活动情境，中班）中班进餐环节，小朋友们都在喝粥，阳阳走到我身边说："老师倒了。"我会说（　　）

（1分）A. 是什么东西倒了？你要说清楚一点。

（2分）B. 是粥倒了，洒出去了吗？

（3分）C. 要这样说：是粥碗倒了，粥洒出去了。

23．（语言诱导能力，学习活动情境，大班）大班美术活动中，我引导孩子们感受艺术形象所产生的视觉冲击力。在欣赏作品（一幅图）的过程中，我提问："画家表现的这个女孩在画面的什么位置？"芳芳："中间。"接着我会说（　　）

（2分）A. 这个女孩穿着怎样的衣服？你们可以从衣服的形态、颜色、花纹等方面进行介绍吗？女孩的这件衣服给你怎样的感觉？

（1分）B. 画家为了突出女孩，把女孩画得特别大，她的衣服几乎布满了整幅画，背景是红色，白色和红色对比强烈，让衣服特别显眼。

（3分）C. 你觉得画中的女孩引人注目吗？为什么？如果你也想画一个让大家一眼就能发现并留下深刻印象的人，你会怎样画呢？

24．（语言转换能力，学习活动情境，大班）大班的孩子们正在画"美丽的家乡"。他们不太明白什么是家乡，我会说（　　）

A. 你住的地方就是家乡，那里住着你的家人和熟悉的人等。（2分）

B. 家乡是我们生活和长大的地方，那里有我们熟悉的人、房子、街道、田野、公园、美食等。（3分）

C. 哪里是你熟悉的地方，那个地方就是你的家乡。（1分）

25. （语言共情能力，自主游戏活动情境，中班）中班孩子在玩自主游戏"汽车总动员"时，蓝蓝看见佳佳手中的大卡车很想玩，过了一会儿，蓝蓝突然将佳佳手上的大卡车抢了过来，这时佳佳大哭起来，并向我告状："老师，蓝蓝抢了我的大卡车。"我会说（　　）

（3分）A．"蓝蓝，如果你很喜欢玩的玩具给人抢走了，你的心情是怎样呢？""佳佳，如果你也很想玩喜欢的玩具时会怎样做呢？"

（1分）B．"蓝蓝，你为什么要抢佳佳正在玩的大卡车呢？"蓝蓝委屈地回答："我也想玩大卡车。"佳佳："我还没有玩够。"我说："蓝蓝，这辆大卡车看起来真的很好玩。""佳佳，这么好玩的大卡车，你一定想玩多一会儿，是吗？"

（2分）C．"蓝蓝，没能马上玩到喜爱的大卡车，有点着急了吧？"蓝蓝委屈地说："是的。"我说："佳佳，大卡车被抢走了，你难过了吧？"佳佳说："是的，我生气了！""佳佳，刚才玩大卡车的时候你开心吗？可以跟我和蓝蓝分享一下玩卡车的感觉吗？"

26. （语言调控能力，生活活动情境，大班）大班餐前做值日生环节，嘉嘉、宏宏、乐乐、冰冰一起担任值日生，突然一阵吵闹声，宏宏说："嘉嘉老是打人，我不想跟他一起做值日生。"冰冰说："他上次打我打得好痛啊，我也不想跟他一起做值日生。"这时我会说（　　）

（3分）A．"嘉嘉小手很能干，在家常帮妈妈做家务，他很想做值日生。"宏宏说："我在家也帮妈妈擦桌子。"乐乐说："我还帮妈妈洗碗。"我说："原来你们都很能干所以能做值日生。我相信嘉嘉的小手也会爱护小朋友，对吗？"嘉嘉点点头。

（2分）B．"嘉嘉之前是打过小朋友，但是他现在改正了，没有再打人了。我们小朋友之间要团结友爱，我相信嘉嘉不会打你们的，嘉嘉你说对吗？"嘉嘉点点头。宏宏说："如果你以后不打人，我们就跟你一起做值日生。"

（1分）C．"嘉嘉，以后不要再打小朋友了，你看，小朋友都不喜欢跟你一起做值日生了。"乐乐说："他也打过我，我们都不喜欢跟他一起玩。"我说："嘉嘉以后不会打小朋友了，对吗？"嘉嘉点点头。

27. （语言理解能力，体育活动情境，小班）小班体育活动，我为了方便和孩子们一起运动，没有像平时一样穿坡跟鞋，贝贝说："老师，今天你变小了。"我会说（　　）

（3分）A．贝贝，（用手上下比划）这叫高矮；（用手上下左右比划），这叫大小。

（2分）B. 贝贝，（用手比划高矮）这不叫变小，应该说变矮了。

（1分）C. 贝贝，你是觉得我变矮了是吗？因为我今天没穿坡跟鞋。

28.（语言调控能力，体育活动情境，中班）中班小朋友在操场上轮流玩攀爬架，轮到园园的时候，她站着不往上爬，丽丽说："她很胆小的，不敢爬。"乐乐说："对啊，这么胆小，这都不敢爬。"这时，我会说（　　）

（2分）A. "你们这样说别人是不对的，我相信他会勇敢爬上去，来，老师拉着你的手保护你，不会让你摔下来。"

（1分）B. "园园，你勇敢一点，爬上去给他们看，证明你不胆小，老师会保护你的，不会摔下来的。"

（3分）C. "我觉得园园不胆小，她上次在集体面前很大声讲故事，现在只是有一点点害怕，对吗？没关系，来，老师拉着你的手保护你。你试试能不能爬上去。"

29.（语言理解能力，学习活动情境，小班）小班科学活动，我问："小朋友，你们见过什么东西是圆圆的呢？"红红说："圆圆的是皮球。"我说（　　）

（1分）A. 嗯，圆圆的东西不只是皮球，还有很多东西是圆圆的，想一想。

（3分）B. 嗯，不要说"圆圆的是皮球"，要说"皮球是圆圆的"。还有哪些东西是圆圆的？

（2分）C. 嗯，皮球是圆圆的，还有哪些东西是圆圆的？

30.（语言元认知，学习活动情境，大班）在大班科学活动"水的变化"中，我将"液化"说成"汽化"，我会（　　）

（3分）A. 活动过后我发现自己说错了，下次学习活动告诉孩子"老师有时也会说错"。

（1分）B. 活动过后我发现自己说错了，下次注意不能再讲错了。

（2分）C. 活动过后我发现自己说错了，准备下次学习活动向孩子们纠正错误的概念。

31.（语言调控能力，自主游戏活动情境，小班）小班自主游戏的时候，小朋友们都在开心地玩游戏，晴晴不愿意玩游戏，抱着蜘蛛侠玩具边走边哭着说："我要妈妈。"这时我会说（　　）

（1分）A. "在幼儿园不要妈妈，要老师，老师会像妈妈一样爱你和关心你。"晴晴说："我想找妈妈。"

（3分）B. "你抱着什么啊？"晴晴说："蜘蛛侠。"我说："它有名字吗？"晴晴说："有。"我说："叫什么？"晴晴说："小白。"我说："我们带小白一起去玩游戏吧。"

（2分）C."你想找妈妈啊，老师帮你打电话给妈妈，叫她下午第一个来接你，好吗？"晴晴说："我要打电话。"

32.（语言诱导能力，生活活动情境，小班）小班的辰辰是个活泼开朗、充满探索欲的男孩，在喝水时总是喜欢把水洒到地面上进行涂画。今天喝水时，辰辰又在摆弄杯子，我认为他可能又会出现故意洒水的现象。为了防止他把水洒在公共场地可能引发其他幼儿摔倒，我会说（　　）

（2分）A.如果你的杯子总是晃来晃去就容易倒洒水，造成地面湿滑，小朋友走过容易有摔倒的危险。所以，老师希望你能够坐下来，专心喝水，不要分心。

（1分）B.喝水的时候我们要拿好杯子，坐在位置上喝水，这样杯子里的水才不容易洒在地面上，记住要保持桌面和地面的干净哦！

（3分）C.杯子总是晃来晃去，水会怎样？如果地面很湿，小朋友走过又会怎样？如果想玩水，应该在哪里玩？现在你应该怎样喝水、杯子里的水才不会洒出来呢？

33.（语言共情能力，体育活动情境，中班）中班幼儿正在玩游戏"大风和树叶"，随着音乐旋律练习交替的碎步和小跑步。当音乐缓慢停下来时，轩轩居然在地上滚了几圈，琳琳指着轩轩对老师说："老师，他在地上打滚。"轩轩结结巴巴地说："我、我、我没有。"我会说（　　）

（2分）A.轩轩，你刚刚滚得很开心，你是模仿树叶在地上飘来飘去吗？

（1分）B.轩轩，别的树叶都听指令停下来，你却在地上打滚，衣服不是弄脏了吗？

（3分）C.孩子们，你们可以像轩轩一起滚起来，感受树叶在地上飘来飘去的快乐。

34.（语言调控能力，学习活动情境，大班）大班语言活动中，我和幼儿阅读绘本《搬过来搬过去》，瑶瑶突然大声插嘴道："老师，我在动物园看到鳄鱼住在水里，长颈鹿住在地上，它们是肯定不会住在一起的！"我会（　　）

（3分）A.若有所思地说："老师认为你说得有道理，为什么鳄鱼和长颈鹿不会住在一起？"瑶瑶说："鳄鱼是生活在水里的，长颈鹿是生活在陆地上的，所以它们不会住在一起。"我说："那图书里的鳄鱼和长颈鹿为什么会住在一起呢？"

（1分）B.温和地说："瑶瑶，老师还没有讲完故事，你这样插嘴没有礼貌，老师和小朋友们都不喜欢哦。"瑶瑶说："我真的在动物园看到鳄鱼和长颈鹿不是住在一起的。"我说："是吗？你先听老师把故事讲完，等下再请你说好吗，我知道你是个很有礼貌的小朋友。"

（2分）C. 面带微笑地说："老师认为你说得很有道理，但这本图书里的鳄鱼和长颈鹿是相亲相爱的好朋友，是住在一起的哦。"瑶瑶说："鳄鱼和长颈鹿肯定不会住在一起的。"我说："那你继续认真听故事，就知道它们到底有没有住在一起啦。"

35. （语言理解能力，体育活动情境，大班）大班体育游戏中，幼儿分成4组进行竞赛游戏，规则是每组幼儿以接力的方式跨过跨栏、钻过拱门、爬过垫子。第4组的幼儿输了，壮壮说："老师你看，因为我们的队伍比他们长，所以我们就输了。"我会说（　　）

（1分）A. 壮壮，你们的队伍长，缩短每个人的间隔距离就会变短了。

（3分）B. 壮壮，你数一数4个组的人数，应该怎么说？

（2分）C. 壮壮，因为队伍长，所以才会输么？

36. （语言理解能力，生活活动情境，中班）中班孩子在吃水果，我（陈老师）对菲菲说："请你叫李老师拿水果过来。"菲菲对李老师说："李老师，你老师喊你拿水果过来！"我会说（　　）

（3分）A. 菲菲，我是小朋友们的老师，不是李老师的老师。

（2分）B. 菲菲，这句话你说得不对，我和李老师，谁是谁的老师啊？

（1分）C. 菲菲，你应该对李老师说："陈老师请您拿水果过去。"

37. （语言元认知，生活活动情境，小班）在幼儿园的午餐时间，我正在教小班幼儿自己动手盛饭。大部分幼儿都能按照我示范的方式正确盛饭，但是斌斌一直无法将米饭放进碗里。我走过去，有些不耐烦地说："你怎么还不会？我刚才不是教过你们吗？"斌斌看着我，眼神中充满了困惑和害怕，他的手开始颤抖，更不知道该如何盛饭。这时我会说（　　）

（2分）A. 没关系，你慢慢学，别着急。

（3分）B. 你再试试，相信你可以的。

（1分）C. 你看，别的小朋友都会了。

38. （语言转换能力，自主游戏活动情境，小班）在小班幼儿玩自主游戏"娃娃家"时，老师讲解游戏规则，小朋友不太明白什么是"规则"，我会说（　　）

（1分）A. 规则是小朋友在玩"娃娃家"游戏时需要遵守的条例。

（3分）B. 我们在"娃娃家"玩过玩具后，不能把玩具丢在地上，要把它们放回柜子里，这就是玩"娃娃家"游戏要遵守的规则。

（2分）C. 规则就是告诉我们，在玩"娃娃家"游戏时，什么可以做、什么不能做。

39. （语言理解能力，自主游戏活动情境，大班）大班自主游戏分享环节，西西边比划边介绍自己搭建的立交桥："我们把这个放在这里，然后把这个围起来放在这里，再把这个斜斜地放在这里，桥就建好了。"我会说（　　）

（3分）A. 你可以这样说："把圆柱形积木放在下面，然后把半圆形积木围成圆圈放在上面，再把楼梯斜放在这里，桥就建好了。"你试试看学我刚才说的，再清楚地说一遍。

（2分）B. 你要说清楚，把什么形状的积木放在哪个地方，老师和小朋友们都没有听明白你到底是怎么建桥的哦。

（1分）C. 你什么都是"这个放在这里"，老师都和小朋友们都听不懂你说什么，你可以重新清楚地说一次吗？

40. （语言转换能力，生活活动情境，大班）早餐时间到了，为了让大班幼儿主动进餐，我会说（　　）

（3分）A. 小朋友们，今天的早餐每一样都有不同的小秘密哦。鸡蛋就像是我们身体的小守护者，保护我们的身体；面包就像是我们身体的电池，给我们提供能量；牛奶就像是我们身体的建筑师，帮助我们身体更加强壮。快来享受这美味的早餐吧！

（2分）B. 小朋友们，看！这是今天的早餐，有鸡蛋、面包和牛奶。鸡蛋含有丰富的蛋白质，可以让我们变得更聪明；面包是碳水化合物，可以给我们提供能量；牛奶含有钙和维生素D，可以让我们长高和变得强壮。快来品尝一下这些营养丰富的食物吧！

（1分）C. 小朋友们，早餐时间到了，快来吃早餐吧！早餐有很多营养，吃了会让我们的身体更健康哦！

41-1. （语言调控能力，生活活动情境，小班）小班的安安注意力很容易被其他事物吸引而转移，进餐时常常把汤洒到地面。今天喝汤时，安安又被玩具吸引了，我觉得他可能又会出现把汤洒到地上的现象，为帮助安安养成良好的进餐习惯，我会对安安说（　　）

（2分）A. 安安今天喝汤喝得好，碗端得真稳呀，要是能坐好后再喝就更好了。

（3分）B. 我们互相看下，哪些小朋友喝完汤后地上干干净净，一点都没有洒出来！

（1分）C. 安安，汤洒在地上大家容易滑倒，你坐在凳子上喝完汤再起来玩吧！

41-2. （语言调控能力，生活活动情境，小班）我说完后，用眼神与幼儿

交流，温柔地注视着全班小朋友，同时给予进餐习惯好的小朋友和安安这样需要鼓励的小朋友肯定的眼神，我会说（　　）

（1分）A．小朋友们喝汤没洒出来，大家都很棒！

（3分）B．安安坐在凳子上喝汤时，没有洒出来，碗端得稳稳的，我们为他的进步鼓掌。

（2分）C．安安今天进步很大，喝汤时没有洒出来！

42-1．（语言调控能力，体育活动情境，中班）体育活动中，琪琪特别投入，由于过于兴奋，不小心打到旁边的小乖，小乖哇哇大哭起来，这时我连忙安抚小乖，待其情绪稳定，确认没有受伤后，我会说（　　）

（1分）A．琪琪，你不小心打到小乖了，他感到很疼，赶快给他道歉！

（3分）B．琪琪，你不小心伤害小乖了，要马上道歉，下次动作要小一些，避免伤到其他小朋友。

（2分）C．琪琪，你刚刚打到小乖了，你能抱抱小乖并给他道歉吗？

42-2．（语言调控能力，体育活动情境，中班）琪琪对小乖道歉后，我会说（　　）

（2分）A．琪琪，你知道在以后的体育活动中，该怎么做才不会撞到旁边的小朋友吗？

（3分）B．小朋友，我们都来说说，在体育活动中怎么能让自己玩得开心又不会影响别人活动呢？

（1分）C．老师知道你们很喜欢体育活动，但要记住，在体育活动时，和小朋友保持安全距离。

43-1．（语言调控能力，学习活动情境，中班）中班科学活动，小米直接拿走身旁豆豆的玩具（实验小材料），引起了争执，我会说（　　）

（2分）A．小米、豆豆，你们俩为了什么事情吵起来的？

（1分）B．你们俩不要吵了，自己玩自己的玩具。

（3分）C．小小建造师们都停工了，小米、豆豆，告诉我怎么回事？

43-2．（语言调控能力，学习活动情境，中班）了解到小米和豆豆之间的大致情况后，我会说（　　）

（1分）A．小米，如果你想玩别人的玩具，你要先问问他们愿不愿意借给你玩。

（3分）B．小米，如果豆豆直接拿你的玩具，你会不高兴吗？想借别人的玩具玩，应该怎么说？

（2分）C．小米，如果你想借豆豆的玩具玩，应该对豆豆怎么说？

44-1.（语言调控能力，生活活动情境，大班）大班的峰峰是一个爱表达的孩子，在活动中经常表现出较高的积极性，但是太爱表达，经常在活动中影响到其他人。在今天的数学活动"看看谁最多"开始前，为了提前做好活动规则提示，我会说（　　　）

（3分）A. 小朋友，在活动时你想发言，你应该怎么做？

（2分）B. 小朋友，在活动中发言需要举手，老师点名后你才能回答。

（1分）C. 今天活动时看看哪个小朋友懂得遵守纪律，老师奖励小贴纸给他。

44-2.（语言调控能力，生活活动情境，大班）在活动时，峰峰前半段能遵守纪律，但是时间久了又开始随意说话，我会说（　　　）

（1分）A. 峰峰，回答问题前请先举手。

（3分）B. 峰峰，你前面做得很棒，能举手回答问题，接下来想要发言，你应该怎么做？

（2分）C. 暂时不用语言而是用眼神提醒峰峰，注意活动规则，活动中不要随意说话。

45.（语言转换能力，学习活动情境，大班）大班语言活动"蚂蚁与西瓜"中，幼儿对小蚂蚁们用长杆去撬西瓜感到好奇，幼儿不清晰为什么会用长杆就可以撬起西瓜，我会说（　　　）

（2分）A. 长杆中间有个支点，西瓜到支点距离短，蚂蚁到支点距离长，所以只要很小力气，蚂蚁就能把西瓜撬动起来。

（1分）B. 因为蚂蚁动了脑筋，用了杠杆原理，所以只要用很小的力气就能把西瓜撬动起来。

（3分）C. 小朋友们，剪指甲也是这个道理，你们可以回家和爸爸妈妈一起寻找一下，还有哪些工具运用了相同的原理。

46. 请您写出在本问卷中没有理解的题目，表述不清楚的题目，描述不恰当的题目。

第六章

幼儿教师语言运用能力测试量表的试测与调整

第一节 幼儿教师语言运用能力测试量表试测情况分析

一、量表第一轮试测情况分析

(一)样本分布情况

第一轮试测选择了G市3所幼儿园,评估等级为省、市和区一级幼儿园各1所。13个幼儿班及以上规模的幼儿园1所,6~12个幼儿班规模的幼儿园2所。省一级幼儿园教师30人、市一级幼儿园教师30人、区一级幼儿园教师24人参加了试测。共发放和回收问卷84份,回收率100%,全部为有效问卷。参加测试的幼儿教师样本分布情况详见表6-1、表6-2和表6-3。

表6-1 第一轮试测样本分布情况(一)

信息类别	性别		年龄						
选项	女	男	24岁及以下	25~29岁	30~34岁	35~39岁	40~44岁	45~49岁	50岁及以上
人数(人)	83	1	19	36	13	7	1	4	4
占比(%)	98.8	1.2	22.6	42.9	15.4	8.3	1.2	4.8	4.8

表6-2 第一轮试测样本分布情况(二)

信息类别	岗位					工作年限			
选项	主班教师	副班教师	专科教师	保教组长/主任(不带班)	其他岗位教师	不到1年	1年以上,不到5年	5年以上,不到10年	10年及以上
人数(人)	40	38	3	2	1	8	31	27	18
占比(%)	47.6	45.2	3.6	2.4	1.2	9.5	36.9	32.2	21.4

表6-3 第一轮试测样本分布情况（三）

信息类别	入职时初始学历					专业背景		在编情况		教师资格证类型	
选项	研究生毕业	本科毕业	专科毕业	高中阶段毕业	高中以下阶段毕业	学前教育	跨学科教育	编制内	编制外	幼儿园教师	其他类型教师
人数（人）	1	22	54	6	1	77	7	20	64	79	5
占比（%）	1.2	26.2	64.3	7.1	1.2	91.7	8.3	23.8	76.2	94.0	6.0

（二）问卷的描述性分析

运用SPSS进行描述性分析，各题的最高分为3分、最低分为1分。平均分如果落在[1.5，2.5]区间内，说明题目的设计相对而言比较符合正态分布的样态。标准差太大或太小，说明题目的设计存在问题。标准差如果较大，说明数据的离散程度较大，区分度比较好；标准差如果太小，说明题目的区分度不佳。

问卷中所有题目均值的平均数为2.367分，标准差的平均数为0.603分。均值的平均数越接近于2，样本越接近于正态分布样态；标准差的平均数越大，数据的离散程度越大，题目选项的区分度更高。

所有题目均值的标准差为0.384分，选择均值的正负1个标准差作为区间[2.367-0.603，2.367+0.603]，即[1.764，2.970]区间。从数据统计分析角度而言，平均分在此区间的题目相对而言属于较好的题目。但从本研究的设计思路来看，各题的均值还是落在[1.5，2.5]区间为最佳。

第一轮试测问卷的33个题目中，有14道题的得分在2.5分以上，平均分从高到低排序为第24、31、26、28、43-1、37、16、44-2、40、15、38、20、18、39题；有1道题的得分在1.5分以下，是第36题，得分为1.22分。

所有题目标准差的平均数为0.637分，选择标准差平均数的正负2个标准差作为区间[0.637-0.169，0.637+0.169]，即[0.468，0.806]区间，从数据统计分析角度而言，标准差在此区间的题目，相对属于较好的题目。但从本研究的设计思路来看，为了提高题目的区分度，题目的标准差较大更佳；标准差上限不超过1分，都被认为是可行的；标准差的下限，本研究选取不低于0.468。

33道题目中,标准差低于 0.468 的题目有 9 道:第 31、26、13、33、24、43-1、37、16、41-1 题。同时满足平均分和标准差异常两个条件的题目有 5 道:第 31、26、43-1、37、16 题(见表 6-4)。

表 6-4 各题平均值和标准差得分情况

描述统计量				
题目	均值	标准差	样本数量	缺失
13. 理解能力,学习活动情境,大班	2.100	*0.334*	84	0
14. 共情能力,生活活动情境,小班	1.980	0.620	84	0
15. 元认知,体育活动情境,中班	*2.630*	0.510	84	0
16. 元认知,自主游戏活动情境,大班	*2.750*	*0.436*	84	0
17. 理解能力,自主游戏活动情境,大班	1.850	0.988	84	0
18. 诱导能力,体育活动情境,大班	*2.520*	0.611	84	0
19. 转换能力,体育活动情境,大班	2.150	0.703	84	0
20. 共情能力,学习活动情境,大班	*2.620*	0.775	84	0
21. 诱导能力,自主游戏活动情境,中班	2.480	0.588	84	1
22. 理解能力,生活活动情境,中班	1.920	0.795	84	0
23. 诱导能力,学习活动情境,大班	2.500	0.631	84	0
24. 转换能力,学习活动情境,大班	*2.930*	*0.373*	84	0
25. 共情能力,自主游戏活动情境,中班	2.330	0.583	84	1
26. 调控能力,生活活动情境,大班	*2.880*	*0.326*	84	0
27. 理解能力,体育活动情境,小班	1.950	0.890	84	0
28. 调控能力,体育活动情境,中班	*2.860*	0.469	84	0
29. 理解能力,学习活动情境,小班	1.810	0.478	84	0
30. 元认知,学习活动情境,大班	2.330	0.474	84	0
31. 调控能力,自主游戏活动情境,小班	*2.930*	*0.259*	84	0
32. 诱导能力,生活活动情境,小班	2.170	0.929	84	0
33. 共情能力,体育活动情境,中班	2.050	*0.344*	84	0

续表

描述统计量				
题目	均值	标准差	样本数量	缺失
34. 调控能力，学习活动情境，大班	2.390	0.640	84	0
35. 理解能力，体育活动情境，大班	2.130	0.861	84	1
36. 理解能力，生活活动情境，中班	1.220	0.622	84	1
37. 元认知，生活活动情境，小班	**2.770**	**0.421**	84	0
38. 转换能力，自主游戏活动情境，小班	**2.630**	0.510	84	0
39. 理解能力，自主游戏活动情境，大班	**2.520**	0.649	84	0
40. 转换能力，生活活动情境，大班	**2.740**	0.494	84	0
41-1. 调控能力，生活活动情境，小班	2.110	**0.439**	84	1
41-2. 调控能力，生活活动情境，小班	2.350	0.870	84	1
42-1. 调控能力，体育活动情境，中班	2.150	0.478	84	0
42-2. 调控能力，体育活动情境，中班	2.410	0.865	84	1
43-1. 调控能力，学习活动情境，中班	**2.820**	**0.385**	84	0
43-2. 调控能力，学习活动情境，中班	2.460	0.752	84	0
44-1. 调控能力，生活活动情境，大班	2.240	0.900	84	1
44-2. 调控能力，生活活动情境，大班	**2.740**	0.510	84	2
45. 转换能力，学习活动情境，大班	2.170	0.789	84	2
平均数	2.367	0.603	—	—
标准差	0.377	0.197	—	—

注：①在每个变量中，缺失值都将被替换为该变量的均值；②表格中加粗斜体字表示该数值低于或高于正文中提出的标准。

（三）问卷的信度分析

使用 SPSS 20.0 进行统计分析，对试测问卷进行信度分析。数据分析表明，整体问卷的 Cronbach's α 系数为 0.546，标准化 Cronbach's α 系数为

0.570，已经比较接近0.6。问卷信度还有待提高。问卷各题项信度分析如表6-5所示。对于CITC值为负值的题目以及"项已删除的Cronbach's Alpha值"大于0.546的题目，需要对题目进行调整和修订，这些题目是第41-2、22、42-1、30、16、18、33、29题（见表6-5）。

表6-5 问卷各题的信度分析情况

题目	校正的项总计相关性（CITC）	项已删除的Cronbach's Alpha值
41-2. 调控能力，生活活动情境，小班	*-0.207*	*0.574*
22. 理解能力，生活活动情境，中班	*-0.153*	*0.562*
42-1. 调控能力，体育活动情境，中班	*-0.213*	*0.552*
30. 元认知，学习活动情境，大班	*-0.19*	*0.549*
16. 元认知，自主游戏活动情境，大班	*-0.099*	0.541
18. 诱导能力，体育活动情境，大班	*-0.007*	0.537
33. 共情能力，体育活动情境，中班	*-0.068*	0.536
17. 理解能力，自主游戏活动情境，大班	0.066	0.535
29. 理解能力，学习活动情境，小班	*-0.006*	0.534
38. 转换能力，自主游戏活动情境，小班	0.016	0.533
13. 理解能力，学习活动情境，大班	0.020	0.530
21. 诱导能力，自主游戏活动情境，中班	0.057	0.530
27. 理解能力，体育活动情境，小班	0.110	0.526
37. 元认知，生活活动情境，小班	0.116	0.524
26. 调控能力，生活活动情境，大班	0.144	0.523
14. 共情能力，生活活动情境，小班	0.147	0.520
19. 转换能力，体育活动情境，大班	0.142	0.520
31. 调控能力，自主游戏活动情境，小班	0.264	0.518
35. 理解能力，体育活动情境，大班	0.158	0.518

续表

题目	校正的项总计相关性（CITC）	项已删除的 Cronbach's Alpha 值
39. 理解能力，自主游戏活动情境，大班	0.161	0.518
44-2. 调控能力，生活活动情境，大班	0.172	0.518
43-1. 调控能力，学习活动情境，中班	0.209	0.517
15. 元认知，体育活动情境，中班	0.191	0.516
36. 理解能力，生活活动情境，中班	0.178	0.516
23. 诱导能力，学习活动情境，大班	0.212	0.512
32. 诱导能力，生活活动情境，小班	0.194	0.512
41-1. 调控能力，生活活动情境，小班	0.277	0.511
44-1. 调控能力，生活活动情境，大班	0.201	0.511
25. 共情能力，自主游戏活动情境，中班	0.249	0.509
34. 调控能力，学习活动情境，大班	0.239	0.509
24. 转换能力，学习活动情境，大班	0.360	0.507
28. 调控能力，体育活动情境，中班	0.320	0.506
40. 转换能力，生活活动情境，大班	0.358	0.501
45. 转换能力，学习活动情境，大班	0.268	0.501
20. 共情能力，学习活动情境，大班	0.278	0.500
42-2. 调控能力，体育活动情境，中班	0.313	0.492
43-2. 调控能力，学习活动情境，中班	0.392	0.484

注：①在每个变量中，缺失值都将被替换为该变量的均值；②表格中加粗斜体字表示该数值低于或高于正文中提出的标准。

（四）问卷的因子分析

由表6-6可知，问卷的KMO值为0.468<0.600，Bartlett's的球形度检验的近似卡方值为960.744、df=666、Sig=0.000。说明需要通过增加样本、对题目进行修改和调整等方式加以改进。运用SPSS的因子分析，选取因子的

固定数量为 6 个。6 个因子的初始特征值分别为 1.793、1.376、1.244、0.960、0.898、0.864。其中 3 个因子初始特征值大于 1，另外 3 个因子初始特征值介于 0.85 和 1 之间。6 个因子的方差解释率值分别是 12.087%、9.277%、8.382%、6.473%、6.049%、5.822%，旋转平方和后为 7.093%、8.643%、7.380%、9.956%、6.846%、8.174%，旋转后累积方差解释率为 48.091%，接近 50%，意味着研究项的信息量可以被有效提取出来。

表6-6 问卷因子的解释总方差

成分	初始特征值			提取平方和载入			旋转平方和载入		
	合计	方差的百分比（%）	累积百分比（%）	合计	方差的百分比（%）	累积百分比（%）	合计	方差的百分比（%）	累积百分比（%）
1	1.793	12.087	12.087	1.793	12.087	12.087	1.052	7.093	7.093
2	1.376	9.277	21.365	1.376	9.277	21.365	1.282	8.643	15.736
3	1.244	8.382	29.747	1.244	8.382	29.747	1.095	7.380	23.116
4	0.960	6.473	36.22	0.960	6.473	36.220	1.477	9.956	33.072
5	0.898	6.049	42.269	0.898	6.049	42.269	1.016	6.846	39.918
6	0.864	5.822	48.091	0.864	5.822	48.091	1.213	8.174	48.091

大部分题目的 6 个因子载荷系数中的最大值达到 0.300 以上，小于 0.300 的题目为第 13、14、19、21、22、27、32、35 题。这 8 道题需要修改和调整（见表6-7）。

表6-7 因子载荷矩阵

题目	成分					
	1	2	3	4	5	6
13. 理解能力，学习活动情境，大班	**0.274**	0.257	−0.362	−0.128	−0.335	−0.125
14. 共情能力，生活活动情境，小班	**0.187**	−0.608	−0.178	−0.028	−0.010	0.127
15. 元认知，体育活动情境，中班	**0.462**	−0.469	−0.062	0.046	−0.008	0.047

续表

题目	成分					
	1	2	3	4	5	6
16. 元认知，自主游戏活动情境，大班	−0.034	**0.438**	0.117	0.111	−0.030	−0.408
17. 理解能力，自主游戏活动情境，大班	−0.025	−0.070	**0.479**	−0.025	0.175	−0.221
18. 诱导能力，体育活动情境，大班	0.019	−0.360	−0.086	0.115	−0.077	**0.342**
19. 转换能力，体育活动情境，大班	0.178	−0.249	−0.025	0.276	**0.292**	−0.442
20. 共情能力，学习活动情境，大班	0.342	0.249	0.153	0.102	**0.369**	0.201
21. 诱导能力，自主游戏活动情境，中班	0.113	−0.463	**0.197**	−0.440	−0.147	−0.088
22. 理解能力，生活活动情境，中班	−0.218	−0.153	−0.460	0.272	**0.294**	0.165
23. 诱导能力，学习活动情境，大班	0.280	−0.025	**0.468**	−0.287	−0.140	−0.025
24. 转换能力，学习活动情境，大班	**0.717**	0.248	−0.097	−0.081	0.017	0.015
25. 共情能力，自主游戏活动情境，中班	**0.506**	0.004	−0.077	−0.001	−0.408	0.185
26. 调控能力，生活活动情境，大班	0.102	−0.227	**0.396**	−0.293	−0.258	−0.118
27. 理解能力，体育活动情境，小班	0.084	−0.064	**0.281**	0.138	−0.199	−0.460
28. 调控能力，体育活动情境，中班	**0.667**	−0.142	−0.345	−0.059	0.204	0.115
29. 理解能力，学习活动情境，小班	−0.070	−0.036	0.025	−0.108	**0.393**	0.087
30. 元认知，学习活动情境，大班	−0.434	0.237	0.059	0.275	**0.360**	0.139

续表

题目	成分					
	1	2	3	4	5	6
31. 调控能力，自主游戏活动情境，小班	**0.503**	0.336	−0.079	−0.099	0.288	0.232
32. 诱导能力，生活活动情境，小班	0.187	−0.474	0.047	0.172	**0.257**	0.164
33. 共情能力，体育活动情境，中班	−0.134	−0.035	0.076	−0.493	**0.473**	0.032
34. 调控能力，学习活动情境，大班	**0.518**	−0.013	−0.009	0.093	−0.226	0.124
35. 理解能力，体育活动情境，大班	**0.168**	−0.549	0.159	0.133	0.011	0.034
36. 理解能力，生活活动情境，中班	0.081	0.334	**0.630**	0.004	−0.031	−0.004
37. 元认知，生活活动情境，小班	0.154	**0.410**	−0.120	−0.251	0.276	−0.078
38. 转换能力，自主游戏活动情境，小班	0.111	**0.450**	−0.036	0.302	−0.013	−0.123
39. 理解能力，自主游戏活动情境，大班	**0.457**	0.264	−0.262	0.050	−0.095	−0.036
40. 转换能力，生活活动情境，大班	**0.542**	0.261	0.104	−0.082	0.021	0.204
41-1. 调控能力，生活活动情境，小班	**0.423**	−0.041	0.061	0.001	0.266	−0.478
44-1. 调控能力，生活活动情境，大班	−0.142	**0.298**	−0.269	−0.447	0.078	0.067
25. 共情能力，自主游戏活动情境，中班	−0.377	0.195	0.258	0.036	−0.217	**0.461**
34. 调控能力，学习活动情境，大班	0.202	−0.144	**0.549**	0.221	0.284	0.061
24. 转换能力，学习活动情境，大班	**0.303**	−0.039	0.176	−0.295	0.266	−0.096

续表

题目	成分					
	1	2	3	4	5	6
28. 调控能力, 体育活动情境, 中班	**_0.321_**	−0.055	0.261	0.286	0.112	0.131
40. 转换能力, 生活活动情境, 大班	0.230	0.224	0.335	**_0.587_**	−0.127	0.176
45. 转换能力, 学习活动情境, 大班	**_0.404_**	0.016	−0.359	0.204	−0.036	−0.273
20. 共情能力, 学习活动情境, 大班	0.273	0.203	0.321	−0.194	−0.021	**_0.405_**

注：①提取方法：主成分。已提取了6个成分。②表格中加粗斜体字表示该数值低于或高于正文中提出的标准。

在矩阵旋转后，大部分题目的6个因子载荷系数中，最大值均达到0.300以上。少数题目的因子载荷系数最大值小于0.300，分别是第16、22、30、38、25题，这5道题需要进行调整和修改（见表6-8）。

表6-8 旋转后的因子载荷矩阵

题目	成分					
	1	2	3	4	5	6
13. 理解能力, 学习活动情境, 大班	**_0.353_**	−0.155	0.021	−0.417	0.087	−0.294
14. 共情能力, 生活活动情境, 小班	0.009	**_0.653_**	0.026	−0.069	0.144	−0.023
15. 元认知, 体育活动情境, 中班	0.240	**_0.534_**	0.120	0.089	0.259	−0.099
16. 元认知, 自主游戏活动情境, 大班	−0.026	−0.576	0.040	0.053	**_0.196_**	−0.109
17. 理解能力, 自主游戏活动情境, 大班	−0.188	−0.115	0.313	**_0.341_**	0.138	0.185
18. 诱导能力, 体育活动情境, 大班	−0.018	**_0.470_**	−0.109	0.053	−0.166	−0.100

续表

题目	成分					
	1	2	3	4	5	6
19. 转换能力，体育活动情境，大班	−0.082	0.078	−0.082	0.213	**0.621**	0.021
20. 共情能力，学习活动情境，大班	**0.424**	−0.099	−0.106	0.367	−0.011	0.231
21. 诱导能力，自主游戏活动情境，中班	−0.092	0.366	**0.556**	−0.147	0.069	0.110
22. 理解能力，生活活动情境，中班	−0.123	**0.232**	−0.619	−0.073	0.054	0.101
23. 诱导能力，学习活动情境，大班	0.161	−0.009	**0.586**	0.158	−0.061	0.04
24. 转换能力，学习活动情境，大班	**0.735**	−0.050	0.107	0.009	0.187	−0.057
25. 共情能力，自主游戏活动情境，中班	**0.476**	0.187	0.179	−0.067	−0.078	−0.398
26. 调控能力，生活活动情境，大班	−0.085	0.108	**0.603**	0.028	−0.018	−0.042
27. 理解能力，体育活动情境，小班	−0.169	−0.160	0.319	0.161	**0.326**	−0.267
28. 调控能力，体育活动情境，中班	**0.633**	0.365	−0.100	−0.069	0.296	0.079
29. 理解能力，学习活动情境，小班	−0.014	0.048	−0.100	0.081	0.006	**0.402**
30. 元认知，学习活动情境，大班	−0.264	−0.255	−0.432	**0.254**	−0.184	0.231
31. 调控能力，自主游戏活动情境，小班	**0.665**	−0.088	−0.093	0.090	−0.013	0.229
32. 诱导能力，生活活动情境，小班	0.020	**0.507**	−0.075	0.293	0.147	0.113
33. 共情能力，体育活动情境，中班	−0.042	0.008	0.117	−0.106	−0.024	**0.682**

续表

题目	成分					
	1	2	3	4	5	6
34．调控能力，学习活动情境，大班	*0.449*	0.166	0.123	0.088	0.036	−0.300
35．理解能力，体育活动情境，大班	−0.094	*0.500*	0.149	0.250	0.162	−0.066
36．理解能力，生活活动情境，中班	0.071	−0.388	0.369	*0.434*	−0.188	0.019
37．元认知，生活活动情境，小班	*0.329*	−0.337	−0.049	−0.146	0.077	0.317
38．转换能力，自主游戏活动情境，小班	*0.192*	−0.419	−0.208	0.133	0.080	−0.206
39．理解能力，自主游戏活动情境，大班	*0.512*	−0.109	−0.083	−0.119	0.157	−0.201
40．转换能力，生活活动情境，大班	*0.609*	−0.056	0.140	0.148	−0.070	0.010
41-1．调控能力，生活活动情境，小班	0.208	−0.081	0.170	0.131	*0.612*	0.115
44-1．调控能力，生活活动情境，大班	0.117	−0.212	−0.05	−0.455	−0.177	*0.304*
25．共情能力，自主游戏活动情境，中班	−0.179	−0.109	−0.019	*0.129*	−0.665	−0.072
34．调控能力，学习活动情境，大班	0.026	0.092	0.176	*0.656*	0.066	0.144
24．转换能力，学习活动情境，大班	0.235	0.029	0.284	0.073	0.185	*0.339*
28．调控能力，体育活动情境，中班	0.215	0.115	0.018	*0.467*	0.048	−0.071
40．转换能力，生活活动情境，大班	0.188	−0.146	−0.099	*0.602*	−0.124	−0.404
45．转换能力，学习活动情境，大班	0.308	0.019	−0.164	−0.112	*0.456*	−0.259

续表

题目	成分					
	1	2	3	4	5	6
20. 共情能力，学习活动情境，大班	**0.39**	−0.016	0.249	0.205	−0.388	0.116

注：①提取方法：主成分。旋转法：具有 Kaiser 标准化的正交旋转法。a 旋转在 11 次迭代后收敛。②表格中加粗斜体字表示该数值低于或高于正文中提出的标准。

二、量表第二轮试测情况分析

对量表的第一轮试测数据进行分析后，课题组对测试题选项的文字表达进行了认真调整，尽可能让选项的文字长度相当，并将具有主观和评价性质的词语替代为客观性描述的词语。

第二轮试测采用问卷星和线上填写问卷的形式发放电子问卷。选择了 3 所幼儿园，共回收问卷 38 份，剔除问卷填答时间小于 200 秒的问卷 2 份，剩余有效问卷 36 份，问卷回收有效率为 94.74%。

（一）问卷的描述性分析

运用 SPSS 进行描述性分析，各题的最高分为 3 分、最低分为 1 分。平均分如果落在 [1.5，2.5] 区间内，题目的设计相对而言比较符合正态分布的样态。

问卷中所有题目均值的平均数为 2.231 分（第一轮试测为 2.370 分），平均数更接近于中位数 2 分，说明更接近于正态分布的样态；标准差的平均数为 0.637 分（第一轮试测为 0.603 分），标准差增加，数据的离散程度增大，说明题目中的选项区分度更高。所有题目均值的平均数为 2.231 分，选择均值平均数的正负 1 个标准差作为区间 [2.231−0.637，2.231+0.637]，即 [1.594，2.868] 区间，从数据统计分析角度来看，平均分在此区间的题目，相对而言属于较好的题目。但是从本研究的设计思路来看，落在 [1.5，2.5] 区间更佳。

所有题目标准差的平均数为 0.637 分，选择标准差的平均数的上下正负 1 个标准差作为区间 [0.637−0.169，0.637+0.169]，即 [0.468，0.806] 区间，从数据统计分析角度来看，标准差在此区间的题目，相对而言属于较好的题目。但是从本研究的设计思路来看，标准差不超过 1 分都是可行的，标准差低于 0.468 分的题目需要进行调整。

第二轮试测问卷的 33 道题目中,均值得分在 2.5 分以上的题目为 7 道:第 13、14、15、16、17、18、19 道,均值得分在 1.5 以下的题目为 2 道:第 44-2、45 题;标准差低于 0.468 分的题目为 7 道:第 13、14、17、31、32、36、38 题(见表 6-9 中的斜体加粗数据)。

表 6-9 各题平均值和标准差得分情况

题目	均值	标准差	N
13. 理解能力,学习活动情境,大班	***2.861***	***0.4245***	36
14. 共情能力,生活活动情境,小班	***2.833***	***0.4472***	36
15. 元认知,体育活动情境,中班	***2.750***	0.5000	36
16. 元认知,自主游戏活动情境,大班	***2.694***	0.5767	36
17. 理解能力,自主游戏活动情境,大班	***2.694***	***0.4672***	36
18. 诱导能力,体育活动情境,大班	***2.611***	0.4944	36
19. 转换能力,体育活动情境,大班	***2.556***	0.6522	36
20. 共情能力,学习活动情境,大班	2.500	0.6547	36
21. 诱导能力,自主游戏活动情境,中班	2.500	0.6969	36
22. 理解能力,生活活动情境,中班	2.472	0.5599	36
23. 诱导能力,学习活动情境,大班	2.417	0.6492	36
24. 转换能力,学习活动情境,大班	2.389	0.8028	36
25. 共情能力,自主游戏活动情境,中班	2.389	0.8711	36
26. 调控能力,生活活动情境,大班	2.361	0.8333	36
27. 理解能力,体育活动情境,小班	2.361	0.8333	36
28. 调控能力,体育活动情境,中班	2.333	0.8944	36
29. 理解能力,学习活动情境,小班	2.333	0.8944	36
30. 元认知,学习活动情境,大班	2.333	0.6761	36
31. 调控能力,自主游戏活动情境,小班	2.306	***0.4672***	36
32. 诱导能力,生活活动情境,小班	2.306	***0.4672***	36

续表

题目	均值	标准差	N
33. 共情能力，体育活动情境，中班	2.278	0.5662	36
34. 调控能力，学习活动情境，大班	2.250	0.5000	36
35. 理解能力，体育活动情境，大班	2.139	0.5426	36
36. 理解能力，生活活动情境，中班	2.111	*0.3187*	36
37. 元认知，生活活动情境，小班	2.111	0.6223	36
38. 转换能力，自主游戏活动情境，小班	2.083	*0.3684*	36
39. 理解能力，自主游戏活动情境，大班	2.056	0.5315	36
40. 转换能力，生活活动情境，中班	2.056	0.7908	36
41-1. 调控能力，生活活动情境，小班	2.000	0.5855	36
41-2. 调控能力，生活活动情境，小班	2.000	0.7171	36
42-1. 调控能力，体育活动情境，中班	1.917	0.9964	36
42-2. 调控能力，体育活动情境，中班	1.917	0.8409	36
43-1. 调控能力，学习活动情境，中班	1.861	0.8993	36
43-2. 调控能力，学习活动情境，中班	1.833	0.5606	36
44-1. 调控能力，生活活动情境，大班	1.611	0.8028	36
44-2. 调控能力，生活活动情境，大班	*1.167*	0.5606	36
45. 转换能力，学习活动情境，大班	*1.167*	0.5071	36
平均值	2.231	0.637	—
平均值的标准差	0.384	0.169	—

注：表格中加粗斜体字表示该数值低于或高于正文中提出的标准。

（二）问卷的信度分析

使用 SPSS 20.0 进行统计分析，对试测问卷进行信度分析。数据分析表明，整体问卷的 Cronbach's α 系数为 0.605，大于 0.6。问卷信度基本上达到要求，但还是需要提高。问卷各题项信度分析如表 6-10 所示。对于 CITC 值为负值的题目以及"项已删除的 Cronbach's Alpha 值"大于 0.605 的题目，需要进行调整和修订,这些题目是第 28、13、40、22、43-1、30、41-1、27、44-2、38、29、24、16、42-1、37、19(共 16 道)题。

表 6-10 各题平均值和标准差得分情况

题目	CITC	项已删除的 Cronbach's Alpha 值
40. 转换能力,生活活动情境,中班	*-0.286*	*0.645*
28. 调控能力,体育活动情境,中班	*-0.363*	*0.634*
22. 理解能力,生活活动情境,中班	*-0.201*	*0.633*
38. 转换能力,自主游戏活动情境,小班	*-0.098*	*0.628*
43-1. 调控能力,学习活动情境,中班	*-0.173*	*0.623*
13. 理解能力,学习活动情境,大班	*-0.349*	*0.622*
30. 元认知,学习活动情境,大班	*-0.172*	*0.620*
41-1. 调控能力,生活活动情境,小班	*-0.111*	*0.618*
27. 理解能力,体育活动情境,小班	0.013	*0.617*
44-2. 调控能力,生活活动情境,大班	*-0.102*	*0.614*
29. 理解能力,学习活动情境,小班	*-0.014*	*0.612*
24. 转换能力,学习活动情境,大班	*-0.004*	*0.611*
16. 元认知,自主游戏活动情境,大班	0.032	*0.607*
19. 转换能力,体育活动情境,大班	0.059	*0.606*
37. 元认知,生活活动情境,小班	0.054	*0.606*
42-1. 调控能力,体育活动情境,中班	0.045	*0.606*
39. 理解能力,自主游戏活动情境,大班	0.075	0.605
34. 调控能力,学习活动情境,大班	0.112	0.603
25. 共情能力,自主游戏活动情境,中班	0.136	0.600
23. 诱导能力,学习活动情境,大班	0.168	0.597
33. 共情能力,体育活动情境,中班	0.207	0.595

续表

题目	CITC	项已删除的 Cronbach's Alpha 值
17. 理解能力，自主游戏活动情境，大班	0.231	0.593
31. 调控能力，自主游戏活动情境，小班	0.275	0.592
15. 元认知，体育活动情境，中班	0.287	0.590
26. 调控能力，生活活动情境，大班	0.284	0.590
32. 诱导能力，生活活动情境，小班	0.248	0.588
45. 转换能力，学习活动情境，大班	0.291	0.586
41-2. 调控能力，生活活动情境，小班	0.296	0.583
36. 理解能力，生活活动情境，中班	0.312	0.578
18. 诱导能力，体育活动情境，大班	0.387	0.577
21. 诱导能力，自主游戏活动情境，中班	0.420	0.574
14. 共情能力，生活活动情境，小班	0.458	0.573
44-1. 调控能力，生活活动情境，大班	0.400	0.570
35. 理解能力，体育活动情境，大班	0.487	0.560
20. 共情能力，学习活动情境，大班	0.537	0.550
43-2. 调控能力，学习活动情境，中班	0.596	0.545
42-2. 调控能力，体育活动情境，中班	0.585	0.544

注：表格中加粗斜体字表示该数值低于或高于正文中提出的标准。

（三）问卷的因子分析

本研究运用 SPSS 的因子分析，选取因子的固定数量为6个。6个因子的初始特征值分别为 5.189、3.452、3.072、2.629、2.224、2.114。6个因子初始特征值均大于2。6个因子的方差解释率值分别是 14.025%、9.330%、8.303%、7.105%、6.010%、5.713%，旋转平方和后的方差解释率值分别为 10.136%、10.077%、8.316%、8.203%、7.619%、6.135%，方差解释率为 50.485%，大于50%，意味着研究项的信息量可以被有效提取出来（见表6-11）。

表 6-11 问卷因子的解释总方差

成分	初始特征值			提取平方和载入			旋转平方和载入		
	合计	方差的百分比(%)	累积百分比(%)	合计	方差的百分比(%)	累积百分比(%)	合计	方差的百分比(%)	累积百分比(%)
1	5.189	14.025	14.025	5.189	14.025	14.025	3.750	10.136	10.136
2	3.452	9.330	23.354	3.452	9.33	23.354	3.728	10.077	20.213
3	3.072	8.303	31.657	3.072	8.303	31.657	3.077	8.316	28.529
4	2.629	7.105	38.763	2.629	7.105	38.763	3.035	8.203	36.731
5	2.224	6.010	44.772	2.224	6.010	44.772	2.819	7.619	44.350
6	2.114	5.713	50.485	2.114	5.713	50.485	2.270	6.135	50.485

大部分题目的6个因子载荷系数中的最大值达到0.300以上，小于0.300的题目为：第13、34、28、42-1、39题，这5道题目需要修改和调整（见表6-12）。

表 6-12 因子载荷矩阵

题目	成分					
	1	2	3	4	5	6
42-2. 调控能力，体育活动情境，中班	**0.672**	0.349	0.089	-0.207	-0.108	0.008
20. 共情能力，学习活动情境，大班	**0.660**	-0.008	-0.051	-0.399	0.336	0.097
18. 诱导能力，体育活动情境，大班	**0.589**	-0.049	-0.391	0.096	-0.078	0.122
44-1. 调控能力，生活活动情境，大班	**0.588**	-0.404	-0.104	-0.100	0.103	-0.102
21. 诱导能力，自主游戏活动情境，中班	**0.570**	-0.101	0.399	0.340	-0.122	-0.054
43-2. 调控能力，学习活动情境，中班	**0.558**	0.451	0.356	-0.048	0.136	-0.138
31. 调控能力，自主游戏活动情境，小班	**0.550**	-0.009	0.150	0.279	-0.182	-0.093

续表

题目	成分					
	1	2	3	4	5	6
14．共情能力，生活活动情境，小班	**0.544**	0.094	-0.168	-0.397	0.124	0.086
15．元认知，体育活动情境，中班	**0.541**	-0.304	-0.034	-0.135	0.445	0.165
45．转换能力，学习活动情境，大班	**0.490**	0.440	-0.475	0.159	-0.103	0.004
13．理解能力，学习活动情境，大班	-0.483	-0.028	-0.081	0.045	-0.259	-0.268
25．共情能力，自主游戏活动情境，中班	**0.477**	-0.413	-0.096	-0.12	-0.183	-0.104
36．理解能力，生活活动情境，中班	**0.411**	0.197	0.249	-0.035	-0.201	-0.137
26．调控能力，生活活动情境，大班	**0.407**	-0.125	-0.348	0.106	0.148	-0.295
34．调控能力，学习活动情境，大班	**0.193**	-0.611	0.049	-0.173	-0.059	-0.111
27．理解能力，体育活动情境，小班	0.154	-0.499	0.064	-0.155	-0.227	**0.495**
33．共情能力，体育活动情境，中班	0.190	**0.466**	-0.383	0.112	-0.108	0.024
32．诱导能力，生活活动情境，小班	0.310	**0.434**	0.020	-0.381	-0.063	-0.262
35．理解能力，体育活动情境，大班	0.364	**0.425**	0.338	-0.095	0.090	0.161
30．元认知，学习活动情境，大班	-0.294	**0.387**	0.288	-0.139	0.020	-0.091
22．理解能力，生活活动情境，中班	-0.191	**0.384**	-0.205	-0.222	-0.124	0.058
37．元认知，生活活动情境，小班	0.134	0.175	**0.608**	0.176	0.019	-0.071

续表

题目	成分					
	1	2	3	4	5	6
44-2．调控能力，生活活动情境，大班	0.068	-0.404	**0.482**	0.265	0.275	0.192
41-2．调控能力，生活活动情境，小班	0.309	0.295	**0.342**	0.287	0.004	-0.138
28．调控能力，体育活动情境，中班	-0.335	**0.274**	-0.424	-0.577	-0.011	0.096
24．转换能力，学习活动情境，大班	0.128	-0.055	-0.364	**0.570**	-0.157	0.166
23．诱导能力，学习活动情境，大班	0.152	0.287	-0.305	**0.476**	0.072	-0.191
29．理解能力，学习活动情境，小班	-0.05	0.382	-0.204	0.469	**0.552**	0.117
42-1．调控能力，体育活动情境，中班	0.193	0.055	-0.001	0.310	-0.540	**0.278**
16．元认知，自主游戏活动情境，大班	-0.145	0.273	0.013	-0.098	**0.528**	0.239
19．转换能力，体育活动情境，大班	-0.013	-0.045	0.181	0.102	**0.504**	-0.206
43-1．调控能力，学习活动情境，中班	-0.090	-0.358	-0.431	0.185	**0.477**	-0.206
41-1．调控能力，生活活动情境，小班	-0.190	0.179	0.028	0.082	0.241	**0.522**
17．理解能力，自主游戏活动情境，大班	0.295	-0.150	0.073	-0.219	-0.03	**0.518**
40．转换能力，生活活动情境，中班	-0.254	-0.055	**0.450**	-0.311	0.047	-0.455
39．理解能力，自主游戏活动情境，大班	0.104	-0.251	-0.078	**0.172**	0.094	-0.436
38．转换能力，自主游戏活动情境，小班	-0.245	0.091	0.378	0.272	0.044	**0.394**

注：①提取方法：主成分。已提取了6个成分。②表格中加粗斜体字表示该数值低于或高于正文中提出的标准。

在矩阵旋转后,大部分题目的 6 个因子载荷系数中,最大值均达到 0.300 以上。少数题目的因子载荷系数最大值小于 0.300,分别是第 13、40、30、28、22、41-1、16(共 7 道)题,这些题需要进行调整和修改(见表 6-13)。

表 6-13 旋转后的因子载荷矩阵

题目	成分					
	1	2	3	4	5	6
43-2. 调控能力,学习活动情境,中班	**0.757**	0.272	-0.013	-0.066	-0.048	0.168
42-2. 调控能力,体育活动情境,中班	**0.603**	0.416	0.123	-0.241	0.099	-0.126
41-2. 调控能力,生活活动情境,小班	**0.580**	-0.065	0.125	0.162	-0.031	0.132
35. 理解能力,体育活动情境,大班	**0.572**	0.241	-0.039	-0.067	-0.279	-0.041
37. 元认知,生活活动情境,大班	**0.548**	-0.127	-0.177	0.302	-0.123	0.036
21. 诱导能力,自主游戏活动情境,中班	**0.546**	0.131	0.176	0.472	0.223	-0.094
36. 理解能力,生活活动情境,中班	**0.530**	0.084	0.012	-0.036	0.175	-0.103
31. 调控能力,自主游戏活动情境,小班	**0.453**	0.124	0.294	0.238	0.273	-0.080
20. 共情能力,学习活动情境,大班	0.215	**0.807**	-0.045	-0.104	0.071	0.070
15. 元认知,体育活动情境,中班	-0.007	**0.740**	0.020	0.252	0.057	0.122
14. 共情能力,生活活动情境,小班	0.176	**0.627**	0.034	-0.277	0.095	-0.041
44-1. 调控能力,生活活动情境,大班	0.031	**0.553**	0.082	0.195	0.447	0.019
13. 理解能力,学习活动情境,大班	-0.228	-0.529	-0.105	-0.133	**0.147**	0.010

续表

题目	成分					
	1	2	3	4	5	6
17. 理解能力，自主游戏活动情境，大班	0.005	**0.459**	−0.011	0.103	−0.164	−0.428
24. 转换能力，学习活动情境，大班	−0.124	−0.101	**0.682**	0.179	0.035	−0.063
40. 转换能力，生活活动情境，中班	0.142	−0.224	−0.664	−0.001	0.176	**0.184**
45. 转换能力，学习活动情境，大班	0.263	0.211	**0.650**	−0.388	0.066	0.060
23. 诱导能力，学习活动情境，大班	0.134	−0.132	**0.553**	−0.059	0.030	0.347
18. 诱导能力，体育活动情境，大班	0.065	0.437	**0.519**	−0.053	0.232	−0.107
33. 共情能力，体育活动情境，中班	0.161	0.011	**0.473**	−0.409	−0.072	0.048
30. 元认知，学习活动情境，大班	**0.220**	−0.284	−0.308	−0.206	−0.269	0.089
44-2. 调控能力，生活活动情境，大班	0.039	0.121	−0.164	**0.723**	−0.134	0.012
28. 调控能力，体育活动情境，中班	−0.348	**0.053**	−0.178	−0.721	−0.177	−0.063
22. 理解能力，生活活动情境，中班	−0.024	−0.117	**0.010**	−0.492	−0.181	−0.068
32. 诱导能力，生活活动情境，小班	**0.442**	0.172	−0.119	−0.490	0.130	0.077
41-1. 调控能力，生活活动情境，小班	−0.119	0.066	**0.073**	0.060	−0.612	−0.067
16. 元认知，自主游戏活动情境，大班	−0.059	0.196	−0.105	−0.088	−0.544	**0.291**
25. 共情能力，自主游戏活动情境，中班	0.014	0.358	0.067	0.127	**0.528**	−0.194

续表

题目	成分					
	1	2	3	4	5	6
38. 转换能力，自主游戏活动情境，小班	0.079	−0.216	−0.036	***0.332***	−0.503	−0.156
34. 调控能力，学习活动情境，大班	−0.188	0.256	−0.207	0.287	***0.461***	−0.143
39. 理解能力，自主游戏活动情境，大班	−0.041	−0.034	0.048	0.171	***0.414***	0.321
26. 调控能力，生活活动情境，大班	−0.005	0.287	0.308	−0.017	***0.393***	0.302
27. 理解能力，体育活动情境，小班	−0.227	***0.313***	−0.051	0.292	0.045	−0.599
29. 理解能力，学习活动情境，小班	−0.001	0.008	0.426	0.051	−0.501	***0.542***
43-1. 调控能力，学习活动情境，中班	−0.512	0.148	0.163	0.158	0.154	***0.516***
42-1. 调控能力，体育活动情境，中班	0.195	−0.163	***0.421***	0.097	0.036	−0.503
19. 转换能力，体育活动情境，大班	0.043	0.088	−0.169	0.240	−0.085	***0.489***

注：①提取方法：主成分。旋转法：具有 Kaiser 标准化的正交旋转法。旋转在 22 次迭代后收敛。
②表格中加粗斜体字表示该数值低于或高于正文中提出的标准。

第二节　量表题目调整的具体方法

根据以上对量表的信度、因子以及各测试题平均分的分析结果，本研究对量表的一些题目进行修改和调整。

一、根据平均分和标准差调整量表中题目的选项

第一轮试测，有14道题的均值得分在2.5分以上，平均分从高到低排序为第24、31、26、28、43-1、37、16、44-2、40、15、38、20、18、39题；有1道题的得分在1.5分以下，是第36题，得分为1.22分。标准差低于0.468的题有9道：第31、26、13、33、24、43-1、37、16、41-1题。同时满足平均分和标准差异常两个条件的题目有5道：第31、26、43-1、37、16题。

第二轮试测，均值得分在2.5分以上的题有7道：第13、14、15、16、17、18、19题，均值得分在1.5以下的题有2道：第44-2、45题；标准差低于0.468分的题有7道：第13、14、17、31、32、36、38道。

造成题目均值过高的原因通常是：一是选项的文字长度差异较大，造成被试倾向于选择文字长度最长或最短的选项。也就是说，此选项可能是分数最高的，也可能是最低的。二是选项的文字表达存在着倾向性明显的评价性语言，造成被试选择那些明显具有好的倾向选项或者用排除法排除具有不好评价语言的选项。这两种情况都会造成题目的平均分过高。

题目均值过低的情况，通常是被试没有理解题目，或题目设计者的预判与大多数被试存在着较大差异。

题目均值过高或过低，与被试选择的选项在3个选项中的比例也有关系。研究者对照比例，仔细分析选项的内容，对选项的文字表述和分值进行了调整。

标准差过低的原因主要是题目的选项设置存在着问题，题目的3个选项之间区分度不大，因此可以对选项的表述进行修改。

以下是根据平均分对量表题目第二轮试测问卷调整的举例。

举例1：24.（语言转换能力，学习活动情境，大班）大班幼儿正在画"美丽的家乡"，但他们不太明白什么是家乡，我会说（　　）

（2分）A. 你住的地方就是家乡，那里住着你的家人和熟悉的人等。

（3分）B. 家乡是我们生活和长大的地方，那里有我们熟悉的人、房子、街道、田野、公园、美食等。

（1分）C. 哪里是你熟悉的地方，这个地方就是你的家乡。

［调整分析］此题的B选项，文字长度明显超过A选项和C选项。被试可以不经过思考，直接选择B，造成此题平均分达到2.930分。B选项是"家乡"概念较完整的转换，无法减少文字，那么调整策略就是增加A选项和C选项的文字长度。调整后的题目：

24. 大班幼儿正在画"美丽的家乡",但他们不太明白什么是家乡,我会说( )

(2分)A. 你住的地方就是家乡,那里住着你爷爷、奶奶、爸爸、妈妈、兄弟姐妹,还有亲戚和其他熟悉的人等。

(3分)B. 家乡是我们生活和长大的地方,那里有我们熟悉的人、建筑、街道、田野、公园、美食等。

(1分)C. 哪里是你熟悉的地方,哪里有你熟悉的人和事,那个地方就是你的家乡。

举例2:28.(语言调控能力,体育活动情境,中班)中班幼儿在操场上轮流玩攀爬架,轮到园园的时候,她站着不往上爬,丽丽说:"她很胆小的,不敢爬。"乐乐说:"对啊,这么胆小,这都不敢爬。"这时,我会说( )

(2分)A. 你们这样说别人是不对的,我相信她会勇敢爬上去,来,老师拉着你的手保护你,不会让你摔下来的。

(1分)B. 园园,你勇敢一点,爬上去给他们看,证明你不胆小,老师会保护你的,不会摔下来的。

(3分)C. 我觉得园园不胆小,她上次在集体面前很大声地讲故事,现在只是有一点点害怕,对吗?没关系,来,老师拉着你的手保护你。你试试能不能爬上去。

[调整分析]此题的C选项文字长度较长,同时增加了鼓励的语言,被试非常容易识别并选择C。调整策略有三个方面:一是缩减C选项文字长度;二是将鼓励性的文字描述调整为客观描述;三是根据调控能力的概念,考虑到对其他两个幼儿的语言进行纠正和引导。调整后的题目:

28. 中班幼儿在操场上轮流玩攀爬架,轮到园园的时候,她站着不往上爬,丽丽说:"她很胆小的,不敢爬。"乐乐说:"对啊,这么胆小,这都不敢爬。"这时,我会说( )

(2分)A. 园园,勇敢一点,爬上去给他们看,拿出事实证明你并不胆小,老师会保护你,不会让你摔下来的。

(1分)B. 园园不胆小,上次在班上大声讲故事,现在只是有点害怕。园园,我拉着你的手保护你,看能不能爬上去。

(3分)C. 你们这样说别人是不对的,要相信她肯定能爬上去,来,园园,我拉着你的手保护你,不会让你摔下来的。

举例3:36.(语言理解能力,生活活动情境,中班)中班幼儿在吃水果,我对菲菲说:"请你叫李老师拿水果过来。"菲菲对李老师说:"李老师,

你老师喊你拿水果过来！"我会说（　　　）

（3分）A．菲菲，我是小朋友们的老师，不是李老师的老师。

（2分）B．菲菲，这句话你说得不对，我和李老师，谁是谁的老师啊？

（1分）C．菲菲，你应该对李老师说："陈老师请您拿水果过去。"

［调整分析］此题主要考查教师如何引导幼儿理解人称代词"你、我、他"。对于"理解人称代词"，中班幼儿有一定的难度，教师也比较难以引导。3个选项的设计，区分度不大。A选项是指出幼儿表达的错误；B选项是指出幼儿的错误，并诱导幼儿自己去思考；C选项是直接告诉幼儿如何表达。其中，A选项更符合语言回应的习惯，造成此题平均分较高。对这道题的调整策略是增加选项的区分度，对A选项更加细化和具体，同时考虑诱导幼儿重新表达；对C选项调整为指出幼儿的错误，并直接告诉幼儿正确的答案。调整后的题目：

36．中班幼儿在吃水果，我对菲菲说："请你叫李老师拿水果过来。"菲菲对李老师说："李老师，你老师喊你拿水果过来！"我会说（　　　）

（3分）A．菲菲，我是小朋友们的老师，不是李老师的老师；李老师也是你们的老师，你应该怎么说？

（2分）B．菲菲，这句话你说得不对，我和李老师，谁是谁的老师啊？你再重新说一下。

（1分）C．菲菲，我不是李老师的老师，你应该对李老师说："陈老师请您拿水果过去。"

二、根据CITC值和"项已删除的Cronbach's Alpha值"调整量表题目

第一轮试测，对于CITC值为负值的题目以及"项已删除的Cronbach's Alpha值"大于0.546的题目，需要对题目进行调整和修订，这些题目是第41-2、22、42-1、30、16、18、33、29题。

第二轮试测，对于CITC值为负值的题目以及"项已删除的Cronbach's Alpha值"大于0.605的题目，需要对题目进行调整和修订，这些题目有16道：第28、13、40、22、43-1、30、41-1、27、44-2、38、29、24、16、42-1、37、19题。

根据以上的试测数据，以及各题目所属维度的情况，对第13、22、24、41、44题进行了删除，以提高问卷的信度。

三、根据题目在旋转后的因子载荷系数调整量表题目

第一轮试测，大部分题目的 6 个因子载荷系数中的最大值达到 0.300 以上，小于 0.300 的题目为第 13、14、19、21、22、27、32、35 题。这 8 道题需要修改和调整。在矩阵旋转后，大部分题目的 6 个因子载荷系数中，最大值均达到 0.300 以上。少数题目的因子载荷系数最大值小于 0.300，分别是第 16、22、25、38、30 题，这 5 道题需要进行调整和修改。

第二轮试测，大部分题目的 6 个因子载荷系数中的最大值达到 0.300 以上，小于 0.300 的题目为：第 13、28、34、39、42-1 题，这 5 道题需要修改和调整。在矩阵旋转后，大部分题目的 6 个因子载荷系数中，最大值均达到 0.300 以上。少数题目的因子载荷系数最大值小于 0.300，分别是第 13、40、30、28、22、41-1、16 题，这 7 道题需要进行调整和修改。

根据题目的 6 个因子载荷系数最大值小于 0.300 的情况，并研究题目的内容及其所属维度，删除了第 13、22、27、34、39 题。

总结：综合以上数据的分析，研究题目的内容，充分考虑 6 个维度分布，我们对量表中有些题目进行调整、修改、完善和删除。试测问卷中，连续反应的研究测试题第 41—44 题，删除了第 41、44 题；对于第 42、43 题，将其第一个问题的选项调整为题干中的话轮，并对第二个问题的选项进行了调整和修改，作为正式问卷的题目。删除了试测问卷中的第 13、22、27、34、24、39 题。试测问卷共 33 题，共删除了 9 道题，剩余的 24 道题，分属于 6 个维度，每个维度 4 道题。

具体调整的第二轮试测问卷和正式问卷，详见附录 1 和附录 2（注：由于版权问题，附录 1 和附录 2 涉及相关的单位名和地区名暂时隐去或者用拼音字母大写缩写形式替代、图片暂时隐去）。正式问卷共 24 道题，按照语言理解能力、语言转换能力、语言诱导能力、语言共情能力、语言调控能力、语言元认知 6 个维度以及生活活动、学习活动、自主游戏、体育活动 4 类情境各设计 1 道题。其中大班 10 道题，中班 8 道题，小班 6 道题。

附录 1

幼儿园教师语言运用能力调查问卷

（第二轮试测问卷）

尊敬的老师：

  您好！为了解××市幼儿园教师语言运用现状，××市××研究院进行本次问卷调查。根据调查结果，我们将会向教育行政部门提出科学的政策建议，采取精准措施提升老师们从事幼儿教育活动中的语言运用有效性。

  本问卷调查采取匿名形式，答案无对错之分，结果仅用于本次调查研究，我们会对您填写的所有信息进行严格保密。您的真实回答对整个调查十分重要，请您抽出宝贵的一小段时间，认真阅读题目，并根据自己的实际情况回答。感谢您的支持和配合！

幼儿园教师语言运用课题组
2024 年 1 月 14 日

1. 您的性别是（　　）

 A. 女　　　　　　　　B. 男

2. 您的年龄为（　　）

 A. 24 岁及以下　　　　B. 25～29 岁　　　　C. 30～34 岁

 D. 35～39 岁　　　　　E. 40～44 岁　　　　F. 45～49 岁

 G. 50 岁及以上

3. 您的岗位是（　　）

 A. 主班教师　　　　　B. 副班教师　　　　　C. 专科教师

 D. 保教组长 / 主任（不带班）

 E. 级长（不带班）

 F. 其他岗位教师（请注明具体岗位名称）_____

4. 您担任幼儿园教师的时长是（　　）

 A. 不到 1 年　　　　　　　　B. 1 年以上、不到 5 年

 C. 5 年以上、不到 10 年　　　D. 10 年及以上

5. 您入职时的初始学历是（　　）

 A. 研究生　　　　　　B. 本科　　　　　　　C. 专科

 D. 高中　　　　　　　E. 高中以下

6. 您的专业是（   ）

   A．学前教育　　　　　　　　B．跨学科教育

7. 您的编制是（   ）

   A．编制内　　　　　　　　　B．编制外

8. 您的教师资格证持有情况是（   ）

   A．没有教师资格证　　　　　B．持幼儿园教师资格证

   C．持其他类型教师资格证

9. 您任职幼儿园的所在区是（   ）

   A．YX 区　　　B．HZ 区　　　C．LW 区　　　D．TH 区
   E．BY 区　　　F．HP 区　　　G．PY 区　　　H．HD 区
   I．NS 区　　　J．ZC 区　　　K．CH 区

10. 您任职幼儿园的规模是（   ）

    A．5 个幼儿班及以下　　　　B．6～12 个幼儿班

    C．13 个幼儿班及以上

11. 您任职幼儿园的评估等级为（   ）

    A．省一级园　　　　　　　　B．市一级园

    C．区一级园　　　　　　　　D．未评估园

12. 您任职幼儿园的办园类型为（   ）

    A．教育部门办园

    B．其他类型公办性质幼儿园（包括机关办园、集体办园、事业单位办园、部队办园等）

    C．普惠性民办园

    D．非普惠性民办园

13. （语言理解能力，学习活动情境，大班）大班语言活动中，我指着图中的巨人对全班幼儿进行提问："你觉得这个人长得高还是长得矮？"晨晨说："他长得很矮。"对此，我会说（   ）

    （1分）A．他长得很高，不是矮，你再认真地、仔细地看看。

    （3分）B．高和矮是需要比较的，你觉得他矮，是跟谁比较？

    （2分）C．你为什么觉得他长得矮呢？你是用谁跟他比较的呢？

14. （语言共情能力，生活活动情境，小班）午饭后，小班幼儿自由阅读图书，发现有一本图书被撕破了，大家你看看我，我看看你，没有人承认是自己弄破的。这时，丁丁指着丫丫说："老师，我看到是她撕烂的。"丫丫听了，马上低下头，脸变红了，断断续续地说："老师，是我撕破的。"我会说（   ）

（3分）A．"你怕什么？"丫丫说："我弄破图书，怕老师和小朋友说我。"我说："别怕别怕，你能大胆承认错误，这点真棒，下次看图书时小心点就可以了。"

（1分）B．"图书是我们的好朋友，撕破了，其他小朋友没法再看了。丫丫一定是不小心把图书弄破了，我们都原谅你了，以后注意好好保护图书。"

（2分）C．"丫丫，你能主动承认图书是你撕破的，是不容易的。我小时候也会遇到这种事情，很怕被老师批评，都不敢说，你已经做得很好了！"

15．（语言元认知，体育活动情境，中班）中班体育活动中，露露呆呆地站在角落没有跳绳，我走过去问道："你怎么不跳绳？"露露："老师，我……"我接着说："你不用说了，你每次都有一堆原因。"露露委屈地低下头没有再说话了。我会说（　　）

（3分）A．刚才我有点着急，能告诉我你为什么不跳绳吗？

（1分）B．小红、小芹她们都学会了跳绳，相信你也可以的。

（2分）C．我现在陪你一起练习，相信你一定能学会跳绳。

16．（语言元认知，自主游戏活动情境，大班）大班自主游戏时间，小宇在建构区搭建大桥，突然他大声哭着说："我的桥倒啦，我的桥倒啦！"边哭还边摔自己所搭的桥掉下的物件。我对他说："不许吵闹！不能摔玩具！"他边流着眼泪，边气冲冲地瞪着鹏鹏，然后转头一脸委屈地看向我，同时用手拍打地毯，哭着说："我的桥没啦！"这时，我会说（　　）

（1分）A．你出去哭吧，等安静下来再跟我说。

（2分）B．先不要哭，来跟我说下为什么要哭？

（3分）C．鹏鹏，你和小宇一起重新把桥搭好。

17．（语言理解能力，自主游戏活动情境，大班）大班艺术体验区，小明兴致勃勃地和大家介绍他的作品。他指着画说："春天来了，花儿们百花齐放。"这时我会说（　　）

（3分）A．用成语百花齐放，很棒。你可以说说这个成语的意思吗。百花齐放是很多花一起开放，还需要说"花儿们"吗？

（2分）B．百花齐放就是很多花一起开放的意思，前面你又说"花儿们"，那就重复了，你直接说"百花齐放"就可以了。

（1分）C．百花齐放是个成语，你用得很好。你来告诉其他小朋友，这个成语的意思是什么？

18．（语言诱导能力，体育活动情境，大班）大班体育活动"小山羊过桥"，老师设计了这样的情景，孩子们饰演小羊在过小桥，忽然，山上滚下来一块大石头，"小羊们"被石头（大笼球）撞得东倒西歪，还有好几只"小羊"没站稳掉到桥下。然后发生了以下对话。

老师："石头滚过来的时候，你们的心情是怎样的？发生了什么事情？"

玲玲："很害怕，我被后边的'小羊'撞了，从桥上掉了下来。"

铭铭："我不害怕，但是桥上很挤，后边的'小羊'在往前推，前边的'小羊'又太多，我过不去。"

洋洋："我也不害怕，我们几个拉着手，没有从桥上掉下去，我们最厉害了。"

接着我会说（　　）

（2分）A. 铭铭和洋洋都很勇敢，他们战胜了害怕，还会观察周围的情况，思考保护自己的方法。想想石头滚过来时，有什么动作或方法可以保护好我们自己呢？

（1分）B. 遇到危险不要慌也不要害怕，老师想到了解决危险的方法。我们互相合作，手握手、分开腿蹲着，让我们站得更稳，避免从桥上掉下去。大家一起来学做这个动作！

（3分）C. 遇到危险，害怕是正常的，但互相推挤会更危险，要先观察周围情况，然后想想怎么办，洋洋用互相拉手的方法避免掉下去，还有哪些做法可以让我们不掉下去呢？

19.（语言转换能力，体育活动情境，大班）早操时间，大班幼儿正在按照之前的队列进行练习。突然，我发现有一个地方的队列出现了问题，需要进行调整。我会说（　　）

（3分）A. 小朋友们，现在的队列有问题，请这一排高个子小朋友向前走，排在队伍的前面，队列就会很整齐了。

（1分）B. 小朋友们注意，我们现在的队列出现问题了，太不整齐了，请小朋友们重新排好队。

（2分）C. 请小朋友们按照高个子在前、矮个子在后的顺序重新排队，这样我们的队列就会更加整齐。

20.（语言共情能力，学习活动情境，大班）大班在进行辩论赛，欣欣这次找到了很多"证据"，在比赛中获胜；灵灵找到的"证据"太少，在比赛中未能获胜。灵灵在得知比赛结果时，沮丧地捂住脸趴在桌子上，旁边的莉莉说："灵灵你怎么了？哭了？"灵灵听后"哇"地哭了出来，我会说（　　）

（3分）A. "你难过了？"灵灵说："是的，输了心里难过。"我说："我上次参加运动会比赛，结果输了，心里也一样很难过，但后来想比赛总会有输赢,参加比赛并努力争取就是好样的。"

（1分）B. "灵灵,比赛总有输赢,这次输了,下次要更加努力,想办法赢回来,小朋友,一定要坚强,莉莉,你说对不对？"莉莉说："灵灵,老师说得对,我们都要坚强,要加油,就一定会赢。"

（2分）C. "比赛输了,你难过了？"灵灵："是的,我很难过。"我说："看到你哭了。莉莉,你过来安慰她一下。"

21.（语言诱导能力,自主游戏活动情境,中班）中班自主游戏"搭建房子"中,亮亮正在用积木搭建一座城堡。他把城堡搭得越来越高,但是他每一次尝试,发现城堡都会倒塌。亮亮开始变得失落和沮丧。我会说（　　）

（2分）A. 你的城堡总是倒塌,是不是可以尝试一些新的搭建方法？想想怎样才能让城堡的搭建更稳固？

（3分）B. 城堡每次都会倒塌,原因是什么？是搭建的方式不对？还是没有选择合适的积木？或是其他原因？可以怎么解决？

（1分）C. 城堡每次都会倒塌是因为你的搭建方法不对,你看城堡最底下的积木太小,在它上边放的积木多了,就容易倒塌。

22.（语言理解能力,生活活动情境,中班）中班进餐环节,幼儿都在喝粥,阳阳走到我身边说："老师倒了。"我会说（　　）

（1分）A. 是什么东西倒了？你要说清楚一点。

（2分）B. 阳阳,是粥倒了,洒出去了吗？

（3分）C. 你要这样说：老师,粥碗倒了,粥洒出去了。

23.（语言诱导能力,学习活动情境,大班）大班美术活动中,我引导孩子们感受艺术形象所产生的视觉冲击力。在欣赏作品（一幅画）的过程中,我提问："画家表现的这个女孩在画面的什么位置？"芳芳："中间。"接着我会说（　　）

（2分）A. 这个女孩穿着怎样的衣服？你们可以从衣服的形态、颜色、花纹等方面进行介绍吗？女孩的这件衣服给你怎样的感觉？

（1分）B. 画家为了突出女孩,把女孩画得特别大,她的衣服几乎布满了整幅画,背景是红色,白色和红色对比强烈,让衣服特别显眼。

（3分）C. 你觉得画中的女孩引人注目吗？为什么？如果你也想画一个让大家一眼就能发现并留下深刻印象的人,你会怎样画呢？

24.（语言转换能力,学习活动情境,大班）大班幼儿正在画"美丽的家乡",但他们不太明白什么是家乡,我会说（　　）

（2分）A. 你住的地方就是家乡,那里住着你爷爷、奶奶、爸爸、妈妈、兄弟姐妹，还有亲戚和其他熟悉的人等。

（3分）B. 家乡是我们生活和长大的地方，那里有我们熟悉的人、建筑、街道、田野、公园、美食等。

（1分）C. 哪里是你熟悉的地方，哪里有你熟悉的人和事，那个地方就是你的家乡。

25.（语言共情能力，自主游戏活动情境，中班）中班幼儿在玩自主游戏时，蓝蓝看见佳佳手中的大卡车很想玩，过了一会儿，蓝蓝突然将佳佳手上的大卡车抢了过来，这时佳佳大哭起来，并向我告状："老师，蓝蓝抢了我的大卡车。"我会说（   ）

（3分）A."蓝蓝，如果你很喜欢玩的玩具被人抢走了，你的心情是怎样呢？""佳佳，如果你也很想玩喜欢的玩具时会怎样做呢？"

（1分）B."蓝蓝，你为什么要抢佳佳正在玩的大卡车呢？"蓝蓝委屈地回答："我也想玩大卡车。"佳佳："我还没有玩够。"我说："蓝蓝，这辆大卡车看起来真的很好玩。""佳佳，这么好玩的大卡车，你一定想玩多一会儿，是吗？"

（2分）C."蓝蓝，没能马上玩到喜爱的大卡车，有点着急了吧？"蓝蓝委屈地说："是的。"我说："佳佳，大卡车被抢走了，你生气了吧？"佳佳说："是的，我很生气！""佳佳，刚才玩大卡车的时候你开心吗？可以跟我和蓝蓝分享一下玩卡车的感觉吗？"

26.（语言调控能力，生活活动情境，大班）大班幼儿餐前做值日生环节，嘉嘉、宏宏、乐乐、冰冰一起担任值日生。突然，我听见一阵吵闹声，宏宏说："嘉嘉老是打人，我不想跟他一起做值日生。"冰冰说："他上次打我打得好痛啊，我也不想跟他一起做值日生。"这时我会说（   ）

（3分）A."嘉嘉很能干，在家常帮妈妈做家务，他很想做值日生。"宏宏说："我在家也帮妈妈擦桌子。"乐乐说："我还帮妈妈洗碗。"我说："你们都很能干，都愿意做值日生。爱护环境，相信嘉嘉也会爱护小朋友们的，对吗？"嘉嘉点点头。

（2分）B."嘉嘉之前是打过小朋友，但是他现在改正了，没有再打人了。我们小朋友之间要团结友爱，我相信嘉嘉不会打你们的，嘉嘉你说对吗？"嘉嘉点点头。宏宏说："如果你以后不打人，我们就跟你一起做值日生。"

（1分）C."嘉嘉，以后不要再打小朋友了，你看，小朋友都不喜欢跟你一起做值日生工作了。"乐乐说："他也打过我，我们都不喜欢跟他一起玩。"

我说:"嘉嘉,你保证不会再打小朋友了,对吗?"嘉嘉点点头。

27.(语言理解能力,体育活动情境,小班)小班体育活动,我为了方便和孩子们一起运动,没有像平时一样穿坡跟鞋,贝贝说:"老师,今天你变小了。"我会说(　　)

(3分)A.贝贝,(用手上下比划)这叫高矮;(用手上下左右比划),这叫大小?

(2分)B.贝贝,(用手比划高矮)这不叫变小,应该说变矮了。

(1分)C.贝贝,你是觉得我变矮了,是么?因为我今天没穿坡跟鞋。

28.(语言调控能力,体育活动情境,中班)中班幼儿在操场上轮流玩攀爬架,轮到园园的时候,她站着不往上爬。丽丽说:"她很胆小的,不敢爬。"乐乐说:"对啊,这么胆小,这都不敢爬。"这时,我会说(　　)

(2分)A.园园,勇敢一点,爬上去给他们看,拿出事实证明你并不胆小,老师会保护你,不会让你摔下来的。

(1分)B.园园不胆小,上次在班上大声讲故事,现在只是有点害怕。我拉着你的手保护你,看能不能爬上去。

(3分)C.你们这样说别人是不对的,要相信她肯定能爬上去。来,园园,我拉着你的手保护你,不会让你摔下来的。

29.(语言理解能力,学习活动情境,小班)小班科学活动,我问:"小朋友,你们见过什么东西是圆圆的呢?"红红说:"圆圆的是皮球。"我会说(　　)

(1分)A.嗯,圆圆的东西不只是皮球,还有很多东西是圆圆的,想一想。

(3分)B.嗯,不要说"圆圆的是皮球",要说"皮球是圆圆的"。还有哪些东西是圆圆的?

(2分)C.嗯,皮球是圆圆的,还有哪些东西是圆圆的?

30.(语言元认知,学习活动情境,大班)在大班科学活动"水的变化"中,我将"液化"说成"汽化",我会(　　)

(3分)A.活动过后,我发现自己说错了,下次学习活动,告诉幼儿"老师有时也会说错"。

(1分)B.活动过后,我发现自己说错了,下次注意不能再讲错了。

(2分)C.活动过后,我发现自己说错了,准备下次学习活动,向孩子们纠正错误的概念。

31.(语言调控能力,自主游戏活动情境,小班)小班自主游戏的时候,

小朋友们都在开心地玩游戏，晴晴不愿意玩游戏，抱着蜘蛛侠玩具边走边哭着说："我要妈妈。"这时我会说（　　）

（1分）A. "在幼儿园不要妈妈，要老师，老师会像妈妈一样爱你和关心你。"晴晴说："我想找妈妈。"

（3分）B. "你抱着的是谁啊？"晴晴说："蜘蛛侠。"我说："它有名字吗？"晴晴说："有。"我说："叫什么？"晴晴说："小白。"我说："我们带小白一起去玩游戏吧。"

（2分）C. "你想找妈妈啊，老师帮你打电话给妈妈，叫她下午第一个来接你，好吗？"晴晴说："我要打电话。"

32.（语言诱导能力，生活活动情境，小班）小班的辰辰在喝水时总是喜欢把水洒到地面上进行涂画。今天喝水时，辰辰又在摆弄杯子，我认为他可能又会出现故意洒水的现象。为了防止他把水洒在公共场地可能引发其他幼儿摔倒，我会说（　　）

（2分）A. 如果你的杯子总是晃来晃去就容易倒洒水，地面变湿，小朋友走过容易打滑，有摔倒的危险。所以，老师希望你能够坐下来，专心地喝水，不要分心。

（1分）B. 喝水的时候我们要拿好杯子，坐在位置上喝水，这样杯子里的水才不容易撒在地面上，记住要保持桌面和地面的干净哦！

（3分）C. 杯子总是晃来晃去，水会怎样？如果地面很湿，小朋友走过又会怎样？如果想玩水，应该在哪里玩？现在你应该怎样喝水、杯子里的水才不会洒出来呢？

33.（语言共情能力，体育活动情境，中班）中班幼儿玩游戏"大风和树叶"，随着音乐旋律练习交替的碎步和小跑步。当音乐缓慢停下来时，轩轩居然在地上滚了几圈，琳琳指着轩轩对老师说："老师，他在地上打滚。"轩轩结结巴巴地说："我、我、我没有。"我会说（　　）

（2分）A. "轩轩，你刚刚滚得很开心，你是模仿树叶在地上飘来飘去吗？"

（1分）B. "轩轩，别的小朋友都听指令停下来，你却在地上打滚，这样衣服不是弄脏了吗？"

（3分）C. "孩子们，你们可以像轩轩一起滚起来，感受一下树叶在地上飘来飘去的快乐。"

34.（语言调控能力，学习活动情境，大班）大班阅读活动中，我正在跟幼儿阅读绘本《搬过来搬过去》，瑶瑶突然大声说："老师，我在动物园看到

鳄鱼住在水里,长颈鹿住在地上,它们肯定不会住在一起的!"我会(   )

（3分）A. 若有所思地说:"老师认为你说得有道理,为什么鳄鱼和长颈鹿不会住在一起?"瑶瑶说:"鳄鱼是生活在水里的,长颈鹿是生活在陆地上的,所以它们不会住在一起。"我说:"那图书里的鳄鱼和长颈鹿为什么会住在一起呢?"

（1分）B. 温和地说:"瑶瑶,老师还没有讲完故事,你这样插嘴没有礼貌,老师和小朋友们都不喜欢哦。"瑶瑶说:"我真的在动物园看到鳄鱼和长颈鹿不是住在一起的。"我说:"是吗?你先听老师把故事讲完,等下再请你说好吗,我知道你是个很有礼貌的小朋友。"

（2分）C. 面带微笑地说:"老师认为你说得很有道理,但这本图书里的鳄鱼和长颈鹿它们是相亲相爱的好朋友,是住在一起的哦。"瑶瑶说:"鳄鱼和长颈鹿肯定不会住在一起的。"我说:"那你继续认真听故事,就知道它们到底有没有住在一起啦。"

35.（语言理解能力,体育活动情境,大班）大班体育游戏,幼儿分成4组进行竞赛,规则是每组幼儿以接力的方式,跨过跨栏钻过拱门爬过垫子。第四组幼儿输了,壮壮说:"老师你看,因为我们的队伍比他们的长,所以我们就输了。"我会说(   )

（1分）A. 壮壮,你们的队伍长,缩短每个人的间隔距离就会变短了。

（3分）B. 壮壮,你数一数4个组的人数,应该怎么说?

（2分）C. 壮壮,因为队伍长,所以才会输吗?

36.（语言理解能力,生活活动情境,中班）中班幼儿在吃水果,我对菲菲说:"请你叫李老师拿水果过来。"菲菲对李老师说:"李老师,你老师喊你拿水果过来!"我会说(   )

（3分）A. 菲菲,我是小朋友们的老师,不是李老师的老师;李老师也是你们的老师,你应该怎么说?

（2分）B. 菲菲,这句话你说得不对,我和李老师,谁是谁的老师啊?你重新说一下。

（1分）C. 菲菲,我不是李老师的老师,你应该对李老师说:"陈老师请您拿水果过去。"

37.（语言元认知,生活活动情境,小班）在幼儿园的午餐时间,我正在教小班幼儿自己动手盛饭。大部分幼儿都能按照我示范的方式正确盛饭,但是斌斌却一直无法将米饭放进碗里。我走过去,有些不耐烦地说:"你怎么还不会?我刚才不是教过你们了吗?"斌斌看着我,眼神中充满了困惑和害怕,他

的手开始颤抖,更加不知道该如何盛饭。这时我会说(　　)

(2分)A. 没关系,你慢慢学,别着急。

(3分)B. 你再试试,相信你可以的。

(1分)C. 你看,别的小朋友都会了。

38.(语言转换能力,自主游戏活动情境,小班)在小班幼儿玩自主游戏"娃娃家"时,我讲解游戏规则,幼儿不太明白什么是"规则",我会说(　　)

(1分)A. 规则是小朋友在玩"娃娃家"游戏时要遵守规矩,知道哪些事情可以做,哪些事情不能做。

(3分)B. 在"娃娃家"游戏玩过玩具后,不能把玩具丢在地上,要把它们放回柜子里,这就是规则。

(2分)C. 规则就是告诉我们,在玩"娃娃家"游戏时,什么事情可以做、什么事情不能做。

39.(语言理解能力,自主游戏活动情境,大班)大班自主游戏分享环节,西西边比划边介绍自己搭建的立交桥:"我们把这个放在这里,然后把这个围起来放在这里,再把这个斜放在这里,桥就建好了。"我会说(　　)

(3分)A. 把圆柱形积木放在下面,把半圆形积木围成圆圈放在上面,把楼梯斜放在旁边,桥就建好了。你试试再说一遍。

(2分)B. 你要说更加清楚一些,把什么形状的积木放在哪个地方,老师和小朋友们都没有听明白你的桥到底是怎么建起来的。

(1分)C. 你说得不清楚,什么都是"这个放在这里""那个放在那里",老师都和小朋友们都没有听懂,请你重新清楚地说一次。

40.(语言转换能力,生活活动情境,中班)中班幼儿正准备用餐,小明在饭前洗手时没有认真洗干净。注意到这个情况后,要引导小明养成饭前洗手的习惯。我会说(　　)

(3分)A. 每次吃饭前都要洗手,这样才能保持健康,我们才不会被病毒和细菌感染。

(2分)B. 饭前不洗手会将病毒和细菌吃到肚子里,你就容易生病,边念《七步洗手法》儿歌边洗吧。

(1分)C. 饭前便后要洗手,我们一起念《七步洗手法》儿歌,按照儿歌里的步骤把手洗干净吧。

41-1.(语言调控能力,生活活动情境,小班)小班的安安注意力很容易被其他事物吸引而转移,进餐时常常把汤洒到地面。今天喝汤时,安安又被玩具吸引了,我觉得他可能又会出现把汤洒出来的现象,为帮助安安养成良好

的进餐习惯,我会对安安说(　　　)

（2分）A. 安安今天喝汤喝得好,碗端得真稳呀,要是能坐好后再喝就更好了。

（3分）B. 小朋友们互相看下,哪些小朋友喝完汤后地上干干净净,一点都没有洒出来!

（1分）C. 安安,汤撒在地上大家容易滑倒,你可以坐在凳子上喝完汤再起来玩吗?

41-2.（语言调控能力,生活活动情境,小班）我说完后,用眼神与幼儿交流,温柔地注视着全班小朋友,同时给予进餐习惯好的小朋友和安安这样需要鼓励的小朋友肯定的眼神,然后我会说(　　　)

（1分）A. 小朋友们喝汤没有洒出来,大家都很棒!

（3分）B. 安安今天喝汤没有洒出来,碗端得稳稳的,我们为他的进步鼓掌。

（2分）C. 安安今天进步很大,喝汤时没有洒出来!

42-1.（语言调控能力,体育活动情境,中班）体育活动中,琪琪特别投入,由于过于兴奋,不小心打到旁边的小乖,小乖哇哇大哭起来,这时我连忙安抚小乖,使其情绪稳定,确认没有受伤后,我会说(　　　)

（1分）A. 琪琪,你不小心打到小乖了,他感到很疼,赶快给他道歉!

（3分）B. 琪琪,你不小心伤到小乖了,要马上道歉,下次动作要小一些,避免伤到其他小朋友。

（2分）C. 琪琪,你刚刚打到小乖了,你能抱抱小乖并给他道歉吗?

42-2.（语言调控能力,体育活动情境,中班）琪琪对小乖道歉后,我会说(　　　)

（2分）A. 琪琪,你知道在以后的体育活动中该怎么做才不会打到旁边其他的小朋友呢?

（3分）B. 小朋友,我们都来说说,体育活动中怎么能让自己玩得开心又不会影响到其他人的活动。

（1分）C. 老师知道你们很喜欢体育活动,但要记住,在体育活动时,和小朋友保持一定的安全距离。

43-1.（语言调控能力,学习活动情境,中班）中班科学活动,小米直接拿走身旁豆豆的玩具（实验小材料）,引起了争执,我会说(　　　)

（2分）A. 小米、豆豆,你们俩为了什么事情吵起来?

（1分）B. 你们俩不要吵了,自己玩自己的玩具。

（3分）C. 小米、豆豆,你们告诉我是怎么回事?

43-2.（语言调控能力，学习活动情境，中班）了解到事情的大致情况后，我会说（　　）

（1分）A. 小米，如果你想玩别人的玩具，你要先问问他们愿不愿意借给你玩。

（3分）B. 小米，如果豆豆直接拿你的玩具，你会不高兴吗？想借别人的玩具玩，应该怎么说？

（2分）C. 小米，如果你想借豆豆的玩具玩，应该对豆豆怎么说？

44-1.（语言调控能力，生活活动情境，大班）大班的峰峰是个爱表达的孩子，在活动中经常表现出较高的积极性，但是太爱表达，经常在活动中影响到其他人。在今天的数学活动"看看谁最多"开始前，为了提前做好活动规则提示，我会说（　　）

（3分）A. 小朋友，在活动时，如果你想发言，你应该怎么做？

（2分）B. 小朋友，活动中发言要先举手，老师点名后你才能回答。

（1分）C. 看看哪个小朋友懂得遵守纪律，老师奖励小贴纸给他。

44-2.（语言调控能力，生活活动情境，大班）在活动时，峰峰前半段能遵守纪律，但是后半段又开始随意说话，我会（　　）

（1分）A. 说："峰峰，还记得前面教师说过的规则吗？想要回答问题，要先举手，我点名后才能说话。"

（3分）B. 说："峰峰前面做得很棒，举手回答问题。你要想发言，应该怎么做？"

（2分）C. 先用眼神不断提醒峰峰，再说："请保持安静，注意活动规则，想说话时，要先举手。"

45.（语言转换能力，学习活动情境，大班）大班语言活动"蚂蚁与西瓜"中，幼儿对小蚂蚁们用长杆去撬西瓜感到好奇，不明白为什么会用长杆就可以撬起西瓜，我会说（　　）

（2分）A. 长杆中间有个支点，西瓜到支点距离短，蚂蚁到支点距离长，所以只要很小力气，蚂蚁就能把西瓜撬动起来。

（1分）B. 因为蚂蚁动了脑筋，运用了杠杆原理，所以只要用很小力气就能把西瓜撬动起来。

（3分）C. 小朋友们，剪指甲也是和"蚂蚁用长杆撬动西瓜"同一个原理，你们可以回家和爸爸妈妈一起寻找一下，还有哪些工具运用了这个原理。

46. 请您写出在回答问卷过程中没有理解的题目、表述不清楚的题目、描述不恰当的题目。

附录2

幼儿园教师语言运用能力调查问卷
（正式问卷定稿）

尊敬的老师：

您好！为了解××市幼儿园教师语言运用现状，××市××研究院进行本次问卷调查。根据调查结果，我们将会向教育行政部门提出科学的政策建议，采取精准措施提升老师们从事幼儿教育活动中的语言运用有效性。

本问卷调查采取匿名形式，答案无对错之分，结果仅用于本次调查研究，我们会对您填写的所有信息进行严格保密。您的真实回答对整个调查十分重要，请您抽出宝贵的一小段时间，认真阅读题目，并根据自己的实际情况回答。感谢您的支持和配合！

幼儿园教师语言运用课题组
2024年1月24日

1. 您的性别是（　　）
  A. 女　　　　　B. 男
2. 您的年龄为（　　）
  A. 24岁及以下　　B. 25～29岁　　C. 30～34岁
  D. 35～39岁　　　E. 40～44岁　　F. 45～49岁
  G. 50岁及以上
3. 您的岗位是（　　）
  A. 主班教师　　　B. 副班教师　　C. 专科教师
  D. 保教组长/主任（不带班）　　E. 级长（不带班）
  F. 其他岗位教师（请注明具体岗位名称）＿＿＿＿
4. 您担任幼儿园教师的时长是（　　）
  A. 不到1年　　　　　　B. 1年以上、不到5年
  C. 5年以上、不到10年　D. 10年及以上
5. 您入职时的初始学历是（　　）
  A. 研究生　　　B. 本科　　　C. 专科
  D. 高中　　　　E. 高中以下

6. 您的专业是（　　）

   A. 学前教育　　　　　　B. 跨学科教育

7. 您的编制是（　　）

   A. 编制内　　　　　　　B. 编制外

8. 您的教师资格证持有情况是（　　）

   A. 没有教师资格证　　　　B. 持幼儿园教师资格证

   C. 持其他类型教师资格证

9. 您任职幼儿园的所在区是（　　）

   A. YX 区　　　B. HZ 区　　　C. LW 区　　　D. TH 区

   E. BY 区　　　F. HP 区　　　G. PY 区　　　H. HD 区

   I. NS 区　　　J. ZC 区　　　K. CH 区

10. 您任职幼儿园的规模是（　　）

    A. 5 个幼儿班及以下　　　B. 6~12 个幼儿班

    C. 13 个幼儿班及以上

11. 您任职幼儿园的评估等级为（　　）

    A. 省一级园　　B. 市一级园　　C. 区一级园　　D. 未评估园

12. 您任职幼儿园的办园类型为（　　）

    A. 教育部门办园

    B. 其他类型公办性质幼儿园（包括机关办园、集体办园、事业单位办园和部队办园等）

    C. 普惠性民办园

    D. 非普惠性民办园

13. （语言共情能力，生活活动情境，小班）午饭后，小班幼儿自由阅读图书，发现有一本图书被撕破了，大家你看看我，我看看你，没有人承认是自己弄破的。这时，丁丁指着丫丫说："老师，我看到是她撕烂的。"丫丫听了，马上低下头，脸红了，断断续续地说："老师，是我撕破的。"我会说（　　）

    （1分）A. "你怕什么？"丫丫说："我弄破图书，怕老师和小朋友说我。"我说："别怕别怕，你能大胆承认错误，这点真棒，下次看图书时小心点就可以了。"

    （2分）B. "图书是我们的好朋友，撕破了，其他小朋友没法再看了。丫丫一定是不小心把图书弄破了，我们都原谅你了，以后注意好好保护图书。"

    （3分）C. "丫丫，你能主动承认图书是你撕破的，是不容易的。我小时候也会遇到这种事情，很怕被老师批评，都不敢说，你已经做得很好了！"

14.（语言元认知，体育活动情境，中班）中班体育活动中，露露呆呆地站在角落没有跳绳，我走过去问道："你怎么不跳绳？"露露："老师，我……"我接着说："你不用说了，每次都有一堆原因。"露露委屈地低下头没有再说话了。我会说（　　）

（3分）A. 刚才我有点着急，能告诉我你为什么不跳绳吗？

（1分）B. 小红、小芹她们都学会了跳绳，相信你也可以的。

（2分）C. 我现在陪你一起练习，相信你一定能学会跳绳。

15.（语言元认知，自主游戏活动情境，大班）大班自主游戏时间，小宇在建构区搭建大桥，突然他大声哭着说："我的桥倒啦，我的桥倒啦！"边哭还边摔自己所搭的桥掉下的物件。我对他说："不许吵闹！不能摔玩具！"他边流着眼泪，边气冲冲地瞪着鹏鹏，然后转头一脸委屈地看向我，同时用手拍打地毯，哭着说："我的桥没啦！"这时，我会说（　　）

（1分）A. 你出去哭吧，等安静下来再跟我说。

（3分）B. 先不要哭，来，跟我说下为什么要哭？

（2分）C. 鹏鹏，你和小宇一起重新把桥搭好。

16.（语言理解能力，自主游戏活动情境，大班）大班艺术体验区，小明兴致勃勃地和大家介绍他的作品。他指着画说："春天来了，花儿们百花齐放。"这时我会说（　　）

（3分）A. 用成语百花齐放，很棒。你说说这个成语的意思。百花齐放是很多花一起开放，还需要说"花儿们"吗？

（2分）B. 百花齐放就是很多花一起开放的意思，前面你说"花儿们"，那就重复了，你直接说"百花齐放"就可以了。

（1分）C. 百花齐放是个成语，你用得很好。你来告诉其他小朋友，这个成语的意思是什么？

17.（语言诱导能力，体育活动情境，大班）大班体育活动"小山羊过桥"，老师设计了这样的情境：孩子们饰演小羊在过小桥，忽然，山上滚下来一块大石头，"小羊们"被石头（大笼球）撞得东倒西歪，还有好几只"小羊"没站稳掉到桥下。然后发生了以下对话：

老师："石头滚过来的时候，你们的心情是怎样的？发生了什么事情？"

玲玲："很害怕，我被后边的'小羊'撞了，从桥上掉了下来。"

铭铭："我不害怕，但是桥上很挤，后边的'小羊'在往前推，前边的'小羊'又太多，我过不去。"

洋洋："我也不害怕，我们几个拉着手，没有从桥上掉下去，我们最厉害了。"

接着我会说（　　）

（2分）A. 铭铭和洋洋都很勇敢，他们战胜了害怕，还会观察周围的情况，思考保护自己的方法。想想石头滚过来时，有什么动作或方法可以保护好我们自己呢？

（1分）B. 遇到危险不要慌也不要害怕，老师想到了解决危险的方法。我们互相合作，手握手、分开腿蹲着，让我们站得更稳，避免从桥上掉下去。大家一起来学做这个动作！

（3分）C. 遇到危险，害怕是正常的，互相推挤会更危险，要先观察周围情况，然后想想怎么办，洋洋用互相拉手的方法避免掉下去，还有哪些做法可以让我们不掉下去呢？

18.（语言转换能力，体育活动情境，大班）早操时间，大班幼儿正在按照之前的队列进行练习。突然，我发现有一个地方的队列出现了问题，需要进行调整。我会说（　　）

（2分）A. 小朋友们，现在的队列有问题，请这一排高个子小朋友向前走，排在队伍的前面，队列就会很整齐了。

（1分）B. 小朋友们注意，我们现在的队列出现问题了，太不整齐了，请小朋友们重新排好队。

（3分）C. 请小朋友们按照高个子在前、矮个子在后的顺序重新排队，这样我们的队列就会更加整齐。

19.（语言共情能力，学习活动情境，大班）大班在进行辩论赛，欣欣这次找到了很多"证据"，在比赛中获胜；灵灵找到的"证据"太少，在比赛中未能获胜。灵灵在得知比赛结果时，沮丧地捂住脸趴在桌子上，旁边的莉莉说："灵灵你怎么了？哭了？"灵灵听了后"哇"地哭了出来，我会说（　　）

（3分）A."你难过了？"灵灵说："是的，输了心里难过。"我说："我上次参加运动会比赛，结果输了，心里也一样很难过，但后来想比赛总会有输赢，参加比赛并努力争取就是好样的。"

（1分）B."灵灵，比赛总有输赢，这次输了，下次要更加努力，想办法赢回来，小朋友，一定要坚强，莉莉，你说对不对？"莉莉说："灵灵，老师说得对，我们都要坚强，要加油，就一定会赢。"

（2分）C."比赛输了，你难过了？"灵灵："是的，我很难过。"我说："看到你哭了，老师跟你一样难过。但是难过没有用，继续加油吧！"

20.（语言诱导能力，自主游戏活动情境，中班）中班自主游戏"搭建房子"中,亮亮正在用积木搭建一座城堡。他把城堡搭得越来越高,但是他每一次尝试,发现城堡都会倒塌。亮亮开始变得失落和沮丧。我会说(　　)

（2分）A. 你的城堡总是倒塌,是不是可以尝试一些新的搭建方法?想想怎样才能让城堡的搭建更稳固?

（3分）B. 城堡每次都会倒塌,原因是什么?是搭建的方式不对?还是没有选择合适的积木?或是其他原因?可以怎么解决?

（1分）C. 城堡每次都会倒塌是因为你的搭建方法不对,你看城堡最底下的积木太小,在它上边放的积木多了,就容易倒塌。

21.（语言诱导能力,学习活动情境,大班）大班美术活动中,我引导幼儿感受艺术形象所产生的视觉冲击力。在欣赏作品（一幅画）的过程中,我提问:"画家表现的这个女孩在画面的什么位置?"芳芳:"中间。"接着我会说（　　）

（2分）A. 这个女孩穿的是什么衣服?你们可以从衣服的形态、颜色、花纹等方面进行介绍吗?女孩的这件衣服给你怎样的感觉?

（1分）B. 画家为了突出女孩,把女孩画得特别大,她的衣服几乎布满了整幅画,背景是红色,白色和红色对比强烈,让衣服特别显眼。

（3分）C. 你觉得画中的女孩容易引起别人注意吗?衣服的形态、颜色、花纹是怎么样的?如果你想画一个让人容易记住的人,会怎样画呢?

22.（语言共情能力,自主游戏活动情境,中班）中班幼儿在玩自主游戏时,蓝蓝看见佳佳手中的大卡车,很想玩;过了一会儿,蓝蓝突然将佳佳手上的大卡车抢了过来,这时佳佳大哭起来,并向我告状:"老师,蓝蓝抢了我的大卡车。"我会说（　　）

（3分）A."蓝蓝,如果你很喜欢玩的玩具被人抢走了,你的心情是怎样呢?""佳佳,如果你也很想玩喜欢的玩具,但这个玩具在别人手里,你告诉蓝蓝你会怎样做?"

（1分）B."蓝蓝,你为什么要抢佳佳正在玩的大卡车呢?"蓝蓝委屈地回答:"我也想玩大卡车。"佳佳:"我还没有玩够。"我说:"蓝蓝,这辆大卡车看起来真的很好玩。""佳佳,这么好玩的大卡车,你一定想玩多一会儿,是吗?"

（2分）C."蓝蓝,没能马上玩到喜爱的大卡车,有点着急了吧?"蓝蓝委屈地说:"是的。"我说:"佳佳,大卡车被抢走了,你生气了吧?"佳佳说:"是的,我很生气!""佳佳,刚才玩大卡车的时候你开心吗?可以跟我和蓝蓝分享一下玩卡车的感觉吗?"

23.（语言调控能力，生活活动情境，大班）大班餐前做值日生环节，嘉嘉、宏宏、乐乐、冰冰一起担任值日生。突然，我听见一阵吵闹声，宏宏说："嘉嘉老是打人，我不想跟他一起做值日生。"冰冰说："他上次打我打得好痛啊，我也不想跟他一起做值日生。"这时我会说（　　）

（3分）A．"嘉嘉很能干，在家常帮妈妈做家务，在幼儿园他很想做值日生。"宏宏说："我在家也帮妈妈擦桌子。"乐乐说："我还帮妈妈洗碗。"我说："你们都很能干，都愿意做值日生。爱护环境，相信嘉嘉也会爱护小朋友们的，对吗？"嘉嘉点点头。

（2分）B．"嘉嘉之前是打过小朋友，但是他现在改正了，没有再打人了。我们小朋友之间要团结友爱，我相信嘉嘉不会打你们的，嘉嘉你说对吗？"嘉嘉点点头。宏宏说："如果你以后不打人，我们就跟你一起做值日生。"

（1分）C．"嘉嘉，以后不要再打小朋友了，你看，小朋友都不喜欢跟你一起做值日生了。"乐乐说："他也打过我，我们都不喜欢跟他一起玩。"我说："嘉嘉，你保证不会再打小朋友了，对吗？"嘉嘉点点头。

24.（语言理解能力，学习活动情境，小班）小班科学活动，我问："小朋友，你们见过什么东西是圆圆的呢？"红红说："圆圆的是皮球。"我会说（　　）

（1分）A．嗯，有很多东西是圆圆的，想一想还有哪些东西是圆圆的？

（3分）B．要说"皮球是圆圆的"，不要说"圆圆的是皮球"。还有哪些东西是圆圆的？

（2分）C．嗯，皮球是圆圆的，还有哪些东西是圆圆的？

25.（语言元认知，学习活动情境，大班）在大班科学活动"水的变化"中，我将"液化"说成"汽化"，我会（　　）

（3分）A．活动过后，我发现自己说错了，准备在下次学习活动中纠正错误的概念，并告诉孩子们"老师也会出错"。

（1分）B．活动过后，我发现自己说错了，以后做活动前要做好备课，注意不能再讲错概念。

（2分）C．活动过后，我发现自己说错了，准备在下次学习活动中向孩子们纠正错误的概念。

26.（语言调控能力，自主游戏活动情境，小班）小班自主游戏，幼儿都在开心地玩游戏，晴晴不愿意玩游戏，抱着蜘蛛侠玩具边走边哭着说："我要妈妈。"这时我会说（　　）

（1分）A．"在幼儿园不要妈妈，要老师，老师会像妈妈一样爱你和关心你。"晴晴说："我想找妈妈。"

（3分）B. "你抱着的是谁啊？"晴晴说："蜘蛛侠。"我说："它有名字吗？"晴晴说："有。"我说："叫什么？"晴晴说："小白。"我说："我们带小白一起去玩游戏吧。"

（2分）C. "你想找妈妈啊，老师帮你打电话给妈妈，叫她下午第一个来接你，好吗？"晴晴说："我要打电话。"

27. （语言诱导能力，生活活动情境，小班）小班的辰辰在喝水时总是喜欢把水洒到地面上进行涂画。今天喝水时，辰辰又在摆弄杯子，我认为他可能又会出现故意洒水的现象。为了防止他把水洒在公共场地可能引发其他幼儿摔倒，我会说（　　）

（2分）A. 如果你的杯子总是晃来晃去就容易倒洒水，地上变湿了会很滑，小朋友走过容易滑倒，很危险。所以，老师希望你能够坐下来，专心地喝水，不要分心。

（1分）B. 喝水的时候我们要拿好杯子，坐在位置上喝水，这样杯子里的水才不容易洒在地面上，记住要保持桌面和地面干净哦！

（3分）C. 杯子总是晃来晃去，水会怎样？如果地面很湿，小朋友走过又会怎样？如果想玩水，应该在哪里玩？但现在你应该怎样喝水、杯子里的水才不会洒出来呢？

28. （语言共情能力，体育活动情境，中班）中班幼儿正在玩游戏"大风和树叶"，随着音乐旋律练习交替的碎步和小跑步。当音乐缓慢停下来时，轩轩居然在地上滚了几圈，琳琳指着轩轩对我说："老师，他在地上打滚。"轩轩结结巴巴地说："我、我、我没有。"我会说（　　）

（3分）A. "轩轩，你刚刚打滚很开心，你是模仿树叶在地上飘来飘去么？"

（1分）B. "轩轩，别的小朋友都听指令停下来，你却在地上打滚，这样衣服不是弄脏了吗？"

（2分）C. "孩子们，你们可以像轩轩一起滚起来，感受一下树叶在地上飘来飘去的快乐。"

29. （语言理解能力，体育活动情境，大班）大班体育游戏，幼儿分成4组进行竞赛游戏，规则是每组幼儿以接力的方式，跨过跨栏钻过拱门爬过垫子。第4组的幼儿输了，壮壮说："老师你看，因为我们的队伍比他们的长，所以我们就输了。"我会说（　　）

（1分）A. 壮壮，你们的队伍长，缩短每个人的间隔距离就会变短了。

（3分）B. 壮壮，你数一数4个组的人数，应该怎么说？

（2分）C. 壮壮，因为队伍长，所以才会输吗？

30.（语言理解能力，生活活动情境，中班）中班幼儿在吃水果，我对菲菲说："请你叫李老师拿水果过来。"菲菲对李老师说："李老师，你老师喊你拿水果过来！"我会说（   ）

（2分）A. 菲菲，我是小朋友们的老师，不是李老师的老师；李老师也是你们的老师，你应该怎么说？

（1分）B. 菲菲，这句话你说得不对，我和李老师，谁是谁的老师啊？你再重新说一下。

（3分）C. 菲菲，我不是李老师的老师，你应该对李老师说："陈老师请您拿水果过去。"

31.（语言元认知，生活活动情境，小班）幼儿园午餐时间，我正在教小班幼儿自己动手盛饭。大部分幼儿都能按照我示范的方式正确盛饭，但是斌斌一直无法将米饭放进碗里。我走过去，有些不耐烦地说："你怎么还不会？我刚才不是教过你们了吗？"斌斌看着我，眼神中充满了困惑和害怕，他的手开始颤抖，更加不知道该如何盛饭。这时我会说（   ）

（3分）A. 老师声音大了点，你别着急，慢慢学。

（2分）B. 你再试试，相信你可以的。

（1分）C. 你看，别的小朋友都会了。

32.（语言转换能力，自主游戏活动情境，小班）在小班幼儿玩自主游戏"娃娃家"时，我讲解游戏规则，幼儿不明白什么是"规则"，我会说（   ）

（2分）A. 规则是小朋友游戏时要遵守规矩，比如在玩"娃娃家"游戏时，小朋友们都要共同遵守的约定。

（3分）B. 规则是小朋友活动时要遵守规矩，比如在"娃娃家"玩过玩具后，不能把玩具丢在地上，要把它们放回柜子里。

（1分）C. 规则就是告诉我们，在玩"娃娃家"游戏时，什么事情可以做、什么事情不能做。

33.（语言转换能力，生活活动情境，中班）中班幼儿正准备用餐，小明在饭前洗手时没有认真洗干净。注意到这个情况后，要引导小明养成饭前洗手的习惯，我会说（   ）

（1分）A. 每次吃饭前都要洗手，这样才能保持健康，我们才不会被病毒和细菌感染。

（3分）B. 饭前便后不洗手，会将病毒和细菌吃到肚子里，就容易生病。我们一起边念《七步洗手法》儿歌边洗吧。

（2分）C. 饭前便后要洗手，我们一起念《七步洗手法》儿歌，按照儿歌的步骤把手洗干净吧。

34.（语言调控能力，体育活动情境，中班）体育活动中，琪琪特别投入，由于过于兴奋，不小心打到旁边的小乖，小乖哇哇大哭起来，这时我连忙安抚小乖，使其情绪稳定，确认没有受伤后，我说："琪琪，你不小心伤到小乖了，要马上道歉，下次动作要小一些，避免伤到其他小朋友。"琪琪向小乖道歉后，我会说（　　）

（1分）A. 琪琪，你知道在以后的体育活动中，该怎么做，才不会打到旁边的小朋友呢？

（3分）B. 小朋友，我们都来说说，体育活动中怎么能让自己玩得开心又不会影响到其他人的活动。

（2分）C. 老师知道你们很喜欢体育活动，但要记住在做体育活动时，和小朋友保持一定的安全距离。

35.（语言调控能力，学习活动情境，中班）中班科学活动，小米直接拿走身旁豆豆的玩具（小实验材料），引起了争执，我说："小米、豆豆，你们告诉我是怎么回事？"了解了事情的大致情况后，我会说（　　）

（2分）A. 小米，如果你想玩别人的玩具，你要先问问他愿不愿意借给你玩。

（3分）B. 小米，如果豆豆直接拿你的玩具，你会不高兴吗？想借别人的玩具玩，应该怎么说？

（1分）C. 小米，如果你想借豆豆的玩具玩，应该对豆豆怎么说？

36.（语言转换能力，学习活动情境，大班）大班语言活动"蚂蚁与西瓜"中，幼儿对小蚂蚁们用长杆去撬西瓜感到好奇，不明白为什么用长杆就可以撬起西瓜，我会说（　　）

（2分）A. 长杆中间有个支点，西瓜到支点距离短，蚂蚁到支点距离长。蚂蚁们只要用很小的力气就能把西瓜撬起来。

（1分）B. 蚂蚁动了脑筋，运用了物理学中的杠杆原理，他们只要用很小的力气就能把西瓜撬动起来。

（3分）C. 小朋友们，剪指甲和"蚂蚁用长杆撬动西瓜"也是同一个道理，你们可以回家和爸爸妈妈一起找一找，生活中还有哪些相似的工具。

37. 在教育教学活动中，幼儿园教师在语言运用方面存在哪些问题？请举例说明（可使用微信语音录入）。

38. 您认为,从本市教育政策层面、市和区教师发展中心层面、学校层面,采取哪些措施能够精准地提升幼儿园教师语言运用能力?(可使用微信语音录入)。

第七章 幼儿教师语言运用能力的测试与实证分析

第一节　问题提出与测试设计

一、问题提出

2020年10月，中共中央、国务院印发《深化新时代教育评价改革总体方案》，提出要完善幼儿园评价，制定幼儿园保教质量评估指南，要求各省（自治区、直辖市）完善幼儿园质量评估标准，并指出"幼儿园教师评价突出保教实践，把以游戏为基本活动促进儿童主动学习和全面发展的能力作为关键指标，纳入学前教育专业人才培养标准、幼儿教师职后培训重要内容"[1]。幼儿园教育活动中，师幼互动的主要载体是语言，幼儿教师的语言运用能力一方面对幼儿的语言发展具备示范功能，直接影响幼儿园教育活动的有效实施乃至幼儿的健康发展；另一方面也关系到自身的专业成长。因此，对幼儿教师语言运用能力进行深入研究和有效评价，是当下值得关注的重要课题。

现阶段，幼儿教师年轻化和流动率高，造成师资队伍整体的专业能力不足，尤其是语言运用能力，在职前培养和职后培训中都未能受到高度重视且培养培训存在脱节现象。上述均导致了幼儿教师从业后语言运用状况不理想。毕月花等研究者认为幼儿教师在活动中提出开放性问题少，程式化的"平行问题"频率高、质量低，递进的"台阶式问题"少，对幼儿思维起不到启迪作用，限制了幼儿思维活动的空间，导致幼儿亦步亦趋地跟在教师的后面重复。[2]

以上所述的幼儿教师语言运用方面的问题，在本研究的调研过程中也有不同程度的呈现。针对幼儿教师在教育活动情境中语言运用的现状和存在问题，本研究重点展开调查，旨在采取政策措施，补齐短板，从评价体系构建入手，有效地设计市、区、园三级培训课程体系，从而整体提升全市幼儿教师语言运用能力，为学前教育高质量发展提供师资队伍保障。

---

[1] 中共中央 国务院印发《深化新时代教育评价改革总体方案》，http://www.moe.gov.cn/jyb_xxgk/moe_1777/moe_1778/202010/t20201013_494381.html，最后访问时间：2024年3月9日。

[2] 毕月花、马玉霞、汪念念：《幼儿教师在语言教学活动中有效提问的研究》，载《兰州教育学院学报》2011年第1期，第147–149页。

二、测试设计

（一）研究对象

2024 年 2 月，以 G 市 TH 区和 HD 区幼儿园教师为样本，使用问卷星发放电子问卷，共收到 2492 份问卷。根据问卷答题时间，将填写时长小于或等于 213 秒（即总样本 2.5 百分位）的问卷，视为无效问卷，予以删除，最终获得 2429 份有效问卷。TH 区代表 G 市中心区，HD 区代表 G 市非中心区。样本具有比较好的代表性。

（二）测试工具

本研究使用自编问卷进行测试，这里的自编问卷为本书第六章的附录 2《幼儿园教师语言运用能力调查问卷（正式问卷定稿）》，教师根据该问卷的情境选择"自己在情境中最有可能作出的语言行为反应"的选项。

本研究整体问卷的 Cronbach's α 系数为 0.705，研究数据内部一致性信度可以接受；问卷的 KMO 值为 0.714>0.600，Bartlett's 球形检验 p 值为 0.000，说明适合做因子分析（见表 7-1）。24 个题项中，16 个题项的共同度值高于 0.400，6 个题项的共同度介于 0.350~0.399 之间，2 个题项的共同度介于 0.300~0.349 之间。因此，大多数题项的共同度大于 0.400 或接近于 0.400，意味着大多数题目和因子之间有着较强的关联性，因子可以有效地提取出信息（见表 7-2）。

表 7-1　KMO 和 Bartlett's 的检验表

取样足够度的 Kaiser-Meyer-Olkin 度量		0.714
Bartlett 的球形度检验	近似卡方	2786.692
	df	276
	Sig.	0.000

表 7-2　公因子方差

题项	16	24	29	30	18	32	33	36
初始	1	1	1	1	1	1	1	1
提取	0.472	0.508	0.359	0.487	0.468	0.497	0.395	0.532

续表

题项	17	20	21	27	23	26	35	34
初始	1	1	1	1	1	1	1	1
提取	0.440	0.508	0.304	0.478	0.499	0.389	0.463	0.358
题项	13	19	22	28	14	15	25	31
初始	1	1	1	1	1	1	1	1
提取	0.560	0.406	0.521	0.385	0.528	0.392	0.346	0.552

(三)数据分析

本研究采用 SPSS 20.0 软件对问卷数据进行统计分析,具体运用了描述统计分析、单因素方差分析等方法。

(四)样本分布

样本分布具体情况如下:女性教师 2419 人,男性教师 10 人。24 岁及以下教师 394 人,占比 16.22%;25~29 岁教师 815 人,占比 33.55%;30~34 岁教师 446 人,占比 18.36%;35~39 岁教师 332 人,占比 13.67%;40~44 岁 278 人,占比 11.45%;45~49 岁 121 人,占比 4.98%;50 岁及以上 43 人,占比 1.77%。学前教育专业背景的教师 2113 人,占比 86.99%,跨学科教育专业背景的教师 316 人,占比 13.01%(见表 7-3)。

主班教师 1084 人,占比 44.63%;副班教师 1047 人,占比 43.10%;专科教师 68 人,占比 2.80%;保教组长/主任(不带班)105 人,占比 4.32%;级长(不带班)6 人,占比 0.25%;其他 119 人,占比 4.90%。研究生毕业教师 7 人,占比 0.29%;本科毕业教师 679 人,占比 27.95%;专科毕业教师 1435 人,占比 59.08%;高中阶段毕业教师 220 人,占比 9.06%;高中以下阶段毕业教师 88 人,占比 3.62%(见表 7-4)。

没有教师资格证的教师 223 人,占比 9.18%;持幼儿园教师资格证的教师 1991 人,占比 81.97%;持其他类型教师资格证的教师 215 人,占比 8.85%。担任幼儿园教师工作年限方面,不到 1 年的教师 110 人,占比 4.53%;1 年以上且不到 5 年的教师 860 人,占比 35.40%;5 年以上且不到 10 年的教师 741 人,占比 30.51%;10 年及以上的教师 718 人,占比 29.56%。评估等级为省一级园 303 所,占比 12.47%;市一级园 467 所,占比 19.23%;区一级园 1039 所,占比 42.77%;未评估园 620 所,占比 25.53%(见表 7-5)。

第七章 幼儿教师语言运用能力的测试与实证分析

编制内教师135人，占比5.56%，编制外教师2294人，占比94.44%；G市TH区教师1182人，占比48.66%，HD区教师1237人，占比50.93%，其他区10人，占比0.41%；参加问卷调查的教师所在幼儿园的规模，5个幼儿班及以下的幼儿园169所，占比6.96%，6~12个幼儿班的幼儿园1383所，占比56.94%，13个幼儿班及以上的幼儿园877所，占比36.10%；教育部门办园1009所，占比41.54%，其他类型公办性质幼儿园616所，占比25.36%，普惠性民办园594所，占比24.45%，非普惠性民办园210所，占比8.65%（见表7-6）。

表7-3 样本分布情况（一）

信息类别	选项	性别		年龄						
		女	男	24岁及以下	25~29岁	30~34岁	35~39岁	40~44岁	45~49岁	50岁及以上
	人数（人）	2419	10	394	815	446	332	278	121	43
	占比（%）	99.60	0.40	16.22	33.55	18.36	13.67	11.45	4.98	1.77

信息类别	选项	专业背景	
		学前教育专业	跨学科教育专业
	人数（人）	2113	316
	占比（%）	86.99	13.01

表7-4 样本分布情况（二）

信息类别	选项	岗位					入职时初始学历				
		主班教师	副班教师	专科教师	保教组长/主任（不带班）	级长（不带班）	其他	研究生	本科	专科	高中	高中以下
	人数（人）	1084	1047	68	105	6	119	7	679	1435	220	88
	占比（%）	44.63	43.10	2.80	4.32	0.25	4.90	0.29	27.95	59.08	9.06	3.62

表7-5 样本分布情况（三）

信息类别	选项	教师资格证类型			工作年限				幼儿园的评估等级			
		没有教师资格证	持幼儿园教师资格证	持其他类型教师资格证	不到1年	1年以上，不到5年	5年以上，不到10年	10年及以上	省一级园	市一级园	区一级园	未评估园
人数（人）		223	1991	215	110	860	741	718	303	467	1039	620
占比（%）		9.18	81.97	8.85	4.53	35.40	30.51	29.56	12.47	19.23	42.77	25.53

表7-6 样本分布情况（四）

信息类别	选项	编制		区域			幼儿园的规模				幼儿园的办园类型			
		编制内	编制外	TH区	HD区	其他	5个幼儿班及以下	6~12个幼儿班	13个幼儿班及以上		教育部门办园	其他类型公办性质幼儿园	普惠性民办园	非普惠性民办园
人数（人）		135	2294	1182	1237	10	169	1383	877		1009	616	594	210
占比（%）		5.56	94.44	48.66	50.93	0.41	6.96	56.94	36.10		41.54	25.36	24.45	8.65

第二节 幼儿教师语言运用能力的描述性分析

根据测试的数据，本节主要对 G 市幼儿教师在语言运用能力 6 个维度得分及其总得分进行描述性分析，并对各个测试题得分情况进行细致的探讨，从而把握幼儿教师在实际情境中运用语言组织教育活动时所采用的方式、方法和策略，并从中发现幼儿教师在语言运用中存在的问题，探讨造成这些问题背后的真正原因。

一、G 市幼儿教师语言运用能力总体水平分析

G 市幼儿教师语言运用能力总体上处于中等水平。幼儿教师语言运用能力的 6 个维度，每个维度满分值为 12 分，总分满分值为 72 分。将其换算成百分制，则平均分为 78.28 分。由此判断 G 市幼儿教师语言运用能力整体上处于中上水平。从各维度来看，语言调控能力、语言元认知、语言诱导能力平均分在 80 分以上；语言共情能力、语言转换能力平均分在 70～80 分之间；语言理解能力排在末位，得分仅为 63.92 分（见表 7-7）。

表 7-7 幼儿教师语言运用能力总得分和各维度得分情况

维度得分和总分	均值	标准差	百分制得分	排序
语言理解能力得分	7.67	1.346	63.92	6
语言转换能力得分	9.28	1.617	77.33	5
语言诱导能力得分	9.64	1.670	80.33	3
语言调控能力得分	10.36	1.380	86.33	1
语言共情能力得分	9.36	1.543	78.00	4
语言元认知得分	10.05	1.368	83.75	2
总得分	56.36	4.802	78.28	—

二、G 市幼儿教师语言运用能力 6 个维度得分的描述性分析

在问卷中的幼儿教师语言运用能力的 6 个维度内,每个维度设置了 4 道题,每道题中设计了 3 个选项,对 3 个选项分别赋分,最高水平的选项赋分 3 分,中间水平的选项赋分 2 分,最低水平的赋分 1 分。由此,每个维度得分值在 4~12 分之间。

(一)幼儿教师语言理解能力及各题得分情况分析

幼儿教师语言理解能力得分平均值 7.67 分,4~7 分累积百分比为 44.2%,得分较低是第 16 题、第 24 题(见表 7-8、表 7-9)。对理解能力维度下的 4 道题和选项内容、选项占比[①]进行分析可以发现,幼儿教师在语言规范表达和语言深层逻辑推演方面的能力明显不足,对幼儿语言发展水平方面的认知还不够,无法从幼儿的思维水平理解幼儿语言所表达的内容,可以说,语言理解能力有限。各题项的具体分析如下。

在正式问卷的第 16 题中,当幼儿提到"百花齐放"成语时,教师如果发现幼儿在语言表达中出现了重复,其正确反应是既表达对幼儿用这个成语的肯定和赞扬,也要纠正幼儿语言表达规范方面的问题。最好的表达应该是"用成语百花齐放,很棒。你说说这个成语的意思。百花齐放是很多花一起开放,还需要说'花儿们'吗?"(见表 7-10)。第 24 题中,幼儿对"圆圆的是皮球"和"皮球是圆圆的"这两个表达不能区分,教师应该能够发现其中的表达问题,并规范和纠正幼儿的错误表达(见表 7-11)。这两个事例说明大多数幼儿教师在语言规范表达上存在着知识方面的欠缺。第 29 题中,教师没有理解幼儿表达的"队伍长",实际上是幼儿要表达"自己所在组的人数多"的意思。教师应理解,幼儿表达是形象表达而不是抽象的数字表达(见表 7-12)。此题说明近半数以上的幼儿教师在幼儿语言深层逻辑推测方面有所不足。第 30 题是关于人称代词的使用问题,中班幼儿对"你""我""他(她)"比较难以区分,此时如果用诱导,幼儿也很难说正确;教师应该从幼儿发展水平来判断,最好的选项是教师在理解幼儿语言的基础上直接告诉幼儿正确的表达方式(见表 7-13)。

---

① 表 7-10 中的选项,得分从上向下依次为 1、2、3 分。后续表格中选项顺序和得分值与此表相同。

表 7-8 语言理解能力各题项得分情况

单位：分

题目序号	16	24	29	30	语言理解能力得分
均值	1.31	1.74	2.13	2.49	7.67
标准差	0.673	0.547	0.918	0.579	1.346

表 7-9 语言理解能力得分值占比情况

得分值	频次	百分比（%）	累积百分比（%）
4	6	0.3	0.3
5	139	5.7	6.0
6	329	13.5	19.5
7	600	24.7	44.2
8	678	27.9	72.1
9	511	21.0	93.1
10	128	5.3	98.4
11	32	1.3	99.7
12	6	0.3	100.0
合计	2429	100.0	—

表 7-10 第 16 题选项频次和占比情况

16. 大班艺术体验区，小明兴致勃勃地和大家介绍他的作品。他指着画说："春天来了，花儿们百花齐放。"这时我会说（　　）

选项	频次（人次）	百分比（%）
百花齐放是个成语，你用得很好。你来告诉其他小朋友，这个成语的意思是什么？	1980	81.5
百花齐放就是很多花一起开放的意思，前面你说"花儿们"，那就重复了，你直接说"百花齐放"就可以了。	156	6.4
用成语百花齐放，很棒。你说说这个成语的意思。百花齐放是很多花一起开放，还需要说"花儿们"吗？	293	12.1
合计	2429	100.0

表7-11　第24题选项频次和占比情况

24. 小班科学活动，我问："小朋友，你们见过什么东西是圆圆的呢？"红红说："圆圆的是皮球。"我会说（　　）		
选项	频次（人次）	百分比（%）
嗯，有很多东西是圆圆的，想一想还有哪些东西是圆圆的？	759	31.2
嗯，皮球是圆圆的，还有哪些东西是圆圆的？	1540	63.4
要说"皮球是圆圆的"，不要说"圆圆的是皮球"。还有哪些东西是圆圆的？	130	5.4
合计	2429	100.0

表7-12　第29题选项频次和占比情况

29. 大班体育游戏，幼儿分成4组进行竞赛游戏，规则是每组幼儿以接力的方式跨过跨栏钻过拱门爬过垫子。第4组的幼儿输了，壮壮说："老师你看，因为我们的队伍比他们的长，所以我们就输了。"我会说（　　）		
选项	频次（人次）	百分比（%）
壮壮，你们的队伍长，缩短每个人的间隔距离就会变短了。	889	36.6
壮壮，因为队伍长，所以才会输吗？	343	14.1
壮壮，你数一数4个组的人数，应该怎么说？	1197	49.3
合计	2429	100.0

表7-13　第30题选项频次和占比情况

30. 中班幼儿在吃水果，我对菲菲说："请你叫李老师拿水果过来。"菲菲对李老师说："李老师，你老师喊你拿水果过来！"我会说（　　）		
选项	频次（人次）	百分比（%）
菲菲，这句话你说得不对，我和李老师，谁是谁的老师啊？你再重新说一下。	104	4.3
菲菲，我是小朋友们的老师，不是李老师的老师；李老师也是你们的老师，你应该怎么说？	1025	42.2
菲菲，我不是李老师的老师，你应该对李老师说："陈老师请您拿水果过去。"	1300	53.5
合计	2429	100.0

（二）幼儿教师语言转换能力及各题得分情况分析

幼儿教师语言转换能力得分平均值9.28分，4~7分累积百分比为14.70%，得分较低是第18题、第36题（见表7-14、表7-15）。对转换能力维度下的4道题和选项内容、选项占比进行分析可以发现，部分幼儿教师将抽象概念或事件转化为幼儿能够理解的语言时，会出现"用另外一个抽象概念或事件来替代""转换不够全面和具体""转换时对因果逻辑关系不明晰"等情况。大约四成幼儿教师不能对语言进行具体和恰当的转化。各题项的具体分析如下。

在正式问卷的第18题中，48.5%的教师在体育活动中，要求幼儿按规则排队时，所用的语言表达不够具体和明确（见表7-16）。第32题中，17.3%的教师在说明"规则"概念时，将"规则"概念局限于"娃娃家"特定的游戏；25.5%的教师将"规则"概念转换成"约定"这个仍然较为抽象的概念（见表7-17）。第33题中，13.2%的教师在引导时用了两个词：病毒和细菌感染，但没有提出感染的后果，没有转换成"生病"这个幼儿容易理解的词；21.0%的教师只是让幼儿如何按步骤洗手，没有表达为什么饭前便后要洗手（见表7-18）。第36题中，62.1%的教师选择了前两个选项，但都是幼儿难以理解的抽象概念，如"杠杆原理""支点"等，没有将这些抽象的概念具体化为生活中常见的事例，导致幼儿无法理解；37.9%的教师选择了第三个选项，这个选项能够将科学教育中的概念转换到生活情景之中，将科学知识进行生活具象化处理，幼儿容易理解，也能够激发他们探索的兴趣（见表7-19）。

表7-14 语言转换能力各题项得分情况

单位：分

题目序号	18	32	33	36	语言转换能力得分
均值	2.33	2.40	2.52	2.03	9.28
标准差	0.770	0.766	0.716	0.854	1.617

表7-15 语言转换能力得分值占比情况

得分值	频次	百分比（%）	累积百分比（%）
4	4	0.2	0.2
5	27	1.1	1.3

续表

得分值	频次	百分比（%）	累积百分比（%）
6	95	3.9	5.2
7	231	9.5	14.7
8	372	15.3	30.0
9	542	22.3	52.3
10	575	23.7	76.0
11	393	16.2	92.2
12	190	7.8	100.0
合计	2429	100.0	

表7-16 第18题选项频次和占比情况

18. 早操时间，大班幼儿正在按照之前的队列进行练习。突然，我发现有一个地方的队列出现了问题，需要进行调整。我会说（　　）

选项	频次（人次）	百分比（%）
小朋友们注意，我们现在的队列出现问题了，太不整齐了，请小朋友们重新排好队。	451	18.6
小朋友们，现在的队列有问题，请这一排高个子小朋友向前走，排在队伍的前面，队列就会很整齐了。	727	29.9
请小朋友们按照高个子在前、矮个子在后的顺序重新排队，这样我们的队列就会更加整齐。	1251	51.5
合计	2429	100.0

表7-17 第32题选项频次和占比情况

32. 在小班幼儿玩自主游戏"娃娃家"时，我讲解游戏规则，幼儿不明白什么是"规则"，我会说（　　）

选项	频次（人次）	百分比（%）
规则就是告诉我们，在玩"娃娃家"游戏时，什么事情可以做、什么事情不能做。	421	17.3

续表

选项	频次（人次）	百分比（%）
规则是小朋友游戏时要遵守规矩，比如在玩"娃娃家"游戏时，小朋友们都要共同遵守的约定。	620	25.5
规则是小朋友活动时要遵守规矩，比如在"娃娃家"玩过玩具后，不能把玩具丢在地上，要把它们放回柜子里。	1388	57.2
合计	2429	100.0

表7-18　第33题选项频次和占比情况

33. 中班幼儿正准备用餐，小明在饭前洗手时没有认真洗干净。注意到这个情况后，要引导小明养成饭前洗手的习惯，我会说（　　　）

选项	频次（人次）	百分比（%）
每次吃饭前都要洗手，这样才能保持健康，这样我们才不会被病毒和细菌感染。	320	13.2
饭前便后要洗手，我们一起念《七步洗手法》儿歌，按照儿歌的步骤把手洗干净吧。	511	21.0
饭前便后不洗手，会将病毒和细菌吃到肚子里，就容易生病。我们一起边念《七步洗手法》儿歌边洗吧。	1598	65.8
合计	2429	100.0

表7-19　第36题选项频次和占比情况

36. 大班语言活动"蚂蚁与西瓜"中，幼儿对小蚂蚁们用长杆去撬西瓜感到好奇，不明白为什么用长杆就可以撬起西瓜，我会说（　　　）

选项	频次（人次）	百分比（%）
蚂蚁动了脑筋，运用了物理学中的杠杆原理，他们只要用很小的力气就能把西瓜撬动起来。	853	35.1
长杆中间有个支点，西瓜到支点距离短，蚂蚁到支点距离长。蚂蚁们只要用很小的力气就能把西瓜撬起来。	655	27.0

续表

选项	频次（人次）	百分比（%）
小朋友们，剪指甲和"蚂蚁用长杆撬动西瓜"也是同一个道理，你们可以回家和爸爸妈妈一起找一找，生活中还有哪些相似的工具。	921	37.9
合计	2429	100.0

（三）幼儿教师语言诱导能力及各题得分情况分析

幼儿教师语言诱导能力得分平均值9.64分，4~7分累积百分比为11.2%，得分较低是第27题、第17题（见表7-20、表7-21）。对诱导能力维度下的4道题和选项内容、选项占比进行分析可以发现，部分幼儿教师在诱导幼儿表达时，要么直接给出结论，要么没有考虑幼儿思维的递进性。实际上，教师应该通过具体问题的层层深入，诱导幼儿通过语言去表达自己的思考过程。但是从问卷中可见教师并没有做到有效诱导幼儿以培养幼儿思维的开放性和发散性。各题项的具体分析如下。

在正式问卷的第17题中，11.2%的教师直接给出了答案，而没有诱导；37.9%的教师没有问题诱导的递进性；50.9%的教师能够举出具体事例，又能诱导幼儿思维发散，进而用语言表达出来（见表7-22）。第20题中，5.8%的教师直接给出了答案，没有诱导；43.3%的教师没有问题诱导的递进性；50.9%的教师能够诱导事件的因果关系，同时也能诱导幼儿思维发散（见表7-23）。第21题中，9.2%的教师直接给出了结论；33.2%的教师有诱导，但没有像最后的选项那样，让幼儿大胆去联想（见表7-24）。第27题中，25.6%的教师直接给出了结论；18.3%的教师没有诱导幼儿思考"洒水—地面湿滑—摔倒"的因果关系，而是直接在回应中给出了因果关系（见表7-25）。

表7-20　语言诱导能力各题项得分情况

单位：分

题目序号	17	20	21	27	语言诱导能力得分
均值	2.40	2.45	2.48	2.31	9.64
标准差	0.680	0.603	0.658	0.851	1.670

表7-21 语言诱导能力得分

得分	频率	百分比	累积百分比
4	5	0.2	0.2
5	18	0.7	0.9
6	79	3.3	4.2
7	169	7.0	11.2
8	328	13.5	24.7
9	459	18.9	43.6
10	550	22.6	66.2
11	461	19.0	85.2
12	360	14.8	100.0
合计	2429	100.0	

表7-22 第17题选项频次和占比情况

17. 大班体育活动"小山羊过桥",老师设计了这样的情境:孩子们饰演小羊在过小桥,忽然,山上滚下来一块大石头,"小羊们"被石头(大笼球)撞得东倒西歪,还有好几只"小羊"没站稳掉到桥下。然后发生了以下对话。老师:"石头滚过来的时候,你们的心情是怎样的?发生了什么事情?"玲玲:"很害怕,我被后边的'小羊'撞了,从桥上掉了下来。"铭铭:"我不害怕,但是桥上很挤,后边的'小羊'在往前推,前边的'小羊'又太多,我过不去。"洋洋:"我也不害怕,我们几个拉着手,没有从桥上掉下去,我们最厉害了。"接着我会说(　　)

选项	频次(人次)	百分比(%)
遇到危险不要慌也不要害怕,老师想到了解决危险的方法。我们互相合作,手握手、分开腿蹲着,让我们站得更稳,避免从桥上掉下去。大家一起来学做这个动作!	271	11.2
铭铭和洋洋都很勇敢,他们战胜了害怕,还会观察周围的情况,思考保护自己的方法。想想石头滚过来时,有什么动作或方法可以保护好我们自己呢?	921	37.9
遇到危险,害怕是正常的,互相推挤会更危险,要先观察周围情况,然后想想怎么办,洋洋用互相拉手的方法避免掉下去,还有哪些做法可以让我们不掉下去呢?	1237	50.9
合计	2429	100.0

表 7-23 第 20 题选项频次和占比情况

20. 中班自主游戏"搭建房子"中,亮亮正在用积木搭建一座城堡。他把城堡搭得越来越高,但是他每一次尝试,发现城堡都会倒塌。亮亮开始变得失落和沮丧。我会说( )		
选项	频次(人次)	百分比(%)
城堡每次都会倒塌是因为你的搭建方法不对,你看城堡最底下的积木太小,在它上边放的积木多了,就容易倒塌。	141	5.8
你的城堡总是倒塌,是不是可以尝试一些新的搭建方法?想想怎样才能让城堡的搭建更稳固?	1052	43.3
城堡每次都会倒塌,原因是什么?是搭建的方式不对?还是没有选择合适的积木?或是其他原因?可以怎么解决?	1236	50.9
合计	2429	100.0

表 7-24 第 21 题选项频次和占比情况

21. 大班美术活动中,我引导幼儿感受艺术形象所产生的视觉冲击力。在欣赏作品(一幅画)的过程中,我提问:"画家表现的这个女孩在画面的什么位置?"芳芳:"中间。"接着我会说( )		
选项	频次(人次)	百分比(%)
画家为了突出女孩,把女孩画得特别大,她的衣服几乎布满了整幅画,背景是红色,白色和红色对比强烈,让衣服特别显眼。	223	9.2
这个女孩穿的是什么衣服?你们可以从衣服的形态、颜色、花纹等方面进行介绍吗?女孩的这件衣服给你怎样的感觉?	806	33.2
你觉得画中的女孩容易引起别人注意吗?衣服的形态、颜色、花纹是怎么样的?如果你想画一个让人容易记住的人,会怎样画呢?	1400	57.6
合计	2429	100.0

表 7-25　第 27 题选项频次和占比情况

选项	频次（人次）	百分比（%）
喝水的时候我们要拿好杯子，坐在位置上喝水，这样杯子里的水才不容易撒在地面上，记住要保持桌面和地面的干净哦！	621	25.6
如果你的杯子总是晃来晃去就容易倒洒水，地上变湿了，小朋友走过容易滑倒，很危险。所以，老师希望你能够坐下来，专心地喝水，不要分心。	444	18.3
杯子总是晃来晃去，水会怎样？如果地面很湿，小朋友走过又会怎样？如果想玩水，应该在哪里玩？但现在你应该怎样喝水、杯子里的水才不会洒出来呢？	1364	56.1
合计	2429	100.0

27. 小班的辰辰在喝水时总是喜欢把水洒到地面上进行涂画。今天喝水时，辰辰又在摆弄杯子，我认为他可能又会出现故意洒水的现象。为了防止他把水洒在公共场地可能引发其他幼儿摔倒，我会说（　　）

（四）幼儿教师语言调控能力及各题得分情况分析

幼儿教师语言调控能力得分平均值 10.36 分，5～7 分累积百分比为 3.4%，得分较低是第 34 题、第 35 题（见表 7-26、表 7-27）。对调控能力维度下的 4 道题和选项内容、选项占比进行分析可以发现，部分幼儿教师在教育活动过程中，要么采取强制意味的指令性调控方式，要么通过外部调控的方式。大多数教师还是能够比较智慧、艺术性地通过提升幼儿自我认知的方式进行调控。各题项的具体分析如下。

在正式问卷的第 23 题中，3.3% 的教师直接告诉幼儿不能做什么，属于强制性管理方式；30.1% 的教师通过正面说服来调控，调控的对象幼儿数量较少；66.6% 的教师选择了通过具体事例引导幼儿的自我调控，调控涉及的幼儿较多，效果也较好（见表 7-28）。第 26 题中，91.3% 的教师选择了较好的方式转移幼儿的注意力从而进行调控（见表 7-29）。第 35 题中，62.8% 的教师选择了让幼儿自己换位思考应如何表达来让幼儿进行自我调控（见表 7-30）。第 34 题中，47.3% 的教师对体育活动中幼儿行为的自我价值（开心快乐）和行为的因果关系（保持距离和伤害到其他小朋友）没有判断出来，这表现在教师运用语言进行转换时，没有充分表达（见 7-31）。

表7-26 语言调控能力各题项得分情况

单位：分

题目序号	23	26	35	34	语言调控能力得分
均值	2.63	2.87	2.44	2.42	10.36
标准差	0.546	0.437	0.792	0.683	1.38

表7-27 语言调控能力得分

得分	频率	百分比（%）	累积百分比（%）
5	2	0.1	0.1
6	12	0.5	0.6
7	69	2.8	3.4
8	160	6.6	10.0
9	381	15.7	25.7
10	563	23.2	48.9
11	645	26.6	75.5
12	597	24.5	100.0
合计	2429	100.0	

表7-28 第23题选项频次和占比情况

23. 大班餐前做值日生环节，嘉嘉、宏宏、乐乐、冰冰一起担任值日生。突然，我听见一阵吵闹声，宏宏说："嘉嘉老是打人，我不想跟他一起做值日生。"冰冰说："他上次打我打得好痛啊，我也不想跟他一起做值日生。"这时我会说（ ）		
选项	频次（人次）	百分比（%）
"嘉嘉，以后不要再打小朋友了，你看，小朋友都不喜欢跟你一起做值日生了。"乐乐说："他也打过我，我们都不喜欢跟他一起玩。"我说："嘉嘉，你保证不会再打小朋友了，对吗？"嘉嘉点点头。	80	3.3
"嘉嘉之前是打过小朋友，但是他现在改正了，没有再打人了。我们小朋友之间要团结友爱，我相信嘉嘉不会打你们的，嘉嘉你说对吗？"嘉嘉点点头。宏宏说："如果你以后不打人，我们就跟你一起做值日生。"	730	30.1

续表

选项	频次（人次）	百分比（%）
"嘉嘉很能干，在家常帮妈妈做家务，在幼儿园他很想做值日生。"宏宏说："我在家也帮妈妈擦桌子。"乐乐说："我还帮妈妈洗碗。"我说："你们都很能干，都愿意做值日生。爱护环境，相信嘉嘉也会爱护小朋友们的，对吗？"嘉嘉点点头。	1619	66.6
合计	2429	100.0

表7-29 第26题选项频次和占比情况

26. 小班自主游戏，幼儿都在开心地玩游戏，晴晴不愿意玩游戏，抱着蜘蛛侠玩具边走边哭着说："我要妈妈。"这时我会说（　　）

选项	频次（人次）	百分比（%）
"在幼儿园不要妈妈，要老师，老师会像妈妈一样爱你和关心你。"晴晴说："我想找妈妈。"	97	4.0
"你想找妈妈啊，老师帮你打电话给妈妈，叫她下午第一个来接你，好吗？"晴晴说："我要打电话。"	114	4.7
"你抱着什么啊？"晴晴说："蜘蛛侠。"我说："它有名字吗？"晴晴说："有。"我说："叫什么？"晴晴说："小白。"我说："我们带小白一起去玩游戏吧。"	2218	91.3
合计	2429	100.0

表7-30 第35题选项频次和占比情况

35. 中班科学活动，小米直接拿走身旁豆豆的玩具（小实验材料），引起了争执，我说："小米、豆豆，你们告诉我是怎么回事？"了解到事情的大致情况后，我会说（　　）

选项	频次（人次）	百分比（%）
小米，如果你想借豆豆的玩具玩，应该对豆豆怎么说？	462	19.0
小米，如果你想玩别人的玩具，你要先问问他愿不愿意借给你玩。	443	18.2
小米，如果豆豆直接拿你的玩具，你会不高兴吗？想借别人的玩具玩，应该怎么说？	1524	62.8
合计	2429	100.0

表 7-31　第 34 题选项频次和占比情况

34. 体育活动中，琪琪特别投入，由于过于兴奋，不小心打到旁边的小乖，小乖哇哇大哭起来，这时我连忙安抚小乖，待其情绪稳定，确认没有受伤后，我说："琪琪，你不小心伤害小乖了，要马上道歉，下次动作要小一些，避免伤到其他小朋友。"琪琪对小乖道歉后，我会说（　　）		
选项	频次（人次）	百分比（%）
琪琪，你知道在以后的体育活动中，该怎么做，才不会打到旁边其他的小朋友呢？	271	11.2
老师知道你们很喜欢体育活动，但要记住在体育活动时，和小朋友保持一定的安全距离。	878	36.1
小朋友，我们都来说说，体育活动中怎么能让自己玩得开心又不会影响到其他人的活动。	1280	52.7
合计	2429	100.0

（五）幼儿教师语言共情能力及各题得分情况分析

幼儿教师语言共情能力得分平均值 9.36 分，4～7 分累积百分比为 11.7%，得分较低是第 19 题、第 13 题（见表 7-32、表 7-33）。对共情能力维度下的 4 道题和选项内容、选项占比进行分析可以发现，近六成幼儿教师能够通过角色互换（通过自己的角色代入或通过引导幼儿之间进行角色互换）等，运用共情式语言调整教育活动；约有四成幼儿教师通过正面鼓励、直接制止、原谅等方式调节幼儿的情绪。各题项的具体分析如下。

在正式问卷的第 13 题中，17.0% 的教师对于犯错误的幼儿，采取鼓励幼儿承认错误、下次不要再犯的方式；43.5% 的教师是通过原谅的方式缓解幼儿的害怕情绪；39.5% 的教师会运用自己角色代入的共情方式解决幼儿的情绪问题（见表 7-34）。第 19 题中，42.2% 的教师对于因失败而引起沮丧情绪的幼儿，鼓励幼儿坚强、勇敢地去面对；7.7% 的教师能够运用自己跟幼儿一样的感受（共情）来安慰幼儿；50.1% 的教师既能够运用自身角色代入进行共情，也能够正向鼓励幼儿（见表 7-35）。第 22 题中，共 51.7% 的教师选择第 1 或第 2 选项，这两个选项中，教师没有引导幼儿通过互换角色的方式去共情；48.3% 的教师运用了让幼儿角色互换，并引导幼儿从别人的角度去体验和看问题的方式（见表 7-36）。第 28 题中，只有 6.8% 的教师认为幼儿的行为不合规矩，强行制止；22.7% 的教师通过教学语言艺术处理，将不合常规的幼儿行为转换为教育情境；70.5%的教师选择了共情的方式来调整教育活动（见表7-37）。

表7-32 语言共情能力各题项得分情况

题目序号	13	19	22	28	语言共情能力得分
均值	2.22	2.08	2.42	2.64	9.36
标准差	0.717	0.957	0.606	0.606	1.543

表7-33 语言共情能力得分

得分值	频率	百分比（%）	累积百分比（%）
4	2	0.1	0.1
5	20	0.8	0.9
6	65	2.7	3.6
7	198	8.1	11.7
8	403	16.6	28.3
9	580	23.9	52.2
10	542	22.3	74.5
11	432	17.8	92.3
12	187	7.7	100.0
合计	2429	100.0	—

表7-34 第13题选项频次和占比情况

13. 午饭后，小班幼儿自由阅读图书，发现有一本图书被撕破了，大家你看看我，我看看你，没有人承认是自己弄破的。这时，丁丁指着丫丫说："老师，我看到是她撕烂的。"丫丫听了，马上低下头，脸变红了，断断续续地说："老师，是我撕破的。"我会说（　　）

选项	频次（人次）	百分比（%）
"你怕什么？"丫丫说："我弄破图书，怕老师和小朋友说我。"我说："别怕别怕，你能大胆承认错误，这点真棒，下次看图书时小心点就可以了。"	412	17.0

续表

选项	频次（人次）	百分比（%）
"图书是我们的好朋友，撕破了，其他小朋友没法再看了。丫丫一定是不小心把图书弄破了，我们都原谅你了，以后注意好好保护图书。"	1057	43.5
"丫丫，你能主动承认图书是你撕破的，是不容易的。我小时候也会遇到这种事情，很怕被老师批评，都不敢说，你已经做得很好了！"	960	39.5
合计	2429	100.0

表7-35　第19题选项频次和占比情况

19. 大班在进行辩论赛，欣欣这次找到了很多"证据"，在比赛中获胜；灵灵找到的"证据"太少，在比赛中未能获胜。灵灵在得知比赛结果时，沮丧地捂住脸趴在桌子上，旁边的莉莉说："灵灵你怎么了？哭了？"灵灵听了后"哇"地哭了出来，我会说（　　）

选项	频次（人次）	百分比（%）
"灵灵，比赛总有输赢，这次输了，下次要更加努力，想办法赢回来，小朋友，一定要坚强，莉莉，你说对不对？"莉莉说："灵灵，老师说得对，我们都要坚强，要加油，就一定会赢。"	1024	42.2
"比赛输了，你难过了？"灵灵："是的，我很难过。"我说："看到你哭了，老师跟你一样难过。但是难过没有用，继续加油吧！"	188	7.7
"你难过了？"灵灵说："是的，输了心里难过。"我说："我上次参加运动会比赛，结果输了，心里也一样很难过，但后来想比赛总会有输赢，参加比赛并努力争取就是好样的。"	1217	50.1
合计	2429	100.0

表7-36　第22题选项频次和占比情况

22. 中班幼儿在玩自主游戏时，蓝蓝看见佳佳手中的大卡车，很想玩；过了一会儿，蓝蓝突然将佳佳手上的大卡车抢了过来，这时佳佳大哭起来，并向我告状："老师，蓝蓝抢了我的大卡车。"我会说（　　）

续表

选项	频次（人次）	百分比（%）
"蓝蓝，你为什么要抢佳佳正在玩的大卡车呢？"蓝蓝委屈地回答："我也想玩大卡车。"佳佳："我还没有玩够。"我说："蓝蓝，这辆大卡车看起来真的很好玩。""佳佳，这么好玩的大卡车，你一定想玩多一会儿，是吗？"	150	6.2
"蓝蓝，没能马上玩到喜爱的大卡车，有点着急了吧？"蓝蓝委屈地说："是的。"我说："佳佳，大卡车被抢走了，你生气了吧？"佳佳说："是的，我很生气！""佳佳，刚才玩大卡车的时候你开心吗？可以跟我和蓝蓝分享一下玩卡车的感觉吗？"	1105	45.5
"蓝蓝，如果你很喜欢玩的玩具被人抢走了，你的心情是怎样呢？""佳佳，如果你也很想玩喜欢的玩具，但这个玩具在别人手里，你告诉蓝蓝你会怎样做？"	1174	48.3
合计	2429	100.0

表7-37 第28题选项频次和占比情况

28. 中班幼儿正在玩游戏"大风和树叶"，随着音乐旋律练习交替的碎步和小跑步。当音乐缓慢停下来时，轩轩居然在地上滚了几圈，琳琳指着轩轩对我说："老师，他在地上打滚。"轩轩结结巴巴地说："我、我、我没有。"我会说（　　）

选项	频次（人次）	百分比（%）
"轩轩，别的树叶都听指令停下来，你却在地上打滚，这样衣服不是弄脏了吗？"	165	6.8
"孩子们，你们可以像轩轩一起滚起来，感受一下树叶在地上飘来飘去的快乐。"	552	22.7
"轩轩，你刚刚打滚很开心，你是模仿树叶在地上飘来飘去吗？"	1712	70.5
合计	2429	100.0

（六）幼儿教师语言元认知及各题得分情况分析

幼儿教师语言元认知得分平均值10.05分，6~7分累积百分比为4.5%，得分较低是第31题、第14题（见表7-38、表7-39）。对语言元认知维度下的4道题和选项内容、选项占比进行分析可以发现，大约五成的幼儿教师在自身语言不当引发幼儿情绪的问题上,能够向幼儿表达自己的语言不当问题,正视自己在语言运用上产生的问题;部分教师知道自己语言使用不当,不是直接承认,而是通过与他人比较、鼓励幼儿、转移话题等方式进行调节。半数以上的幼儿教师还是能够识别并向幼儿承认自身的语言不当问题。各题项的具体分析如下。

在正式问卷的第14题中,共49.6%的教师选择了第1和第2个选项,说明这些教师在自身语言不当而引发幼儿出现情绪时,能够通过幼儿的反应识别出自身的语言问题,采取鼓励幼儿的方式调整教育活动;50.4%的教师能够意识到自身语言存在着问题,并能够向幼儿承认自身语言运用的问题(见表7-40)。第15题中,只有2.0%的教师坚持自己的强制性语言;36.8%的教师能够意识到自身语言不当问题,通过转移话题的方式来调节幼儿的情绪;61.2%的教师能够意识到自身语言问题,并设法了解活动过程中事件发生的原因(见表7-41)。第25题中,10.0%的教师提醒自己以后不要出现讲错概念的情况;18.3%的教师准备在下次活动时再进行纠正;71.7%的教师能够告诉幼儿"自己也会出错"(见表7-42)。第31题中,共61.1%的教师通过跟别人比较、正面鼓励的方式,处理自己在语言上运用不当的问题;只有38.9%的教师选择承认自己语言不当的问题(见表7-43)。

表7-38 语言元认知各题项得分情况

题目序号	14	15	25	31	语言元认知得分
均值	2.46	2.59	2.62	2.38	10.05
标准差	0.581	0.530	0.660	0.495	1.368

表7-39 语言元认知得分

得分值	频率	百分比(%)	累积百分比(%)
6	10	0.4	0.4
7	99	4.1	4.5
8	206	8.5	13.0
9	498	20.5	33.5
10	636	26.2	59.7

续表

得分值	频率	百分比（%）	累积百分比（%）
11	581	23.9	83.6
12	399	16.4	100.0
合计	2429	100.0	—

表 7-40 第 14 题选项频次和占比情况

14. 中班体育活动中，露露呆呆地站着在角落没有跳绳，我走过去问道："你怎么不跳绳？"露露："老师，我……"我接着说："你不用说了，每次都有一堆原因。"露露委屈地低下头没有再说话了。我会说（   ）

选项	频次（人次）	百分比（%）
小红、小芹她们都学会了跳绳，相信你也可以的。	108	4.4
我现在陪你一起练习，相信你一定能学会跳绳。	1097	45.2
刚才我有点着急，能告诉我你为什么不跳绳吗？	1224	50.4
合计	2429	100.0

表 7-41 第 15 题选项频次和占比情况

15. 大班自主游戏时间，小宇在建构区搭建大桥，突然他大声哭着说："我的桥倒啦，我的桥倒啦！"边哭还边摔自己所搭的桥掉下的物件。我对他说："不许吵闹！不能摔玩具！"他边流着眼泪，边气冲冲地瞪着鹏鹏，然后转头一脸委屈地看向我，同时用手拍打地毯，哭着说："我的桥没啦！"这时，我会说（   ）

选项	频次（人次）	百分比（%）
你出去哭吧，等安静下来再跟我说。	48	2.0
鹏鹏，你和小宇一起重新把桥搭好。	894	36.8
先不要哭，来跟我说下为什么要哭？	1487	61.2
合计	2429	100.0

表 7-42 第 25 题选项频次和占比情况

25. 在大班科学活动"水的变化"中,我将"液化"说成"汽化",我会(　　)		
选项	频次(人次)	百分比(%)
活动过后,我发现自己说错了,以后做活动前要做好备课,注意不能再讲错概念。	242	10.0
活动过后,我发现自己说错了,准备在下次学习活动中向孩子们纠正错误的概念。	445	18.3
活动过后,我发现自己说错了,准备在下次学习活动中纠正错误的概念,并告诉孩子们"老师也会出错"。	1742	71.7
合计	2429	100.0

表 7-43 第 31 题选项频次和占比情况

31. 幼儿园午餐时间,我正在教小班幼儿自己动手盛饭。大部分幼儿都能按照我示范的方式正确盛饭,但是斌斌却一直无法将米饭放进碗里。我走过去,有些不耐烦地说:"你怎么还不会?我刚才不是教过你们了吗?"斌斌看着我,眼神中充满了困惑和害怕,他的手开始颤抖,更加不知道该如何盛饭。这时我会说(　　)		
选项	频次(人次)	百分比(%)
你看,别的小朋友都会了。	10	0.4
你再试试,相信你可以的。	1474	60.7
老师声音大了点,你别着急,慢慢学。	945	38.9
合计	2429	100.0

第三节 幼儿教师语言运用能力差异性分析、问题讨论与研究结论

一、幼儿教师语言运用能力总得分的差异性分析

本研究将幼儿教师的个人信息和所属单位信息共12项视为自变量，将语言运用能力总得分视为因变量，运用SPSS 20.0进行统计分析。经方差齐性检验，方差齐性，则采用单因素方差分析检验其显著性，如果各组之间呈现出显著性差异，再运用LSD多重比较进行检验；方差不齐，则采用Welch检验其显著性，再运用Tamhane'T2多重比较进行检验。

（一）教师群体差异对总得分的影响

1. 幼儿教师年龄对总得分的影响极其显著

方差不齐，采用Welch检验，渐近F分布，统计量$F=5.199$，$p=0.000$，说明教师年龄对其语言运用能力总得分的影响极其显著。经过Tamhane'T2多重比较检验，我们发现"50岁及以上"的教师与其他年龄组的教师的语言运用能力差异显著（见表7-44）。幼儿教师各年龄组的总得分情况是30~34岁>25~29岁>35~39岁>40~44岁>24岁及以下>45~49岁。30~34岁这个年龄组语言运用能力最强，其后随着年龄增加，幼儿教师语言运用能力呈现下降趋势，50岁以后，下降的幅度更为明显（见图7-1）。

表7-44 幼儿教师年龄对其语言运用能力总得分的Tamhane'T2多重比较检验[①]

年龄		均值差	标准误	显著性
50岁及以上	24岁及以下	2.974*	0.898	0.036
	25~29岁	3.825**	0.878	0.002
	30~34岁	3.957**	0.892	0.001
	35~39岁	3.417**	0.901	0.008
	40~44岁	3.282*	0.912	0.015

* 均值差的显著性水平为0.05，** 均值差的显著性水平为0.01

[①] 多重比较检验表中仅列出两两比较、具有显著差异的数据。后面表格同理。

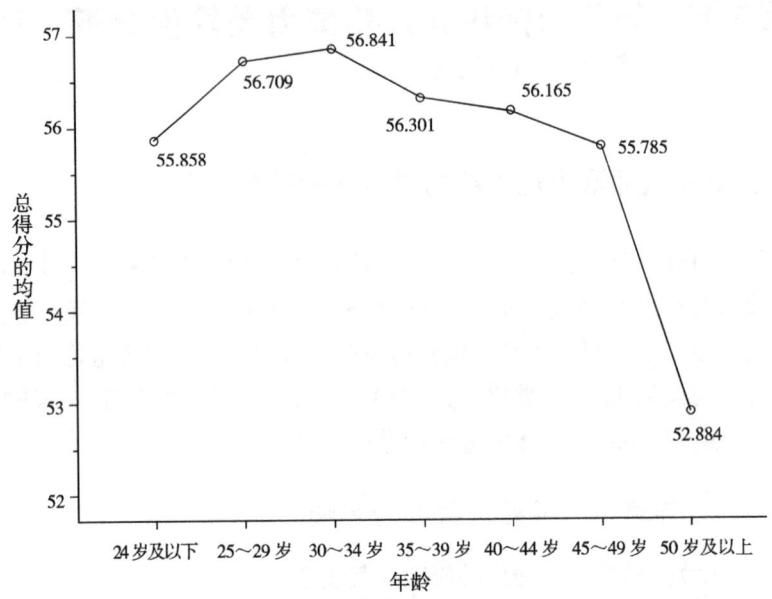

图7-1 幼儿教师年龄与其语言运用能力总得分的均值关系

2. "幼儿教师岗位"对总得分影响极其显著

方差不齐,采用Welch检验,渐近F分布,统计量$F=7.118$,$p=0.000$,说明教师岗位对教师语言运用能力总得分的影响极其显著。经过Tamhane'T2多重比较检验,我们发现"其他岗位"的教师与其他组教师的语言运用能力差异显著(见表7-45)。幼儿教师各岗位的总得分情况:保教组长/主任(不带班)>专科教师>主班教师>副班教师>级长(不带班)>其他岗位教师(见图7-2)。

表7-45 幼儿教师岗位对其语言运用能力总得分的Tamhane'T2多重比较检验

岗位		均值差	标准误	显著性
其他岗位教师	主班教师	2.672**	0.515	0.000
	副班教师	2.337**	0.517	0.000
	专科教师	3.063**	0.694	0.000
	保教组长/主任(不带班)	3.835**	0.691	0.000

** 均值差的显著性水平为0.01

第七章 幼儿教师语言运用能力的测试与实证分析

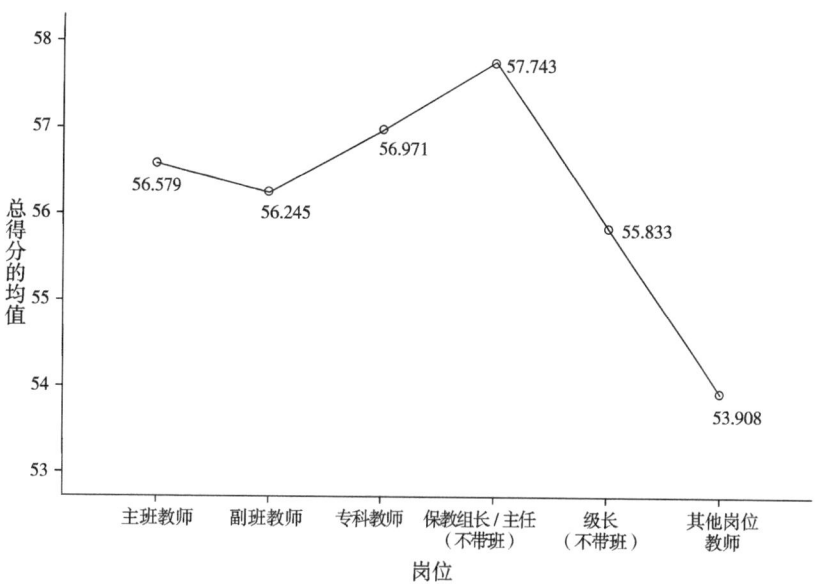

图 7-2 幼儿教师岗位与其语言运用能力总得分关系

3. 幼儿教师初始学历对总得分影响极其显著

方差不齐，采用 Welch 检验，渐近 F 分布，统计量 $F=11.963$，$p=0.000$，说明教师初始学历对其语言运用能力总得分的影响极其显著。Tamhane'T2 多重比较检验发现，"高中""高中以下"的教师与其他组教师的语言运用能力差异显著（见表 7-46）。不同初始学历各组教师的总得分情况：研究生毕业 > 本科毕业 > 专科毕业 > 高中阶段毕业 > 高中以下阶段毕业（见图 7-3），说明学历越高，教师语言运用能力越强。

表 7-46 幼儿教师初始学历对其语言运用能力总得分的 Tamhane'T2 多重比较检验

初始学历		均值差	标准误	显著性
专科	本科	0.869**	0.213	0.000
高中	本科	1.984**	0.394	0.000
	专科	1.115*	0.376	0.033
高中以下	研究生	5.003*	1.251	0.027
	本科	2.575**	0.603	0.000
	专科	1.706*	0.592	0.048

* 均值差的显著性水平为 0.05，** 均值差的显著性水平为 0.01

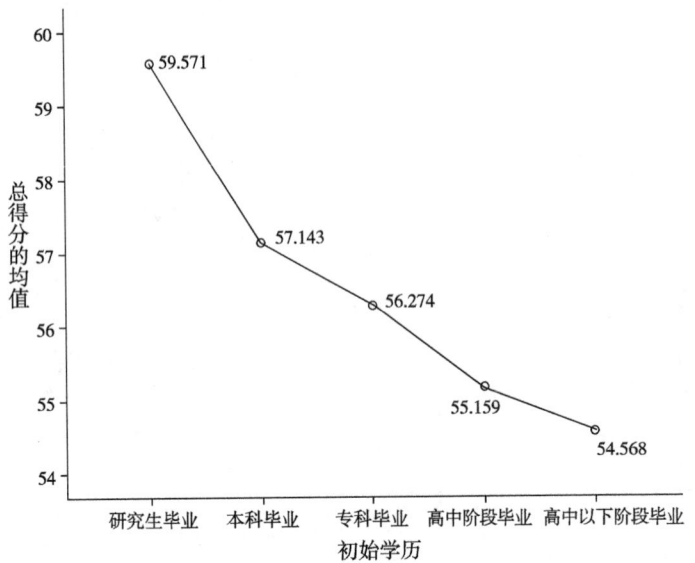

图7-3 幼儿教师初始学历与其语言运用能力总得分关系

4. 幼儿教师专业背景对总得分影响显著

方差齐性,单因素方差分析检验,$F=5.654$,$p=0.017$,两组教师语言运用能力存在着显著性差异,说明当前具有单一学前教育专业背景的幼儿教师语言运用能力明显低于跨学科教育专业背景的幼儿教师(见图7-4)。

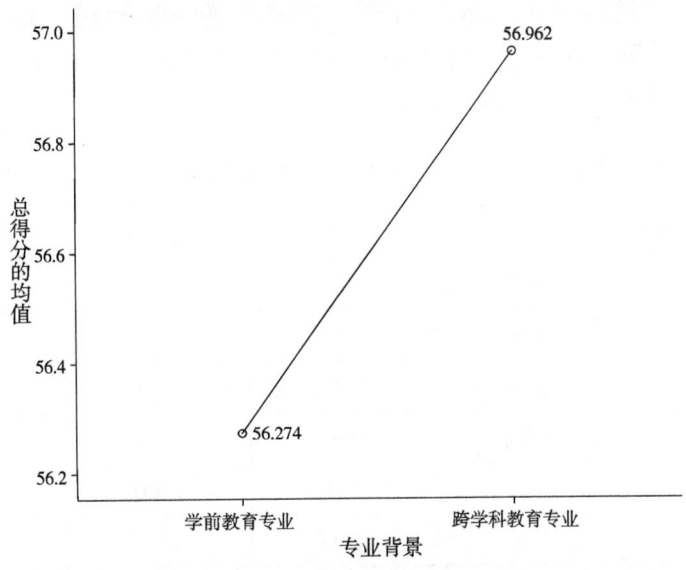

图7-4 幼儿教师专业背景与其语言运用能力总得分关系

5. 教师资格证持有情况对总得分影响极其显著

方差齐性，单因素方差分析检验，$F=27.705$，$p=0.000$，三组教师语言运用能力存在着极其显著的差异。LSD 多重比较检验发现，"没有教师资格证"教师的语言运用能力与其他两组教师存在着极其显著的差异（见表7-47）。各组教师总得分情况：持幼儿园教师资格证＞持其他类型教师资格证＞没有教师资格证（见图7-5）。

表7-47 幼儿教师资格证持有情况对其语言运用能力总得分的 LSD 多重比较检验

教师资格证持有情况		均值差	标准误	显著性
没有教师资格证	持幼儿园教师资格证	2.486**	0.335	0.000
	持其他类型教师资格证	2.006**	0.454	0.000
** 均值差的显著性水平为 0.01				

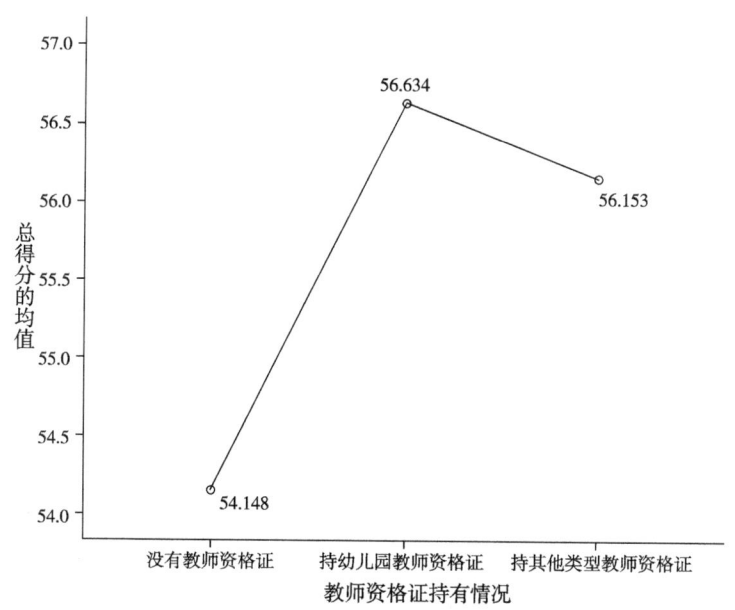

图7-5 幼儿教师专业资格证持有情况与其语言运用能力总得分关系

（二）幼儿园类别差异对总得分的影响

1. 幼儿园规模对总得分影响极其显著

方差不齐，采用 Welch 检验，渐近 F 分布，统计量 $F=8.033$，$p=0.000$，说明幼儿园规模对教师语言运用能力总得分影响极其显著。Tamhane'T2 多重比较检验发现,"13个幼儿班及以上"的幼儿园与其他两组幼儿园的教师语言运用能力差异显著(见表7-48)。不同规模幼儿园各组教师的总得分情况:13个幼儿班及以上>6～12个幼儿班>5个幼儿班及以下。说明幼儿园规模越大,教师语言运用能力越强(见图7-6)。

表7-48 幼儿园规模对幼儿教师语言运用能力总得分的Tamhane'T2多重比较检验

幼儿园规模		均值差	标准误	显著性
13个幼儿班及以上	5个幼儿班及以下	1.521**	0.451	0.003
	6～12个幼儿班	0.610**	0.203	0.008

** 均值差的显著性水平为0.01

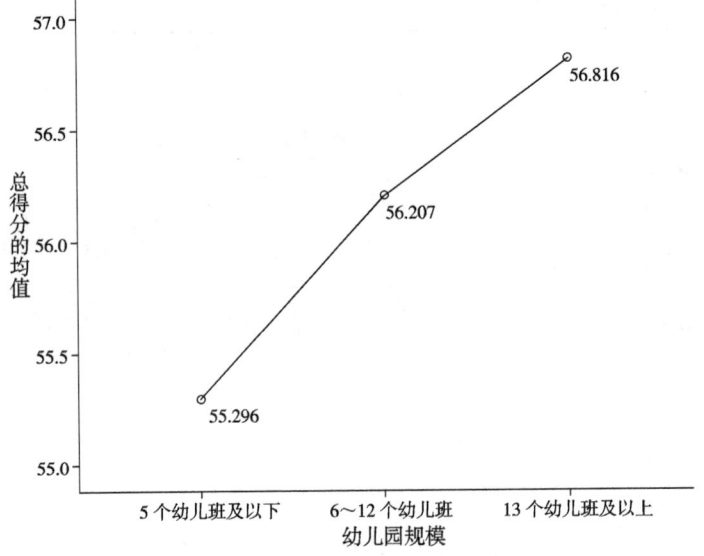

图7-6 幼儿园规模与教师语言运用能力总得分关系

2. 幼儿园评估等级对总得分影响极其显著

方差不齐,采用Welch检验,渐近F分布,统计量$F=7.956$,$p=0.000$,说明幼儿园评估等级对教师语言运用能力总得分影响极其显著。Tamhane'T2多重比较检验发现,"未评估园"的教师与其他三组幼儿园的教师语言运用能力差异显著(见表7-49)。不同评估等级的幼儿园各组教师的总得分情况:省一级园>市一级园>区一级园>未评估园。说明幼儿园评估等级越高,教师语言运用能力越强(见图7-7)。

表7-49 幼儿园评估等级对幼儿教师语言运用能力总得分的Tamhane'T2多重比较检验

幼儿园评估等级		均值差	标准误	显著性
未评估园	省一级园	1.472**	0.327	0.000
	市一级园	1.066**	0.297	0.002
	区一级园	0.722*	0.249	0.022

* 均值差的显著性水平为0.05，** 均值差的显著性水平为0.01

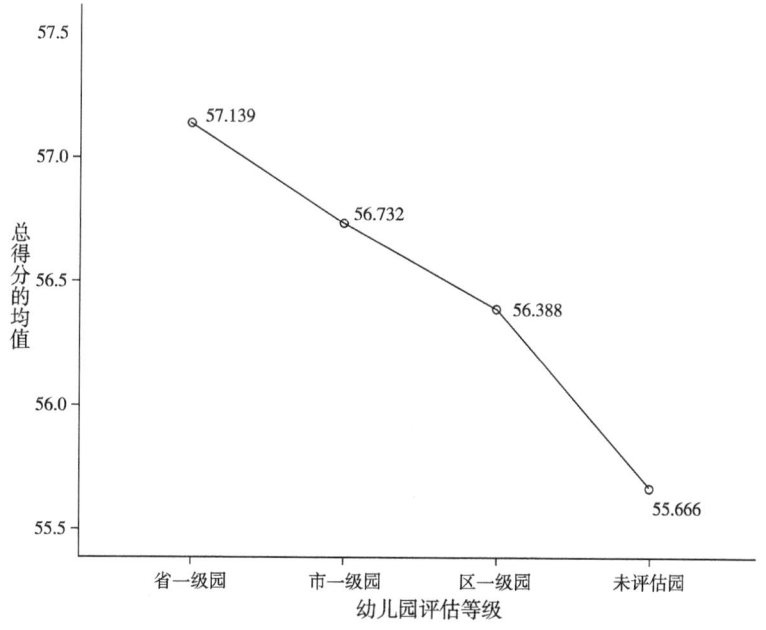

图7-7 幼儿园评估等级与教师语言运用能力总得分关系

3. 幼儿园办园类型对总得分影响极其显著

方差不齐，采用Welch检验，渐近F分布，统计量$F=43.409$，$p=0.000$，说明幼儿园办园类型对教师语言运用能力总得分影响极其显著。Tamhane'T2多重比较检验发现，公办幼儿园与民办幼儿园的教师语言运用能力之间存在着显著性差异（见表7-50）。不同办园类型幼儿园教师总得分情况：教育部门办园＞其他类型公办性质幼儿园＞非普惠性民办园＞普惠性民办园（见图7-8）。总体来说，公办类型幼儿园的教师语言运用能力高于民办类型的幼儿园，本研究中，普惠性民办园教师语言运用能力最低。

表7-50 幼儿园办园类型对幼儿教师语言运用能力总得分的 Tamhane'T2 多重比较检验

幼儿园办园类型		均值差	标准误	显著性
教育部门办园	普惠性民办园	2.465**	0.252	0.000
	非普惠性民办园	2.114**	0.345	0.000
其他类型公办性质幼儿园	普惠性民办园	2.454**	0.277	0.000
	非普惠性民办园	2.103**	0.364	0.000
** 均值差的显著性水平为 0.01				

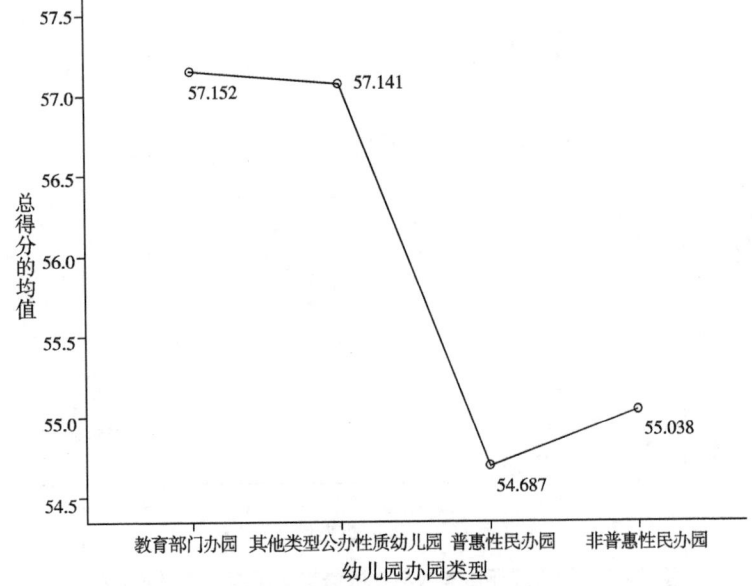

图7-8 幼儿园办园类型与教师语言运用能力总得分关系

（三）语言运用能力总得分差异的问题讨论

根据以上的统计分析得到的总体结论：工作年限、编制、所在区域3个变量对于语言运用能力总得分的影响不显著；幼儿教师的年龄、岗位、初始学历、专业背景、教师资格证持有情况、幼儿园规模、幼儿园评估等级、幼儿园办园类型8个变量对于总得分的影响显著。

1. 幼儿教师语言运用能力随着年龄增长呈现出倒"U"形变化样态

幼儿教师语言运用能力在30~34岁达到最高，得分为56.841分；其后，随着年龄增长，语言运用能力呈现缓慢下降趋势，45~49 岁得分为 55.785 分；年龄到达 50 岁之后，语言运用能力急剧下降，得分为 52.884 分。由此可以推断，幼儿教师语言运用能力在 35 岁之前，随着教师组织教育活动的经验逐渐丰富而增长，形成了较为成熟和稳定的语言行为模式。到达 50 岁时，教师在语言共情能力、调控能力等方面出现不稳定的状态。

2. 岗位涉及教育活动组织实施的人员语言运用能力相对更强

统计分析结果表明：主班教师、副班教师、专科教师、保教组长/主任（不带班）等涉及教育活动组织实施的幼儿教师语言运用能力无显著差异，"其他岗位"的教职工与上述四类群体的教师在语言运用能力方面存在着显著差异。本研究中，我们将幼儿园行政管理人员和后勤管理人员列入"其他岗位"，实际回收的问卷中填报"其他岗位"119 人，主要包括：园长和副园长共 10 人，占比 8.40%；行政管理人员 13 人，占比 10.92%；保育员 83 人，占比 69.75%；后勤管理人员 7 人，占比 5.88%；其他辅助人员 6 人，占比 5.04%。实际上，"其他岗位"教职工实际填报的群体主要是保育员，约占 70%。由此推断，保育员的语言运用能力相对较弱。保教组长通常由经验丰富和资历较深的教师担任，研究结果显示，这个岗位的人员语言运用能力最强；主班教师、副班教师和专科教师这三类群体的教师语言运用能力无显著差异。

3. 幼儿教师语言运用能力随着初始学历水平提高显著增强

随着初始学历水平的提高，幼儿教师语言运用能力明显增强。研究生学历幼儿教师的样本量较少，仅有 7 名。数据检验未发现研究生学历幼儿教师与本科、专科学历幼儿教师在语言运用能力方面呈现显著差异；但从得分上看，研究生学历幼儿教师的得分高出本科学历教师 2.428 分。由此看出，幼儿教师队伍整体的语言运用能力的快速提升，需要引入更多高学历人才。

4. 跨学科教育专业背景的幼儿教师语言运用能力相对更强

数据统计分析表明，跨学科教育专业背景的幼儿教师的语言运用能力相对更强。出现这种现象的原因，研究者认为，单一的学前教育专业背景可能限制了教师知识面的广度，教师难以从更为宽广的领域提取知识，对教育活动做出快速反应和调整；而跨学科教育专业背景的教师，知识面更为宽广，从事幼儿教师职业的过程实际上是将其他领域的专业知识与教育活动实践进行融合的过程，使教师在具体教育活动情境中更为灵活地运用语言组织幼儿教育活动。

5. 持有教师资格证的教师语言运用能力明显高于无教师资格证的教师

幼儿园教师资格证的获得,需要通过"综合素质""保教知识与能力"这两门笔试科目和"教育教学实践能力"这一门面试科目。面试主要包括职业认知、心理素质、仪表仪态、交流沟通、思维品质、了解幼儿、技能技巧、评价与反思等方面的内容。面试采取结构化面试、情境模拟等方式,通过备课(或活动设计)、试讲(或演示)、答辩(或陈述)等环节进行。同时,还需要获得相应的普通话等级证书;广东省幼儿教师资格证需要普通话水平达到二级乙等以上标准。其中,语言运用能力是个体获得教师资格证的必备能力。本研究的2429个样本中,有223名教职工没有教师资格证,粗略测算,除去"其他岗位"教职工119人,说明仍然有约100名教师无教师资格证,占比约4.28%。从统计分析结果来看,无教师资格证的教职工语言运用能力明显低于持有教师资格证的教师。因此,对于仍然没有教师资格证在岗的幼儿教师,幼儿园可以通过转岗、组织人员学习和培训等方式,待他们获得教师资格证后,再持证上岗。

6. 幼儿教师语言运用能力随着幼儿园规模增大而增强

问卷结果显示,班级数量达到13个幼儿班及以上的幼儿园,其教师的语言运用能力明显高于其他两组幼儿园的教师。说明园所规模越大,对幼儿教师语言运用能力的发展越有利。出现这种情况的主要原因可能包括:一是受幼儿园资源丰富度的影响。较大规模的幼儿园通常拥有更多的资源和设施,能够为教师开展更多样的教育活动设计提供条件支持,从而为教师在不同的教育情境中尝试开展师幼互动和对话提供保障。二是受教育生态环境的影响。规模较大的幼儿园经常会有上级部门和其他幼儿园同行来园学习交流和考察,有些幼儿园还是教育片区的专业"领头羊",需要经常发起和组织片内幼儿园开展教研活动,这些幼儿园的教师意味着会面对更复杂和多样的教育环境,在此过程中,教师个人也需要通过不断学习和思考,才能应对不断变化的环境和挑战。三是受团队合作和交流机会的影响。在大规模幼儿园中,教师相对更有机会和园内同事或园外同行进行交流和合作,分享工作经验和教育方法。这个过程有助于促进教师的专业成长。

7. 幼儿教师语言运用能力与幼儿园评估等级呈正相关

从统计分析结果来看,未评估园与省一级、市一级幼儿园的教师语言运用能力存在着极其显著差异,与区一级幼儿园存在着显著差异。评估等级越高的幼儿园,教师语言运用能力越强。其原因:一是评估等级越高的幼儿园,教师入职的门槛越高,教师入职前的专业素质也越高;二是评估等级越高的幼儿园，管理水平越高，教师有更多机会向外界展示、分享自己的教育工作经验，也有更多机会去学习考察、观摩更高水平幼儿园先进的幼儿教育活动。

8. 公办幼儿园的幼儿教师语言运用能力优于民办幼儿园

从分析结果看，幼儿园公办和民办的性质，对幼儿教师语言运用能力影响显著。相对民办幼儿园，其原因：一是公办幼儿园具有更严格的招聘标准，幼儿教师入职前就具备较高的专业素质；二是公办幼儿园具有更系统和完善的教师培训体系和制度，教师有更多机会接受语言运用方面的培训；三是公办幼儿园拥有更丰富的教育资源和专业支持，包括课程设计、活动指导等方面的支持，也具有更多机会得到专家指导，另外公办幼儿园家校合作的紧密性也会给幼儿教师专业发展提供更为有利的条件；四是公办幼儿园具有更好的工作环境和较为完善的激励机制，如绩效考核、职业发展通道等，能够提升教师对单位的认同感和职业投入度。

二、幼儿教师语言运用能力6个维度得分的差异性分析与问题讨论

本研究将幼儿教师语言运用能力中6个维度的总分作为因变量，将教师的性别、年龄、岗位、工作年限、初始学历、专业背景、是否在编、教师资格证持有情况、幼儿园所处区域、幼儿园规模、幼儿园评估等级、办园类型等作为自变量，对幼儿教师群体在语言运用能力6个维度的得分方面进行差异性分析。由于在2429个样本中，只有10名男性教师，样本量太少，不具有代表性，因此，本研究暂不考虑将性别作为自变量进行差异性分析。下面，本研究将教师的年龄等11个因素作为自变量对教师6个维度的语言运用能力展开数据分析。

（一）幼儿教师语言理解能力影响因素分析与问题讨论

运用单因素方差或Welch检验，分析幼儿教师语言理解能力得分与11个变量之间的关系。

1. 幼儿教师语言理解能力的数据分析

（1）编制内的幼儿教师语言理解能力较强。

方差齐性，单因素方差分析检验，$F=4.201$，$p=0.041$，编制内与编制外的幼儿教师语言理解能力存在着极其显著的差异。编制内的教师语言理解能力明显高于编制外教师（见图7-9）。

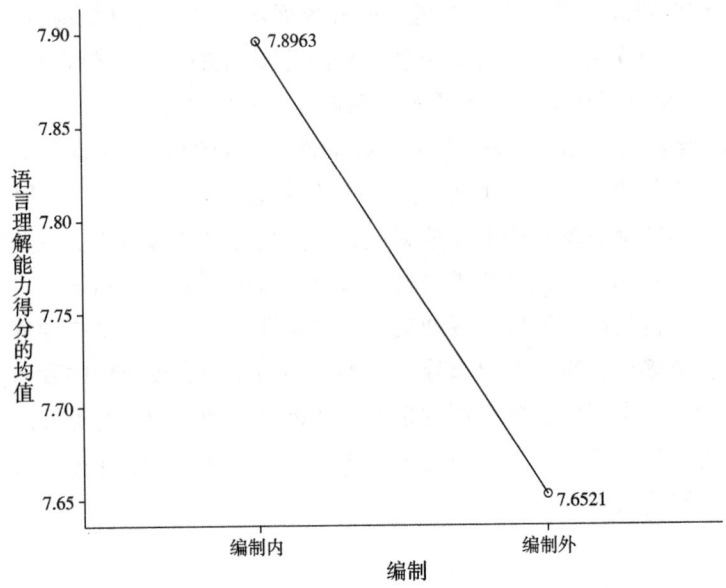

图7-9 编制与幼儿教师语言理解能力得分关系

(2) 幼儿园规模与教师语言理解能力呈现正相关。

方差齐性,单因素方差分析检验,$F=3.094$,$p=0.046$,说明园所规模对于幼儿教师语言理解能力得分影响显著。LSD多重比较检验发现,"13个幼儿班及以上""6~12个幼儿班"幼儿园的教师存在着显著性差异(见表7-51)。不同规模幼儿园的教师语言理解能力得分情况:13个幼儿班及以上 >6~12个幼儿班 >5个幼儿班及以下(见图7-10)。

表7-51 幼儿园规模对幼儿教师语言理解能力的LSD多重比较检验

幼儿园规模		均值差	标准误	显著性
13个幼儿班及以上	6~12个幼儿班	0.128*	0.058	0.028

*均值差的显著性水平为0.05

(3) 公办幼儿园教师语言理解能力相对更强。

方差齐性,单因素方差分析检验,$F=3.739$,$p=0.011$,说明幼儿园办园类型对于幼儿教师语言理解能力得分影响显著。LSD多重比较检验发现,"非普惠性民办园"分别与"教育部门办园""其他类型公办性质幼儿园"教师存在着显著性差异(见表7-52)。不同办园类型的幼儿园教师语言理解能力得分情况:教育部门办园 > 其他类型公办性质幼儿园 > 普惠性民办园 > 非普惠性民办园(见图7-11)。

表7-52 幼儿园办园类型对幼儿教师语言理解能力的LSD多重比较检验

办园类型		均值差	标准误	显著性
非普惠性民办园	教育部门办园	0.316**	0.102	0.002
	其他类型公办性质幼儿园	0.274*	0.107	0.011

* 均值差的显著性水平为0.05，** 均值差的显著性水平为0.01

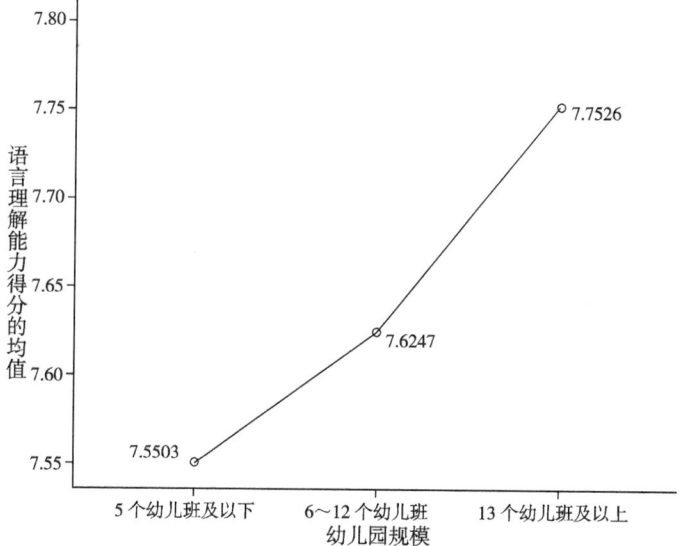

图7-10 幼儿园规模与幼儿教师语言理解能力得分关系

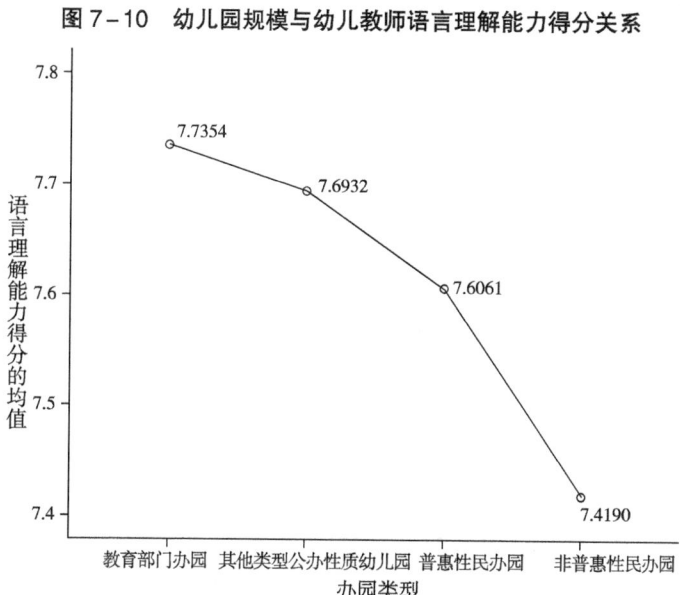

图7-11 办园类型与幼儿教师语言理解能力得分关系

2. 幼儿教师语言理解能力的问题讨论

幼儿教师的年龄、岗位、工作年限、初始学历、专业背景、教师资格证持有情况、幼儿园所处区域、幼儿园评估等级等8个变量对其语言理解能力影响不显著，教师是否在编、幼儿园规模、办园类型等3个变量对其语言理解能力影响显著。

本研究中的2429位幼儿教师，仅有135位属于编制内教师，占比5.56%。能够通过笔试和面试获得编制的幼儿教师，幼儿园对其专业素质的要求相对较高。同时，编制内幼儿教师职业稳定、工作年限长、发展机会多、职务提升空间大，这些因素都能够激发他们在职业方面投入更多的动力、精力和时间。因此，这些教师在专业发展方面动力更强，在幼儿教育活动中对于语言运用有更多的学习和反思。同时，编制内教师会获得更多的专业发展机会，如参加培训、研讨会等。编制内教师必然属于公办幼儿园，G市公办幼儿园的规模相对较大，因此幼儿园规模和办园类型2个变量对幼儿教师语言理解能力影响显著是顺理成章的结论。

（二）幼儿教师语言转换能力影响因素分析与问题讨论

本研究运用单因素方差或Welch检验，分析幼儿教师语言转换能力得分与11个变量之间的关系。

1. 幼儿教师语言转换能力的数据分析

（1）50岁以上的幼儿教师语言转换能力明显较弱。

方差齐性，运用单因素方差分析，$F=2.067$，$p=0.054$，说明年龄总体上对幼儿教师语言转换能力得分影响不显著。但经过LSD多重比较发现，50岁以上的幼儿教师与其他年龄组的幼儿教师的语言转换能力均呈现出显著性差异（见表7-53）。不同年龄组的幼儿园教师语言转换能力得分情况为：30～34岁>25～29岁>24岁及以下>45～49岁>40～44岁>35～39岁>50岁及以上（见图7-12）。50岁以上的幼儿教师语言转换能力最弱，30～34岁之间的幼儿教师语言转换能力最强。

第七章 幼儿教师语言运用能力的测试与实证分析

表 7-53 年龄对幼儿教师语言转换能力的 LSD 多重比较检验

年龄		均值差	标准误	显著性
50 岁及以上	24 岁及以下	0.764**	0.259	0.003
	25～29 岁	0.768**	0.253	0.002
	30～34 岁	0.803**	0.258	0.002
	35～39 岁	0.626*	0.262	0.017
	40～44 岁	0.654*	0.265	0.014
	45～49 岁	0.682*	0.287	0.018

* 均值差的显著性水平为 0.05，** 均值差的显著性水平为 0.01

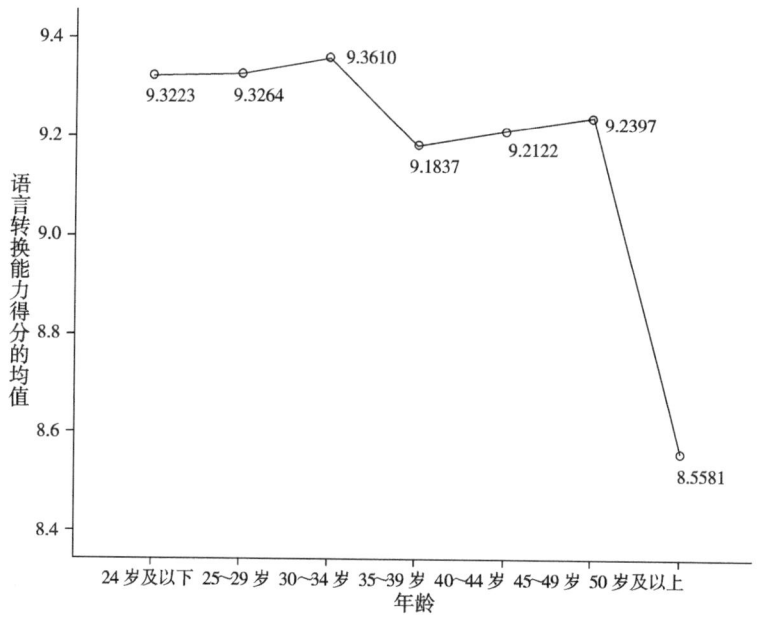

图 7-12 年龄与幼儿教师语言转换能力得分关系

（2）工作年限 5～10 年的幼儿教师语言转换能力最弱。

方差齐性，单因素方差分析检验，$F=3.133$，$p=0.025$，说明工作年限对幼儿教师语言转换能力得分影响显著。LSD 多重比较检验发现，工作年限不到 1 年的幼儿教师与其他组教师没有显著性差异；其他 3 组幼儿教师的教师语言转换能力呈现出显著性差异（见表 7-54）。不同工作年限的幼儿教师语言转换能力得分情况：1 年以上、不到 5 年 > 不到 1 年 >10 年及以上 >5 年以上、不到 10 年（见图 7-13）。

表7-54 工作年限对幼儿教师语言转换能力的LSD多重比较检验

工作年限		均值差	标准误	显著性
1年以上、不到5年	5年以上、不到10年	0.218**	0.081	0.007
	10年及以上	0.193*	0.082	0.018

* 均值差的显著性水平为0.05，** 均值差的显著性水平为0.01

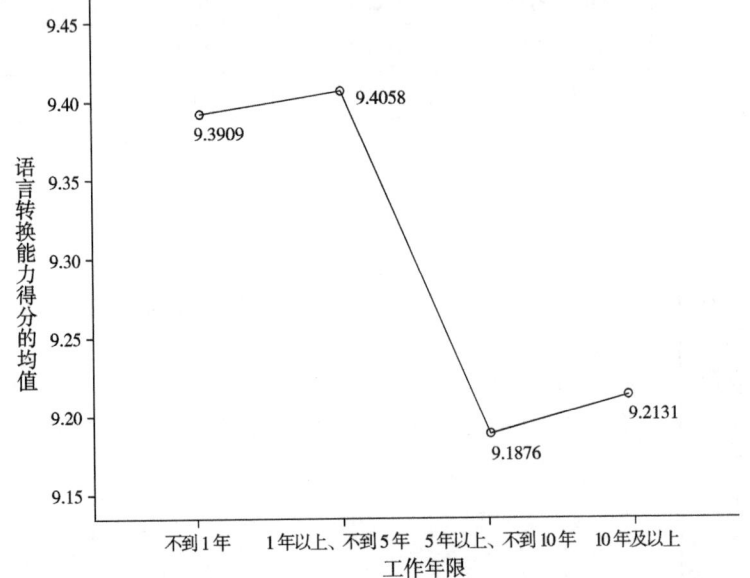

图7-13 工作年限与幼儿教师语言转换能力得分关系

（3）跨学科教育专业背景的幼儿教师语言转换能力相对更强。

方差齐性，单因素方差检验，$F=6.643$，$p=0.010$，说明专业背景对幼儿教师语言转换能力得分有极其显著性差异。不同专业背景幼儿教师的得分情况：跨学科教育专业背景＞学前教育专业背景（见图7-14）。

（4）公办性质幼儿园教师语言转换能力相对更强。

方差齐性，单因素方差检验，$F=4.549$，$p=0.003$，说明幼儿园办园类型对教师语言转换能力得分呈现出极其显著的差异。LSD多重比较检验发现，普惠性民办园与教育部门办园、其他类型公办性质幼儿园的教师语言转换能力差异极其显著（见表7-55）。不同办园类型的教师语言转换能力得分情况：其他类型公办性质幼儿园＞教育部门办园＞非普惠性民办园＞普惠性民办园（见图7-15）。

表7-55 幼儿园办园类型对幼儿教师语言转换能力的LSD多重比较检验

幼儿园办园类型		均值差	标准误	显著性
普惠性民办园	教育部门办园	0.249**	0.083	0.003
	其他类型公办性质幼儿园	0.290**	0.093	0.002

**均值差的显著性水平为0.01

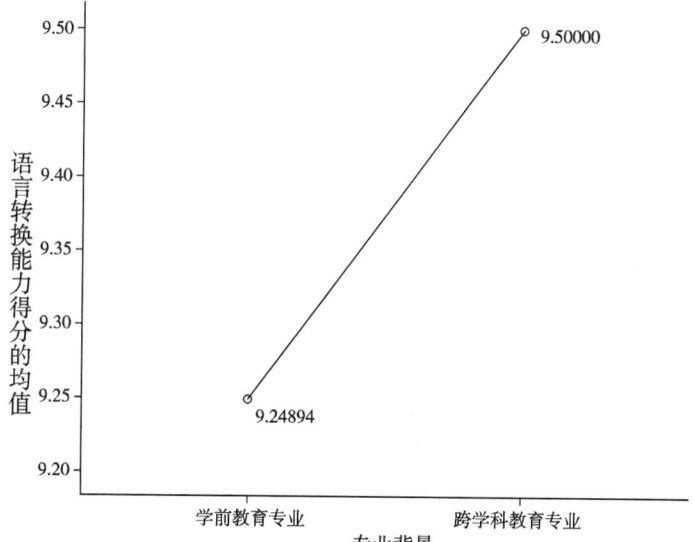

图7-14 专业背景与幼儿教师语言转换能力得分关系

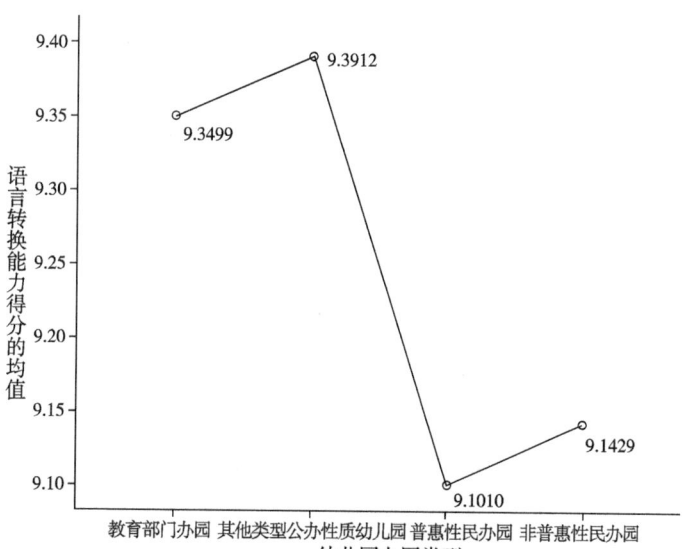

图7-15 办园类型与教师语言转换能力得分关系

2. 幼儿教师语言转换能力的问题讨论

幼儿教师的年龄、岗位、初始学历、是否在编、教师资格证持有情况、幼儿园所处区域、幼儿园规模、幼儿园评估等级 8 个变量对其语言转换能力影响不显著，幼儿教师的工作年限、专业背景、幼儿园办园类型 3 个变量对其语言转换能力影响显著。

统计检验结果表明，工作年限 5 年以上幼儿教师的语言转换能力反而比工作年限 5 年以下的要低。以幼儿教师入职年龄 23 岁为基准，假设教师在相当长时间内工作单位是稳定的，那么工作年限 1 年以下的教师年龄的平均值应该是 23 岁，工作年限 1 年以上、5 年以下的教师年龄的平均值应该是 26 岁，以此类推，工作年限在 5 年以上、10 年以下的教师年龄的平均值应该是 31 岁。工作年限在 10 年以上的教师平均年龄，由于幼儿教师绝大多数是女性，按照 55 岁退休计算，取 33～55 岁的平均值，这组教师年龄的平均值应该是 44 岁。对统计样本幼儿教师的年龄和工作年限两者之间的关系进行分析可知，10 年以上的幼儿教师平均年龄的实际值与理论值差距较大，比理论值小 5.26 岁（见表 7-56）。对工作年限不同的 4 组教师的年龄进行描述性分析发现，各组教师的年龄全距非常大，全距值在 25～31 年之间（见表 7-57）。由此说明，对于幼儿教师群体，工作年限和教师年龄之间有一定的因果关系，但仍然存在着不少教师年龄虽然很大但工作年限很少的情况（见图 7-16 至图 7-19）。也说明了幼儿教师队伍流入流出在教师的各个年龄段都存在，幼儿园师资队伍的稳定性不够。

表 7-56 幼儿教师工作年限与其年龄关系分析

工作年限	平均年龄理论值（I）	平均年龄实际值（J）	差值（J-I）
1 年以下	23	25.92	2.92
1 年以上、5 年以下	26	27.56	1.56
5 年以上、10 年以下	31	30.36	-0.64
10 年以上	44	38.74	-5.26

表 7-57 幼儿教师工作年限与其年龄关系描述性统计

工作年限	N	全距	极小值	极大值	均值	标准差
1 年以下	110	31	22	53	25.9182	5.92171
1 年以上、5 年以下	860	25	22	47	27.5640	5.80549

续表

工作年限	N	全距	极小值	极大值	均值	标准差
5年以上、10年以下	741	31	22	53	30.363	5.67728
10年以上	718	31	22	53	38.7409	6.45052

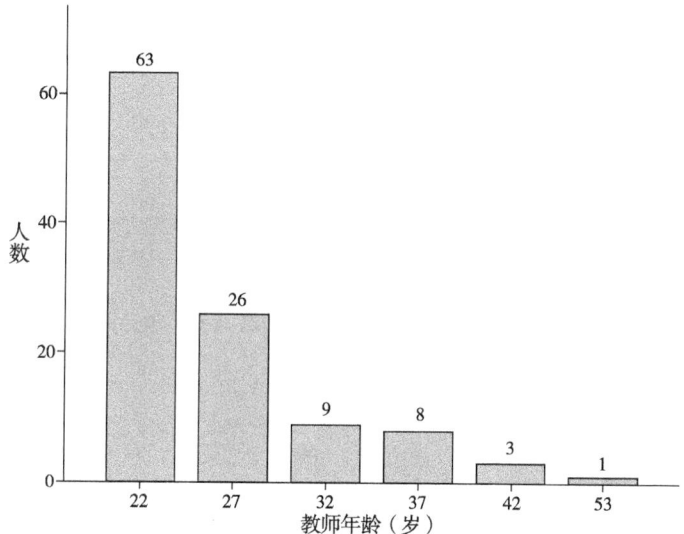

图7-16　工作年限1年以下的教师各个年龄段的人数分布

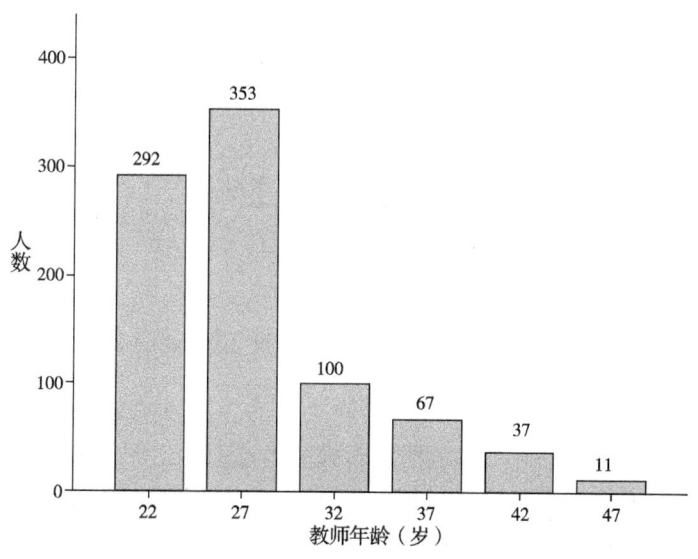

图7-17　工作年限1年以上、5年以下的教师各个年龄段的人数分布

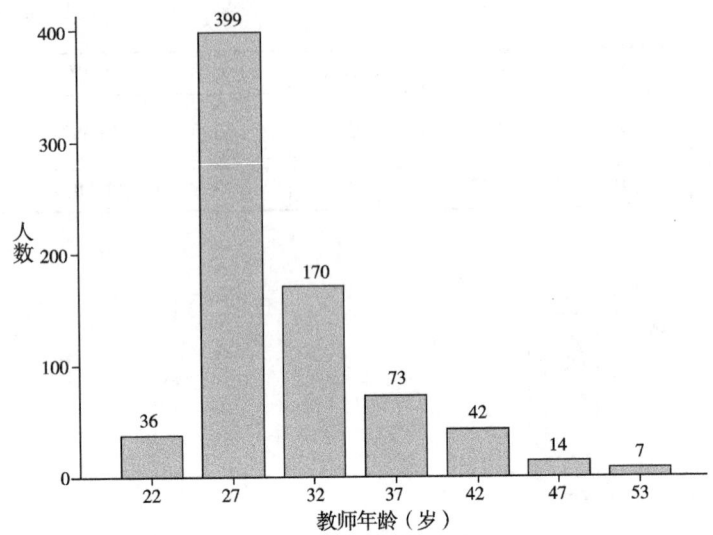

图 7-18　工作年限 5 年以上、10 年以下的教师各个年龄段的人数分布

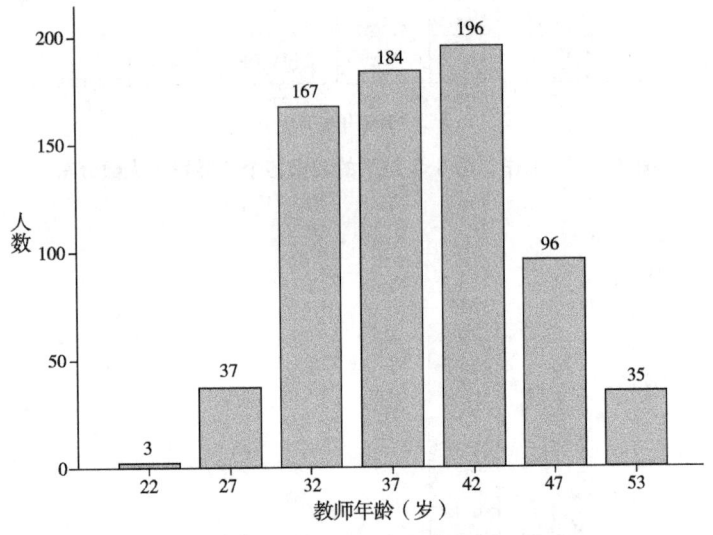

图 7-19　工作年限 10 年以上的教师各个年龄段的人数分布

以上讨论幼儿教师年龄和工作年限关系的主要目的是分析"工作年限 5 年以上、10 年以下的幼儿教师的语言转换能力反而比工作年限 1 年以上、5 年以下的要低"这个现象，以及讨论幼儿教师语言转换能力在各组年龄段上的差异所产生的原因。只有综合考虑教师工作年限和年龄作为自变量与因变量语言转换能力的关系，才能得出比较准确的结论。对各年龄段幼儿教师的语言

转换能力，运用单因素方差分析发现，方差齐性，$F=2.067$，$p=0.054$，p 值非常接近于 0.05。再对其进行 LSD 多重比较检验，发现 50 岁及以上的幼儿教师与其他各组均存在着显著差异（见表 7-58）。各组幼儿教师的语言转换能力得分情况：30~34 岁 >25~29 岁 >24 岁及以下 >45~49 岁 >40~44 岁 >35~39 岁 >50 岁及以上（见图 7-20）。

表 7-58 年龄对幼儿教师语言转换能力的 LSD 多重比较检验

年龄		均值差	标准误	显著性
50 岁及以上	24 岁及以下	0.764**	0.259	0.003
	25~29 岁	0.768**	0.253	0.002
	30~34 岁	0.803**	0.258	0.002
	35~39 岁	0.626*	0.262	0.017
	40~44 岁	0.654*	0.265	0.014
	45~49 岁	0.682*	0.287	0.018

* 均值差的显著性水平为 0.05，** 均值差的显著性水平为 0.01

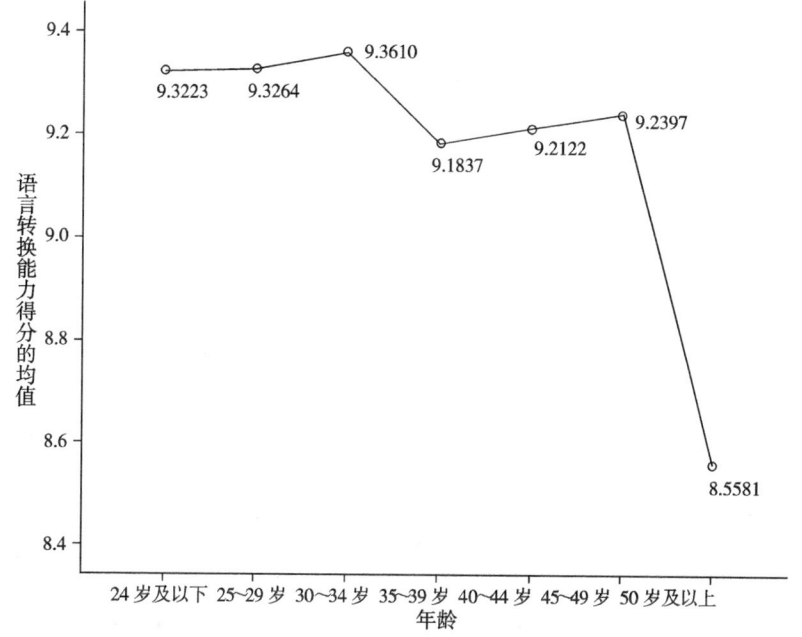

图 7-20 年龄与幼儿教师语言转换能力得分关系

综合以上数据分析，大致能够推断：除了50岁以上的教师群体，其他不同年龄组的幼儿教师语言转换能力差异不显著。对于"工作年限"这个自变量，本研究在设计时未能精细分组，也是造成难以形成较为合理推论的原因。因此，本研究认为教师语言转换能力在35岁左右达到最强，50岁以上则急速下降。工作年限与幼儿教师语言转换能力存在着一定的关联。

从语言转换能力概念本身来看，此项能力需要教师具有更多的知识储备，需要教师能够将抽象知识与幼儿熟悉的事物进行类比，或能够在生活情境中找到抽象知识所承载的具体事物或事件。跨学科教育专业背景的幼儿教师具有更多的跨领域、跨学科知识，因此他们在语言转换能力方面的表现相对单一，学前教育专业背景的教师更有优势。

教育部门办园和其他类型公办性质幼儿园的整体办园质量要高于普惠性民办园和非普惠性民办园，公办园教师语言转换能力相对更强，其原因可能是公办幼儿园招聘教师时，对其专业素质（包括教师的语言运用能力）要求较高。

（三）幼儿园教师语言诱导能力影响因素分析与问题讨论

运用单因素方差或Welch检验，分析幼儿教师语言诱导能力得分与11个变量之间的关系。

1. 幼儿教师语言诱导能力的数据分析

（1）年龄在40～44岁之间的幼儿教师语言诱导能力最强。

方差不齐，采用Welch检验发现，渐近F分布，统计量$F=2.670$，$p=0.015$，年龄对幼儿教师语言诱导能力影响显著。Tamhane'T2多重比较检验发现：24岁以下与25～29岁、40～44岁的幼儿教师之间存在着显著性差异（见表7-59）。各年龄组幼儿教师的语言诱导能力得分情况：40～44岁 >25～29岁 >35～39岁 >30～34岁 >45～49岁 >24岁及以下 >50岁及以上（见图7-21）。

表7-59　年龄对幼儿教师语言诱导能力的Tamhane'T2多重比较

年龄		均值差（I-J）	标准误	显著性
24岁及以下	25～29岁	0.322*	0.100	0.028
	40～44岁	0.400*	0.128	0.040
*均值差的显著性水平为0.05				

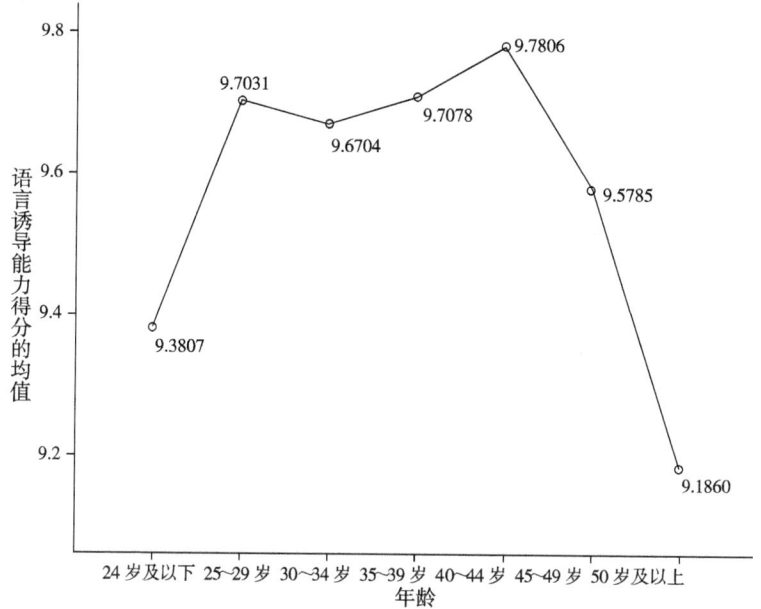

图 7-21　年龄与幼儿教师语言诱导能力得分关系

（2）幼儿教师中，保教组长/主任（不带班）语言诱导能力相对最强。

方差不齐，采用 Welch 检验，渐近 F 分布，统计量 $F=4.080$，$p=0.003$，说明岗位对幼儿教师语言诱导能力影响极其显著。Tamhane'T2 多重比较检验发现：其他岗位教师与主班教师、保教组长/主任（不带班）之间存在着显著性差异（见表 7-60）。各岗位幼儿教师的语言诱导能力得分情况：保教组长/主任（不带班）>主班教师>专科教师>副班教师>其他岗位教师>级长（不带班）（见图 7-22）。

表 7-60　岗位对幼儿教师语言诱导能力的 Tamhane'T2 多重比较检验

	岗位	均值差	标准误	显著性
其他岗位教师	主班教师	0.652*	0.192	0.014
	保教组长/主任（不带班）	0.951**	0.246	0.002

* 均值差的显著性水平为 0.05，** 均值差的显著性水平为 0.01

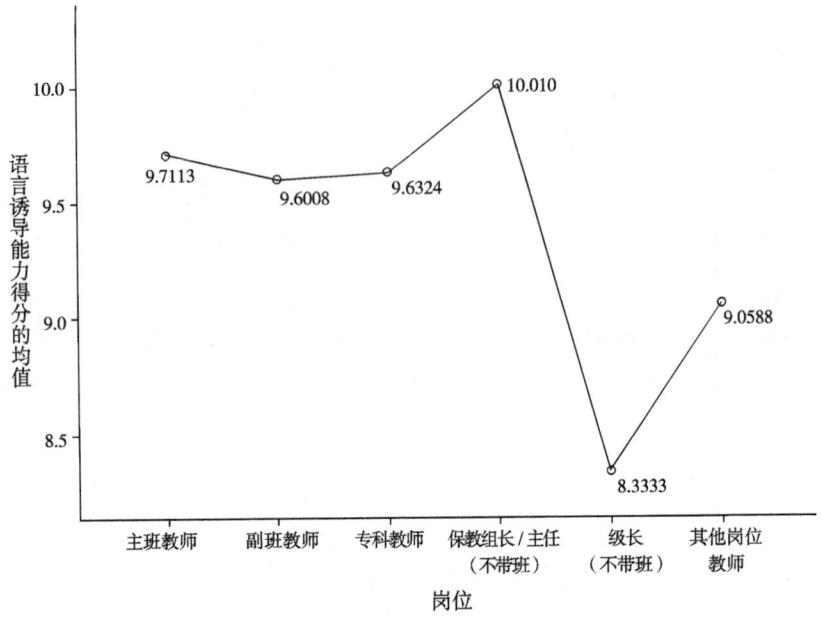

图7-22 岗位与幼儿教师语言诱导能力得分关系

（3）诱导能力随着幼儿教师工作年限增加而增强。

方差齐性，单因素方差检验，$F=5.032$，$p=0.002$，说明工作年限对幼儿教师语言诱导能力影响极其显著。LSD多重比较检验发现，"1年以上、不到5年"与"5年以上、不到10年""10年及以上"的幼儿教师的语言诱导能力存在着显著性差异，"10年及以上"与"不到1年"的幼儿教师的语言诱导能力存在着显著性差异（见表7-61）。工作年限不同的各组幼儿教师的语言诱导能力得分情况：10年及以上>5年以上、不到10年>1年以上、不到5年>不到1年（见图7-23）。

表7-61 工作年限对幼儿教师语言诱导能力的LSD多重比较检验

工作年限		均值差	标准误	显著性
5年以上、不到10年	1年以上、不到5年	0.211*	0.083	0.012
10年及以上	不到1年	0.357*	0.171	0.037
	1年以上、不到5年	0.293**	0.084	0.001

* 均值差的显著性水平为0.05，** 均值差的显著性水平为0.01。

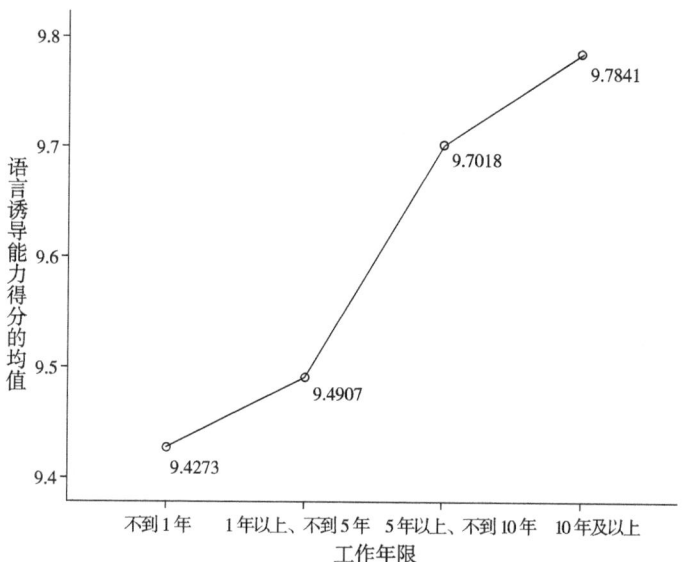

图7-23 工作年限与幼儿教师语言诱导能力得分关系

（4）诱导能力与幼儿教师初始学历呈正相关。

方差不齐，采用Welch检验发现，渐近F分布，统计量$F=11.557$，$p=0.000$，说明学历对幼儿教师语言诱导能力影响极其显著。Tamhane'T2多重比较检验发现：研究生毕业与高中阶段毕业、高中以下阶段毕业的幼儿教师之间存在着显著性差异；本科毕业与专科毕业、高中阶段毕业、高中以下阶段毕业的幼儿教师之间存在着显著性差异（见表7-62）。各组幼儿教师的语言诱导能力得分情况：研究生毕业＞本科毕业＞专科毕业＞高中阶段毕业＞高中以下阶段毕业（见图7-24）。

表7-62 学历对幼儿教师语言诱导能力的Tamhane'T2多重比较检验

初始学历		均值差	标准误	显著性
研究生毕业	高中阶段毕业	1.457*	0.362	0.041
	高中以下阶段毕业	1.709*	0.401	0.012
本科毕业	专科毕业	0.367**	0.074	0.000
	高中阶段毕业	0.529**	0.136	0.001
	高中以下阶段毕业	0.782**	0.221	0.006

* 均值差的显著性水平为0.05，** 均值差的显著性水平为0.01

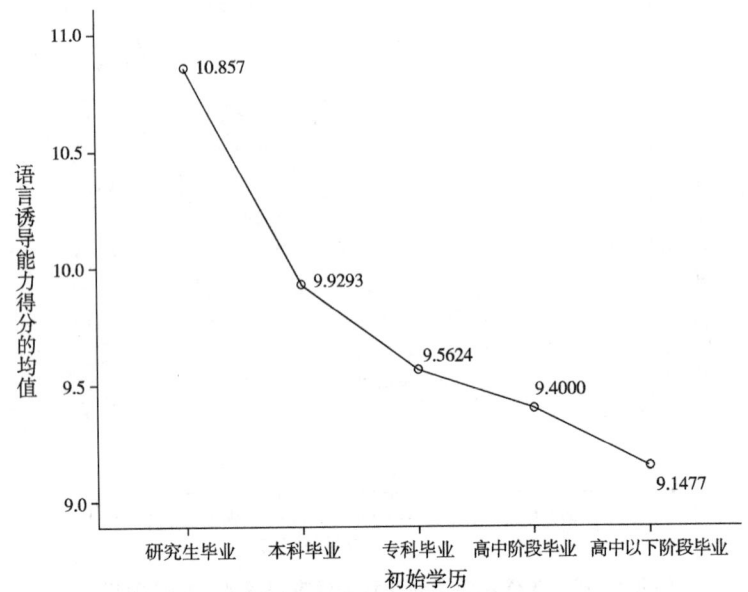

图 7-24 初始学历与幼儿教师语言诱导能力得分关系

（5）持有教师资格证的幼儿教师语言诱导能力相对更强。

方差齐性，单因素方差检验，$F=25.670$，$p=0.000$，说明持有教师资格证情况对幼儿教师语言诱导能力影响极其显著。LSD 多重比较检验发现，"没有教师资格证"与"持幼儿园教师资格证""持其他类型教师资格证"的幼儿教师的语言诱导能力存在着显著性差异（见表 7-63）。各组幼儿教师的语言诱导能力得分情况：持幼儿园教师资格证＞持其他类型教师资格证＞没有教师资格证（见图 7-25）。

表 7-63 教师资格证持有情况对幼儿教师语言诱导能力的 LSD 多重比较检验

教师资格证持有情况		均值差	标准误	显著性
没有教师资格证	持幼儿园教师资格证	0.836**	0.117	0.000
	持其他类型教师资格证	0.740**	0.158	0.000
** 均值差的显著性水平为 0.01				

（6）幼儿教师语言诱导能力随着幼儿园规模增大而增强。

方差齐性，单因素方差检验，$F=8.013$，$p=0.000$，说明幼儿园规模对教师语言诱导能力影响极其显著。LSD 多重比较检验发现，"13 个幼儿班及以上"与

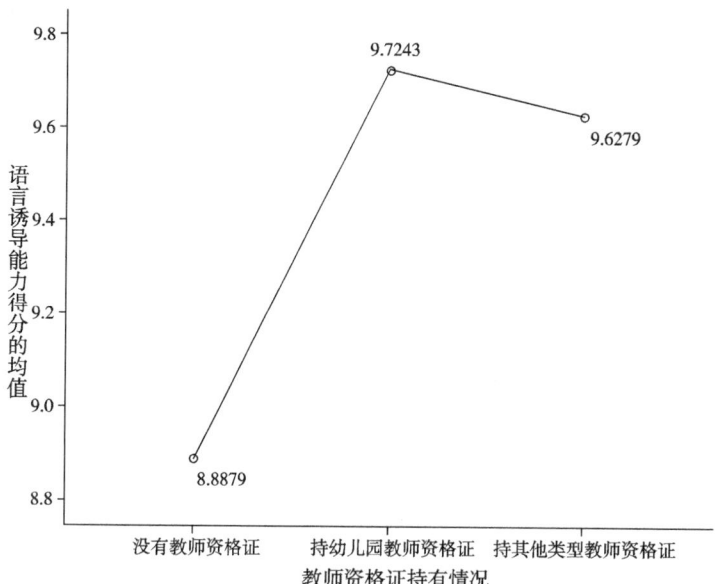

图 7-25 教师资格证持有情况与幼儿教师语言诱导能力得分关系

"5 个幼儿班及以下""6~12 个幼儿班"幼儿园教师的语言诱导能力存在着极其显著的差异(见表 7-64)。各组幼儿教师的语言诱导能力得分情况：13 个幼儿班及以上 >6~12 个幼儿班 >5 个幼儿班及以下(见图 7-26)。

表 7-64 幼儿园规模对幼儿教师语言诱导能力的 LSD 多重比较检验

幼儿园规模		均值差	标准误	显著性
13 个幼儿班及以上	5 个幼儿班及以下	0.482**	0.140	0.001
	6~12 个幼儿班	0.217**	0.072	0.003
** 均值差的显著性水平为 0.01				

(7)幼儿教师语言诱导能力总体上随着幼儿园评估等级升高而增强。

方差齐性，单因素方差检验，$F=4.382$，$p=0.004$，说明幼儿园评估等级对教师语言诱导能力影响极其显著。LSD 多重比较检验发现，"未评估园"与"省一级园""区一级园"的幼儿教师语言诱导能力存在着极其显著的差异(见表 7-65)。各组幼儿教师的语言诱导能力得分情况：省一级园 > 区一级园 > 市一级园 > 未评估园(见图 7-27)。

表 7-65 幼儿园评估等级对幼儿教师语言诱导能力的 LSD 多重比较检验

幼儿园评估等级		均值差	标准误	显著性
未评估园	省一级园	0.372**	0.117	0.001
	区一级园	0.253**	0.085	0.003

** 均值差的显著性水平为 0.01

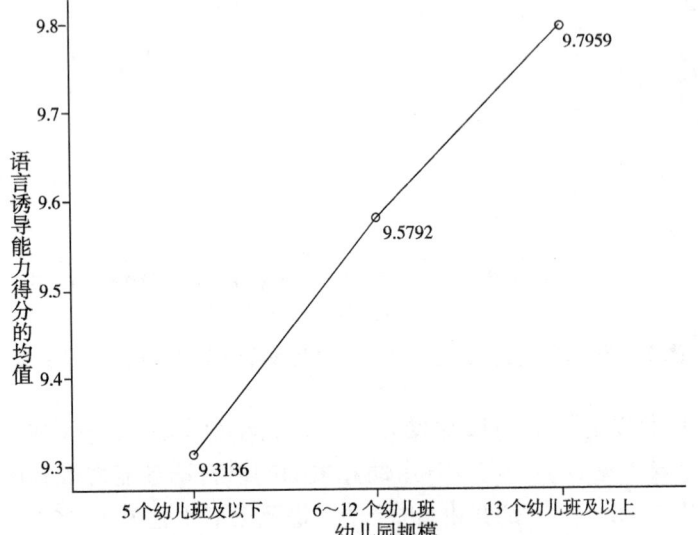

图 7-26 幼儿园规模与幼儿教师语言诱导能力得分关系

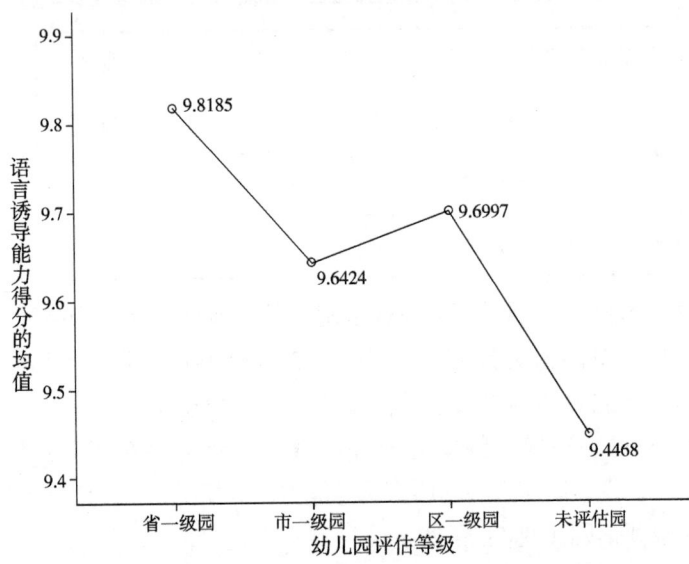

图 7-27 幼儿园评估等级与幼儿教师语言诱导能力得分关系

（8）公办类型幼儿园的幼儿教师语言诱导能力相对更高。

方差不齐，采用 Welch 检验发现，渐近 F 分布，统计量 $F=25.807$，$p=0.000$，说明幼儿园办园类型对教师语言诱导能力的影响极其显著。Tamhane'T2 多重比较检验发现：教育部门办园与普惠性民办园、非普惠性民办园之间存在着极其显著差异；其他类型公办性质幼儿园与普惠性民办园、非普惠性民办园之间也存在着极其显著差异（见表 7-66）。各组幼儿教师的语言诱导能力得分情况：教育部门办园＞其他类型公办性质幼儿园＞非普惠性民办园＞普惠性民办园（见图 7-28）。

表 7-66 幼儿园办园类型对幼儿教师语言诱导能力的 Tamhane'T2 多重比较检验

幼儿园办园类型		均值差	标准误	显著性
教育部门办园	普惠性民办园	0.686**	0.089	0.000
	非普惠性民办园	0.545**	0.120	0.000
其他类型公办性质幼儿园	普惠性民办园	0.684**	0.099	0.000
	非普惠性民办园	0.543**	0.128	0.000

** 均值差的显著性水平为 0.01

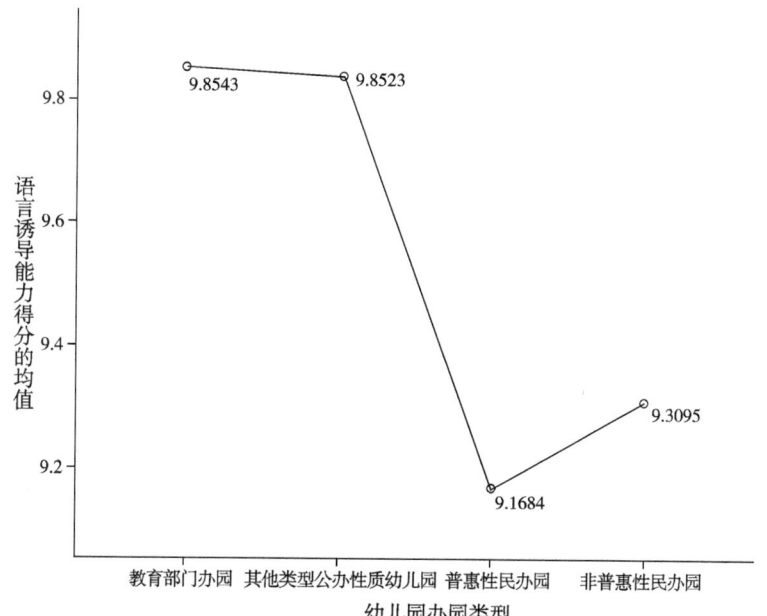

图 7-28 幼儿园办园类型与幼儿教师语言诱导能力得分关系

2. 幼儿教师语言诱导能力的问题讨论

专业背景、是否在编、幼儿园所处区域年龄3个变量对幼儿教师语言诱导能力影响不显著，幼儿教师的年龄、岗位、工作年限、初始学历、教师资格证持有情况、幼儿园规模、幼儿园评估等级、办园类型8个变量对其语言诱导能力影响显著。

统计分析结果表明，专业背景对幼儿教师语言诱导能力影响不显著，其原因：一是语言诱导能力更多涉及教师的逻辑思维能力、交际能力，与教师的专业背景关联度不高；二是教师的语言诱导能力受教育环境的影响，不同的教育环境对教师语言诱导能力的发挥和呈现存在不同的支持力度，教师所在的教育环境和团队协作等因素可能更为关键。

综合以上分析，大致可以推断：语言诱导能力受幼儿教师个人工作经验（如年龄、工作年限、受正规教育年限等）、幼儿园提供学习机会的支持（如幼儿园规模、评估等级、办园类型）的影响。换言之，语言诱导能力是既与教师个人职前所具有的专业素质有关，又能够通过工作积累而获得经验并不断增强的能力。

（四）幼儿教师语言调控能力影响因素分析与问题讨论

本研究运用单因素方差或 Welch 检验，分析幼儿教师语言调控能力得分与11个变量之间的关系。

1. 幼儿教师语言调控能力的数据分析

（1）50岁以上的幼儿教师语言调控能力最弱。

方差齐性，单因素方差检验，$F=1.940$，$p=0.071$，说明年龄对幼儿教师语言调控能力影响显著。LSD 多重比较检验发现：50 岁及以上与 25～29 岁、30～34 岁、35～39 岁、45～49 岁之间的幼儿教师语言调控能力存在着显著差异（见表 7-67）。各组幼儿教师的语言调控能力得分情况：30～34 岁 > 25～29 岁 > 45～49 岁 > 35～39 岁 > 24 岁及以下 > 40～44 岁 > 50 岁及以上（见图 7-29）。

表 7-67　年龄对幼儿教师语言调控能力的 LSD 多重比较检验

年龄		均值差	标准误	显著性
50 岁及以上	25～29 岁	0.551*	0.215	0.011
	30～34 岁	0.595**	0.220	0.007

续表

年龄		均值差	标准误	显著性
50 岁及以上	35～39 岁	0.483*	0.223	0.030
	45～49 岁	0.487**	0.244	0.046

* 均值差的显著性水平为 0.05，** 均值差的显著性水平为 0.01

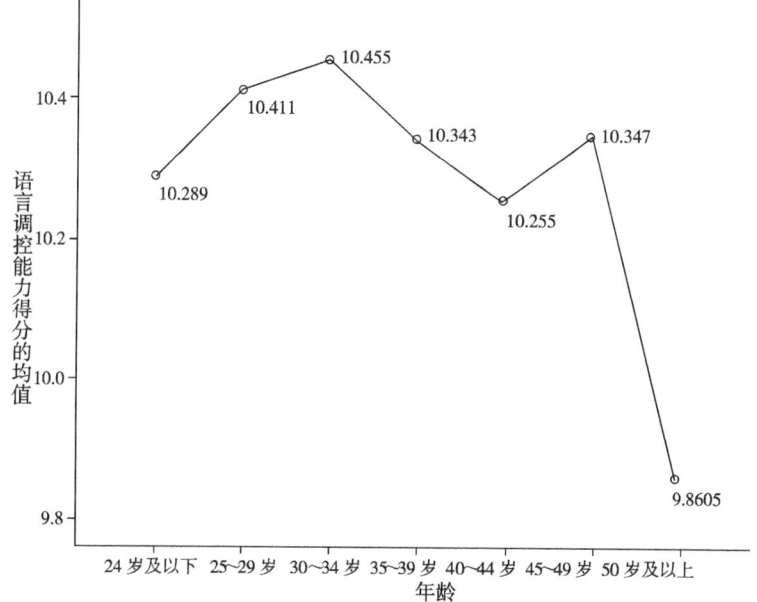

图 7-29　年龄与幼儿教师语言调控能力得分关系

（2）"其他岗位"幼儿教师的语言调控能力最弱。

方差齐性，单因素方差检验，$F=2.299$，$p=0.043$，说明岗位对幼儿教师语言调控能力影响显著。LSD 多重比较检验发现，其他岗位教师与主班教师、副班教师、专科教师、保教组长/主任（不带班）的语言调控能力存在着显著差异（见表 7-68）。各组幼儿教师的语言调控能力得分情况：专科教师 > 主班教师 > 保教组长/主任（不带班）> 级长（不带班）> 副班教师 > 其他岗位教师（见图 7-30）。

表 7-68 岗位对幼儿教师语言调控能力的 LSD 多重比较检验

岗位		均值差	标准误	显著性
其他岗位教师	主班教师	0.424**	0.133	0.001
	副班教师	0.340*	0.133	0.011
	专科教师	0.508*	0.209	0.015
	保教组长/主任（不带班）	0.399*	0.184	0.030

* 均值差的显著性水平为 0.05，** 均值差的显著性水平为 0.01

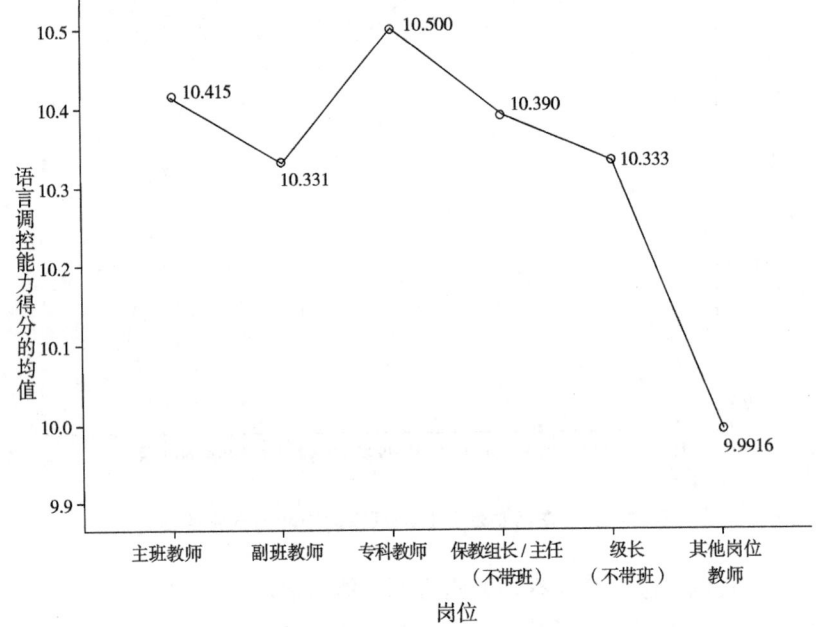

图 7-30 岗位与幼儿教师语言调控能力得分关系

（3）初始学历与幼儿教师语言调控能力呈现正相关。

方差齐性，单因素方差检验，$F=8.228$，$p=0.000$，说明初始学历对幼儿教师语言调控能力影响极其显著。LSD 多重比较检验发现，本科毕业与专科毕业、高中阶段毕业、高中以下阶段毕业的幼儿教师语言调控能力存在着显著差异；专科毕业与高中阶段毕业、高中以下阶段毕业的幼儿教师语言调控能力存在着显著差异（见表 7-69）。各组幼儿教师的语言调控能力得分情况：研究生毕业＞本科毕业＞专科毕业＞高中阶段毕业＞高中以下阶段毕业（见图 7-31）。

表7-69 初始学历对幼儿教师语言调控能力的LSD多重比较检验

初始学历		均值	标准误	显著性
本科毕业	专科毕业	0.194**	0.064	0.002
	高中阶段毕业	0.503**	0.106	0.000
	高中以下阶段毕业	0.573**	0.155	0.000
专科毕业	高中阶段毕业	0.309**	0.099	0.002
	高中以下阶段毕业	0.379*	0.150	0.012

* 均值差的显著性水平为0.05，** 均值差的显著性水平为0.01

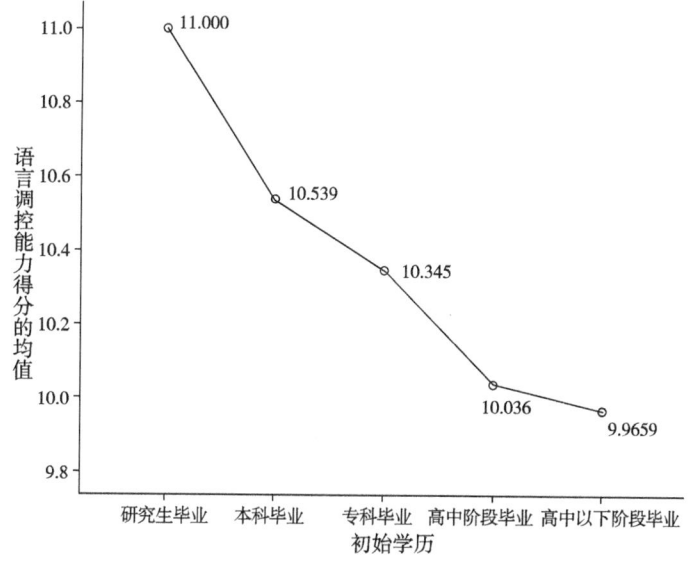

图7-31 初始学历与幼儿教师语言调控能力得分关系

（4）没有教师资格证的幼儿教师的语言调控能力相对较弱。

方差齐性，单因素方差检验，$F=12.488$，$p=0.000$，说明是否持有教师资格证对幼儿教师语言调控能力影响极其显著。LSD多重比较检验发现，没有教师资格证与持幼儿园教师资格证、持其他类型教师资格证的幼儿教师语言调控能力存在着显著差异（见表7-70）。各组幼儿教师的语言调控能力得分情况：持幼儿园教师资格证＞持其他类型教师资格证＞没有教师资格证（见图7-32）。

表 7-70　教师资格证持有情况对幼儿教师语言调控能力的 LSD 多重比较检验

教师资格证持有情况		均值差	标准误	显著性
没有教师资格证	持幼儿园教师资格证	0.484**	0.097	0.000
	持其他类型教师资格证	0.444**	0.131	0.001
** 均值差的显著性水平为 0.01				

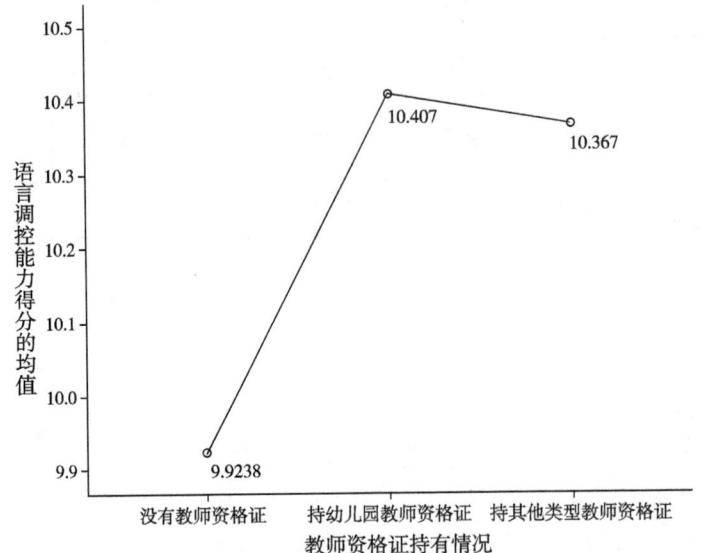

图 7-32　教师资格证持有情况与幼儿教师语言调控能力得分关系

（5）幼儿教师语言调控能力随着幼儿园规模增大而增强。

方差齐性，单因素方差检验，$F=4.802$，$p=0.008$，说明幼儿园规模对教师语言调控能力影响极其显著。LSD 多重比较检验发现，"5 个幼儿班及以下"与"6~12 个幼儿班""13 个幼儿班及以上"的幼儿园的教师语言调控能力存在着显著差异（见表 7-71）。各组幼儿教师的语言调控能力得分情况：13 个幼儿班及以上 > 6~12 个幼儿班 > 5 个幼儿班及以下（见图 7-33）。

表 7-71　幼儿园规模对幼儿教师语言调控能力的 LSD 多重比较检验

幼儿园规模		均值差	标准误	显著性
5 个幼儿班及以下	6~12 个幼儿班	0.229*	0.112	0.041
	13 个幼儿班及以上	0.339**	0.115	0.003
* 均值差的显著性水平为 0.05，** 均值差的显著性水平为 0.01				

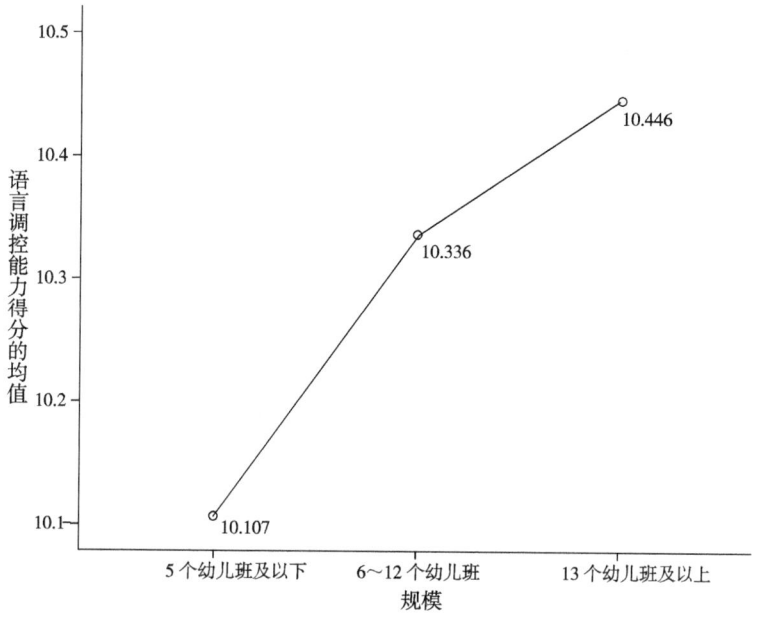

图 7-33　幼儿园规模与幼儿教师语言调控能力得分关系

（6）公办幼儿园的教师语言调控能力普遍较高。

方差齐性，单因素方差检验，$F=10.620$，$p=0.000$，说明幼儿园办学类型对幼儿教师语言调控能力影响极其显著。LSD 多重比较检验发现，教育部门办园与普惠性民办园、非普惠性民办园的教师语言调控能力存在着极其显著差异；其他类型公办性质幼儿园与普惠性民办园、非普惠性民办园的教师语言调控能力存在着极其显著的差异（见表 7-72）。各组幼儿教师的语言调控能力得分情况：其他类型公办性质幼儿园 > 教育部门办园 > 普惠性民办园 > 非普惠性民办园（见图 7-34）。

表 7-72　幼儿园办园类型对幼儿教师语言调控能力的 LSD 多重比较检验

办园类型		均值差	标准误	显著性
教育部门办园	普惠性民办园	0.322**	0.071	0.000
	非普惠性民办园	0.346**	0.104	0.001
其他类型公办性质幼儿园	普惠性民办园	0.334**	0.079	0.000
	非普惠性民办园	0.358**	0.109	0.001
** 均值差的显著性水平为 0.01				

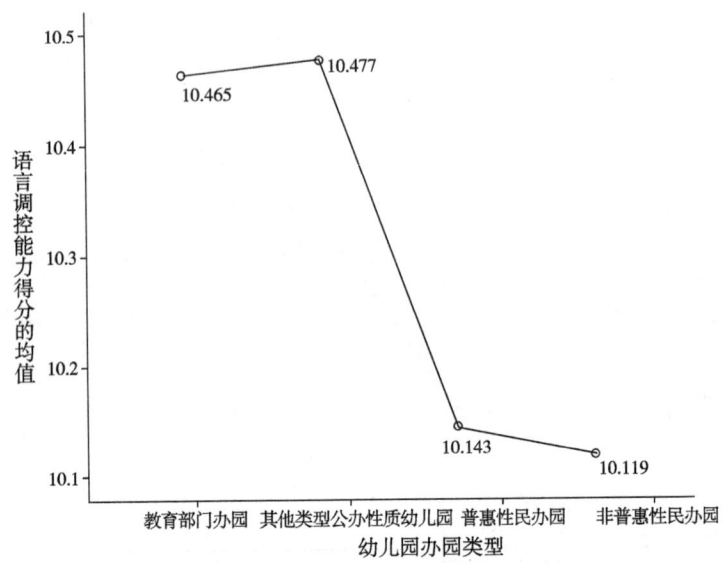

图7-34　幼儿园办园类型与幼儿教师语言调控能力得分关系

2. 幼儿教师语言调控能力的问题讨论

幼儿教师的工作年限、专业背景、是否在编、幼儿园所处区域、幼儿园评估等级（未评估园与区一级幼儿园之间差异显著）5个变量对幼儿教师语言调控能力影响不显著，幼儿教师的年龄、岗位、初始学历、教师资格证持有情况、幼儿园规模、幼儿园办园类型6个变量对幼儿教师语言调控能力影响显著。

幼儿教师语言调控能力是指教师通过语气语调、话轮切换、立场标记以及行为反应等对幼儿园教育活动过程进行一系列调节和控制的能力，该能力强调的是教师在教育情境中灵活调整和即时反应的能力。50岁以上的幼儿教师，在教育活动中语言调控能力较弱。"其他岗位"的主体是保育员，受其学历、知识的限制，语言调控能力较弱。从统计分析结果来看，调控能力强弱一方面取决于幼儿教师职前所受的专业教育（如初始学历、教师资格证持有情况等因素的影响），另一方面取决于幼儿教师通过职后的学习培训、共享交流和教育实践而获得专业成长和提升的机会（如岗位、幼儿园规模、幼儿园办学类型等因素的影响）。

（五）幼儿教师语言共情能力影响因素分析与问题讨论

本研究运用单因素方差或Welch检验，分析幼儿教师语言共情能力得分与11个变量之间的关系。

1. 幼儿教师语言共情能力的数据分析

（1）30～34岁的幼儿教师语言共情能力最高。

方差齐性，单因素方差检验，$F=3.916$，$p=0.001$，说明年龄对幼儿教师语言共情能力影响极其显著。LSD多重比较检验发现，特别是50岁及以上的教师与其他组的教师的语言共情能力存在着显著差异（见表7-73）。各组幼儿教师的语言共情能力得分情况：30～34岁 > 40～44岁 > 25～29岁 > 35～39岁 > 24岁及以下 > 45～49岁 > 50岁及以上（见图7-35）。

表7-73 年龄对幼儿教师语言共情能力的LSD多重比较检验

年龄		均值差	标准误	显著性
24岁及以下	50岁及以上	0.678**	0.247	0.006
25～29岁	24岁及以下	0.214*	0.094	0.024
	50岁及以上	0.892**	0.241	0.000
30～34岁	24岁及以下	0.271*	0.106	0.011
	45～49岁	0.344*	0.158	0.029
	50岁及以上	0.949**	0.246	0.000
50岁及以上	35～39岁	0.821**	0.249	0.001
	40～44岁	0.897**	0.252	0.000
	45～49岁	0.606*	0.273	0.027

* 均值差的显著性水平为0.05，** 均值差的显著性水平为0.01

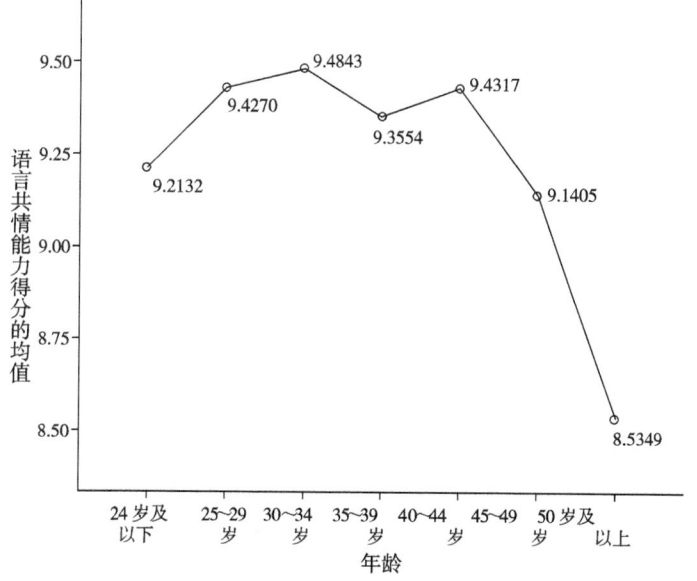

图7-35 年龄与幼儿教师语言共情能力得分关系

（2）幼儿教师中，保教组长/主任（不带班）的语言共情能力最强。

方差齐性，单因素方差检验，F=7.880，p=0.000，说明岗位对幼儿教师语言共情能力影响极其显著。LSD 多重比较检验发现，保教组长/主任（不带班）与主班教师、专科教师语言共情能力存在着显著差异；其他岗位教师与主班教师、副班教师、专科教师、保教组长/主任（不带班）语言共情能力存在着显著差异（见表 7-74）。各组幼儿教师的语言共情能力得分情况：保教组长/主任（不带班）>主班教师>专科教师>副班教师>级长（不带班）>其他岗位教师（见图 7-36）。

表 7-74 岗位对幼儿教师语言共情能力的 LSD 多重比较检验

岗位		均值差	标准误	显著性
主班教师	保教组长/主任（不带班）	0.458**	0.157	0.003
专科教师	保教组长/主任（不带班）	0.493*	0.239	0.039
其他岗位教师	主班教师	0.724**	0.148	0.000
	副班教师	0.571**	0.148	0.000
	专科教师	0.689**	0.233	0.003
	保教组长/主任（不带班）	1.182**	0.205	0.000

* 均值差的显著性水平为 0.05，** 均值差的显著性水平为 0.01

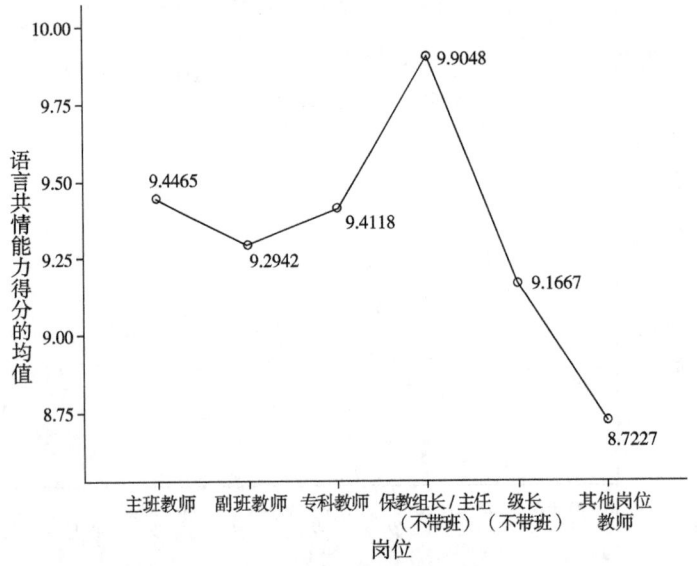

图 7-36 岗位与幼儿教师语言共情能力得分关系

第七章 幼儿教师语言运用能力的测试与实证分析

（3）5~10年工作年限的幼儿教师语言共情能力最高。

方差齐性，单因素方差检验，$F=3.768$，$p=0.010$，说明工作年限对幼儿教师语言共情能力影响显著。LSD多重比较检验发现，工作年限"不到1年"与"5年以上、不到10年""10年及以上"的教师语言共情能力存在着显著差异；工作年限"1年以上、不到5年"与"5年以上、不到10年"的教师语言共情能力存在着显著差异（见表7-75）。各组幼儿教师的语言共情能力得分情况：5年以上、不到10年＞10年及以上＞1年以上、不到5年＞不到1年（图7-37）。

表7-75 工作年限对幼儿教师语言共情能力的LSD多重比较检验

工作年限		均值差	标准误	显著性
不到1年	5年以上、不到10年	0.436**	0.157	0.006
	10年及以上	0.361*	0.158	0.022
1年以上、不到5年	5年以上、不到10年	0.189*	0.077	0.015

* 均值差的显著性水平为0.05，** 均值差的显著性水平为0.01

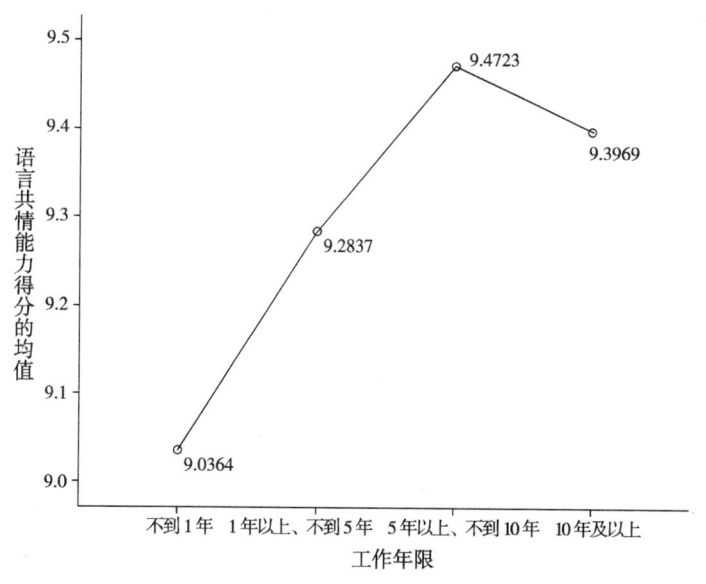

图7-37 工作年限与幼儿教师语言共情能力得分关系

（4）幼儿教师语言共情能力随着初始学历水平的升高而增强。

方差不齐，Welch 检验发现，渐近 F 分布，统计量 $F=4.266$，$p=0.005$，说明初始学历对教师语言共情能力影响极其显著。Tamhane'T2 多重比较检验发现，初始学历为专科毕业与高中阶段毕业的幼儿教师语言共情能力存在着显著差异（见表 7-76）。各组幼儿教师的语言共情能力得分情况：研究生毕业＞本科毕业＞专科毕业＞高中阶段毕业＞高中以下阶段毕业（见图 7-38）。

表 7-76　幼儿教师初始学历对其语言共情能力的 Tamhane'T2 多重比较检验

初始学历		均值差	标准误	显著性
专科毕业	高中阶段毕业	0.345*	0.119	0.04

＊均值差的显著性水平为 0.05

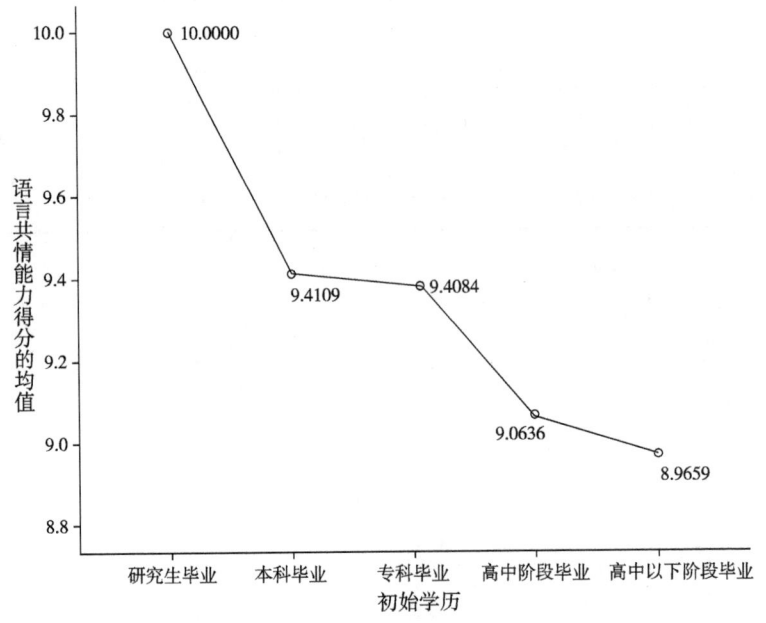

图 7-38　初始学历与幼儿教师语言共情能力得分关系

（5）持有幼儿教师资格证的教师语言共情能力最高。

方差齐性，单因素方差检验，$F=16.539$，$p=0.000$，说明教师资格证持有情况对幼儿教师语言共情能力影响极其显著。LSD 多重比较检验发现，持幼儿园教师资格证与没有教师资格证、持其他类型教师资格证的教师语言共情能力存在着极其显著的差异（见表 7-77）。各组幼儿教师的语言共情能力得分情况：持幼儿园教师资格证＞持其他类型教师资格证＞没有教师资格证（见图7-39）。

表7-77 教师资格证持有情况对幼儿教师语言共情能力的LSD多重比较检验

教师资格证持有情况		均值差	标准误	显著性
持幼儿园教师资格证	没有教师资格证	0.569**	0.108	0.000
	持其他类型教师资格证	0.313**	0.110	0.004
** 均值差的显著性水平为0.01				

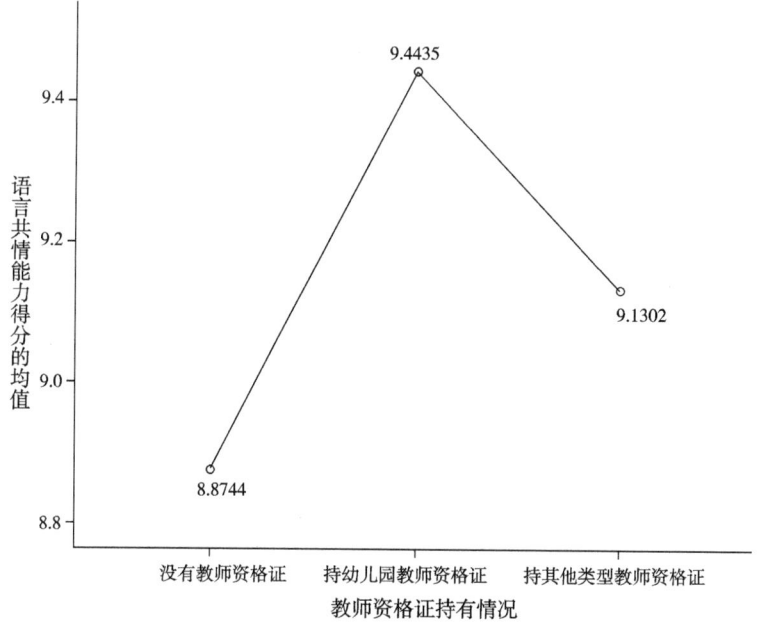

图7-39 教师资格证持有情况与幼儿教师语言共情能力得分关系

（6）幼儿教师语言共情能力随着幼儿园规模扩大而增强。

方差齐性，单因素方差检验，$F=5.502$，$p=0.004$，说明幼儿园规模对教师语言共情能力影响极其显著。LSD多重比较检验发现，13个幼儿班及以上与5个幼儿班及以下、6～12个幼儿班的教师语言共情能力存在着显著差异（见表7-78）。各组幼儿教师的语言共情能力得分情况：13个幼儿班及以上＞6～12个幼儿班＞5个幼儿班及以下（见图7-40）。

表 7-78　幼儿园规模对幼儿教师语言共情能力的 LSD 多重比较检验

幼儿园规模		均值差	标准误	显著性
13 个幼儿班及以上	5 个幼儿班及以下	0.333*	0.129	0.010
	6~12 个幼儿班	0.186**	0.066	0.005

* 均值差的显著性水平为 0.05，** 均值差的显著性水平为 0.01

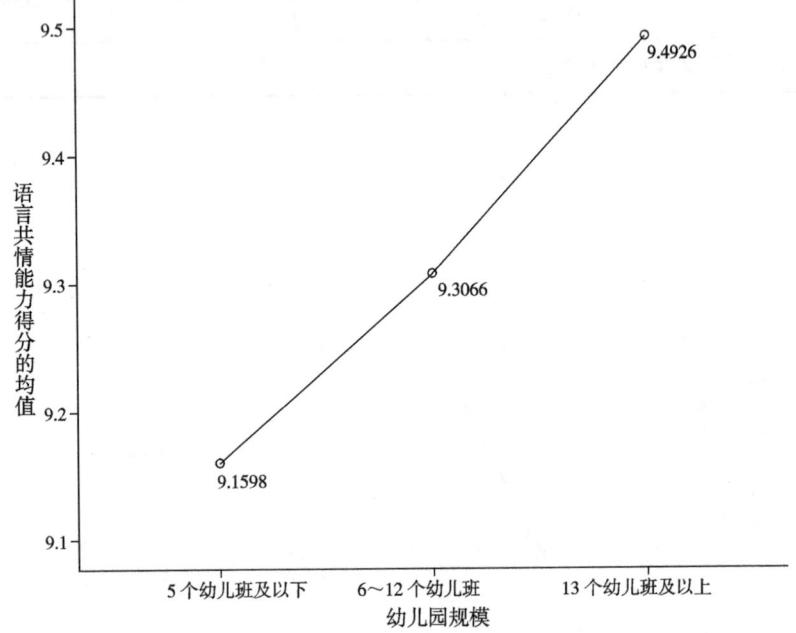

图 7-40　幼儿园规模与幼儿教师语言共情能力得分关系

（7）幼儿教师语言共情能力随着幼儿园评估等级升高而增强。

方差齐性，单因素方差检验，$F=6.870$，$p=0.000$，说明幼儿园评估等级对教师语言共情能力影响极其显著。LSD 多重比较检验发现，省一级园与区一级园、未评估园的幼儿教师语言共情能力存在着极其显著的差异；市一级园与未评估园的幼儿教师语言共情能力存在着极其显著的差异（见表 7-79）。各组幼儿教师的语言共情能力得分情况：省一级园＞市一级园＞区一级园＞未评估园（见图 7-41）。

表7-79 幼儿园评估等级对幼儿教师语言共情能力的LSD多重比较检验

幼儿园评估等级		均值差	标准误	显著性
省一级园	区一级园	0.294**	0.100	0.003
	未评估园	0.438**	0.108	0.000
市一级园	未评估园	0.304**	0.094	0.001
**均值差的显著性水平为0.01				

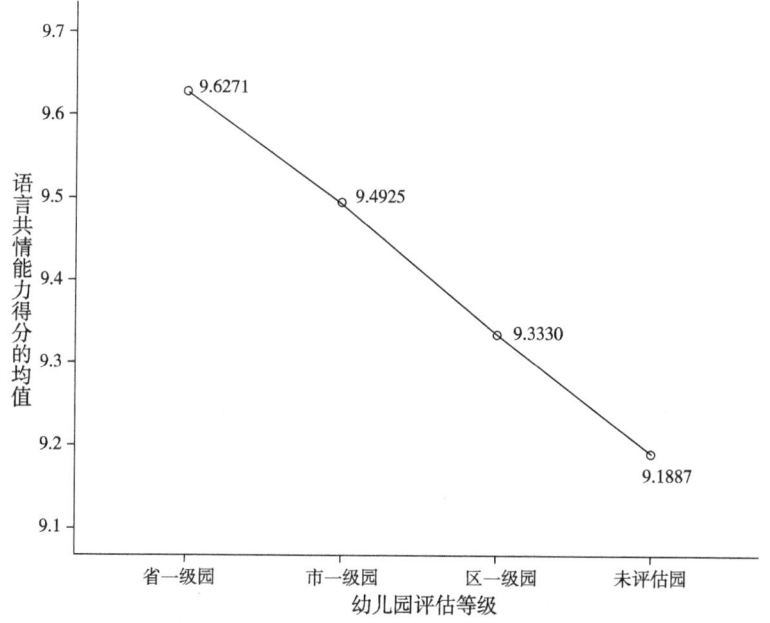

图7-41 幼儿园评估等级与幼儿教师语言共情能力得分关系

（8）公办性质幼儿园的教师语言共情能力明显高于民办园。

方差齐性，单因素方差检验，$F=27.975$，$p=0.000$，说明办园类型对幼儿教师语言共情能力影响极其显著。LSD多重比较检验发现，教育部门办园与普惠性民办园、非普惠性民办园的幼儿教师语言共情能力存在着极其显著的差异；其他类型公办性质幼儿园与普惠性民办园、非普惠性民办园的幼儿教师语言共情能力存在着极其显著的差异；非普惠性民办园与普惠性民办园的幼儿教师语言共情能力存在着显著的差异（见表7-80）。各组幼儿教师的语言共情能力得分情况：教育部门办园 > 其他类型公办性质幼儿园 > 非普惠性民办园 > 普惠性民办园（见图7-42）。

表 7-80　幼儿园办园类型对幼儿教师语言共情能力的 LSD 多重比较检验

办园类型		均值差	标准误	显著性
教育部门办园	普惠性民办园	0.659**	0.079	0.000
	非普惠性民办园	0.380**	0.115	0.001
其他类型公办性质幼儿园	普惠性民办园	0.645**	0.087	0.000
	非普惠性民办园	0.366**	0.121	0.003
非普惠性民办园	普惠性民办园	0.279*	0.122	0.022

* 均值差的显著性水平为 0.05，** 均值差的显著性水平为 0.01

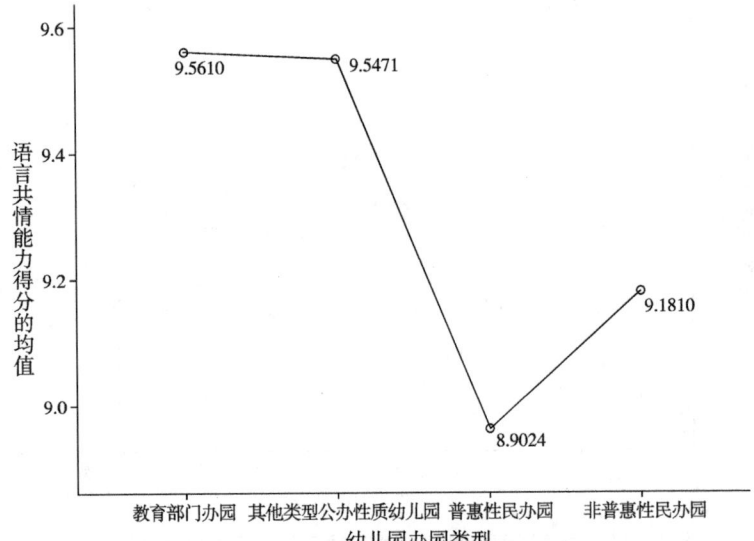

图 7-42　幼儿园办园类型与幼儿教师语言共情能力得分关系

2. 幼儿教师语言共情能力的问题讨论

幼儿教师的专业背景、是否在编、幼儿园所处区域 3 个变量对幼儿教师语言共情能力影响不显著，幼儿教师的年龄、岗位、工作年限、初始学历、教师资格证持有情况、幼儿园规模、幼儿园评估等级、幼儿园办园类型 8 个变量对幼儿教师语言共情能力影响显著。

研究显示，不同岗位样本对于幼儿教师语言共情能力影响显著，说明工作职责和角色差异显著影响教师语言共情能力。例如：保教组长/主任（不带班）语言共情能力相对最强，通常负责协调和管理幼儿园教育工作，不仅具备一线教师在教育活动中的语言共情能力,而且具备较强的和教师等同事或园外同行进行沟通的能力;主班教师、副班教师、专科教师等岗位的教师着重于特定领域的教育活动开展,语言共情能力相对偏弱;其他岗位(主要是保育员)主要参与幼儿生活和卫生保健等工作,表现出较弱的共情能力。与语言调控能力类似,幼儿教师语言共情能力一方面与其自身职前教育获得的专业素质有关;另一方面与其在工作中获得学习培训和专业提升的机会有关,换言之,与其工作经验有关。

(六)幼儿教师语言元认知水平影响因素分析与问题讨论

本研究运用单因素方差或 Welch 检验,分析幼儿教师语言元认知得分与 11 个变量之间的关系。

1. 幼儿教师语言元认知水平的数据分析

(1)幼儿教师元认知水平在 25～29 岁年龄段达到峰值。

方差不齐,经过 Welch 检验发现,渐近 F 分布,统计量 $F=5.822$,$p=0.000$,说明年龄对幼儿教师语言元认知水平影响极其显著。Tamhane'T2 多重比较检验发现:40～44 岁与 25～29 岁幼儿教师的语言元认知水平存在着极其显著的差异;50 岁及以上与 24 岁及以下、25～29 岁、30～34 岁、35～39 岁、40～44 岁、45～49 岁存在着显著差异(见表 7-81)。各组幼儿教师的语言元认知得分情况:25～29 岁 > 30～34 岁 > 24 岁及以下 > 35～39 岁 > 45～49 岁 > 40～44 岁 > 50 岁及以上(见图 7-43)。

表 7-81　年龄对幼儿教师语言元认知水平的 Tamhane'T2 多重比较检验

年龄		均值差	标准误	显著性
40～44 岁	25～29 岁	0.320**	0.089	0.008
50 岁及以上	24 岁及以下	0.997**	0.255	0.006
	25～29 岁	1.174**	0.250	0.001
	30～34 岁	1.093**	0.255	0.002
	35～39 岁	0.971**	0.255	0.008
	40～44 岁	0.854*	0.257	0.034
	45～49 岁	0.886*	0.277	0.044

* 均值差的显著性水平为 0.05,** 均值差的显著性水平为 0.01

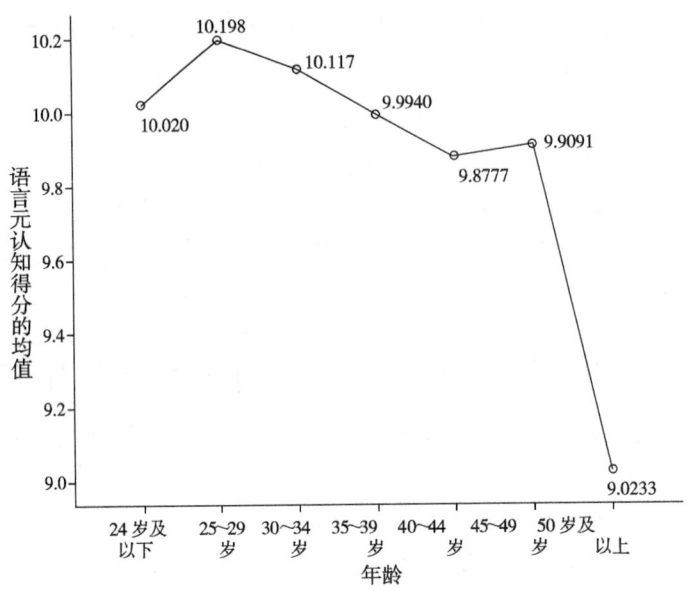

图 7-43 年龄与幼儿教师语言元认知得分关系

(2) 幼儿教师中，保教组长/主任（不带班）语言元认知水平最高。

方差齐性，单因素方差检验，$F=4.928$，$p=0.000$，说明岗位对幼儿教师语言元认知水平影响极其显著。LSD 多重比较检验发现，其他岗位教师与主班教师、副班教师、专科教师的语言元认知水平存在着极其显著差异；保教组长/主任（不带班）与主班教师、副班教师、其他岗位教师的语言元认知水平存在着极其显著差异（见表 7-82）。各组幼儿教师的语言元认知得分情况：保教组长/主任（不带班）＞专科教师＞副班教师＞主班教师＞级长（不带班）＞其他岗位教师（见图 7-44）。

表 7-82 岗位对幼儿教师语言元认知水平的 LSD 多重比较检验

岗位		均值差	标准误	显著性	年龄
其他岗位教师	主班教师	0.428**	0.132		0.001
	副班教师	0.468**	0.132		0.000
	专科教师	0.660**	0.207		0.001
保教组长/主任（不带班）	主班教师	0.433**	0.139		0.002
	副班教师	0.394**	0.139		0.005
	其他岗位教师	0.862**	0.182		0.000
** 均值差的显著性水平为 0.01					

第七章 幼儿教师语言运用能力的测试与实证分析

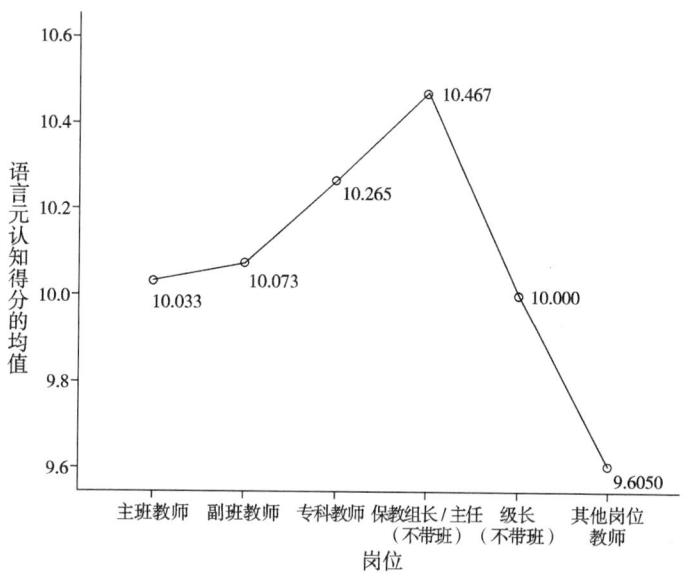

图 7-44 岗位与幼儿教师语言元认知得分关系

（3）语言元认知水平与幼儿教师工作年限有一定的关系。

方差齐性，单因素方差检验，$F=2.381$，$p=0.068$，总体来说，工作年限对幼儿教师语言元认知水平影响不显著。但 LSD 多重比较检验发现，"10 年及以上"与"1 年以上、不到 5 年""5 年以上、不到 10 年"的幼儿教师语言元认知水平存在着显著差异（见表 7-83）。各组幼儿教师的语言元认知得分情况：1 年以上、不到 5 年＞5 年以上、不到 10 年＞不到 1 年＞10 年及以上（见图 7-45）。

表 7-83 工作年限对幼儿教师语言元认知水平的 LSD 多重比较检验

工作年限		均值差	标准误	显著性
10 年及以上	1 年以上、不到 5 年	0.165*	0.069	0.017
	5 年以上、不到 10 年	0.160*	0.072	0.026
*均值差的显著性水平为 0.05				

（4）语言元认知水平随着幼儿教师初始学历的提升而提高。

方差齐性，单因素方差检验，$F=4.001$，$p=0.003$，说明初始学历对幼儿教师语言元认知水平影响极其显著。LSD 多重比较检验发现，研究生毕业与专科毕业、高中阶段毕业、高中以下阶段毕业的幼儿教师语言元认知水平存在着

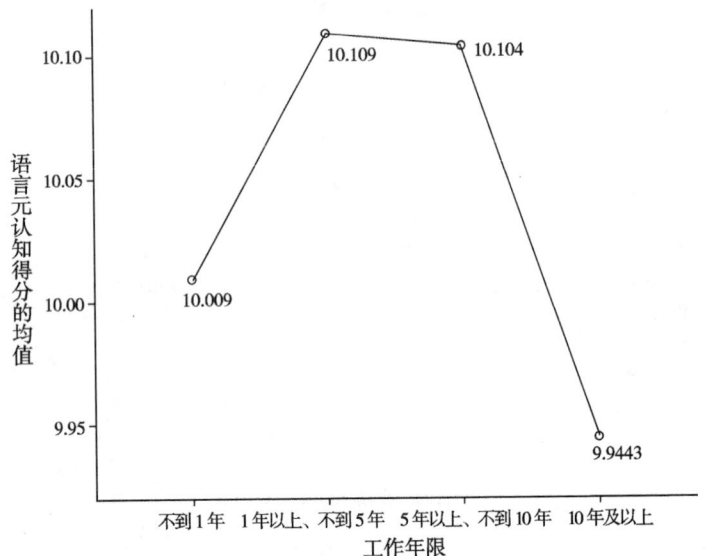

图7-45 工作年限与幼儿教师语言元认知得分关系

显著差异；本科毕业与专科毕业、高中阶段毕业的幼儿教师语言元认知水平存在着极其显著的差异（见表7-84）。各组幼儿教师的语言元认知得分情况：研究生毕业＞本科毕业＞专科毕业＞高中以下阶段毕业＞高中阶段毕业（见图7-46）。

表7-84 幼儿教师初始学历对其语言元认知水平的LSD多重比较检验

初始学历		均值差	标准误	显著性
研究生毕业	专科毕业	1.134*	0.517	0.028
	高中阶段毕业	1.225*	0.524	0.019
	高中以下阶段毕业	1.188*	0.536	0.027
本科毕业	专科毕业	0.187**	0.064	0.003
	高中阶段毕业	0.278**	0.106	0.009

*均值差的显著性水平为0.05，**均值差的显著性水平为0.01

（5）跨学科教育专业背景的幼儿教师语言元认知水平反而更高。

方差齐性，单因素方差检验，$F=5.232$，$p=0.022$，说明专业背景对幼儿教师语言元认知水平影响显著。跨学科教育专业背景与单一学前教育背景的幼儿教师语言元认知水平存在着显著差异，且跨学科教育专业背景的幼儿教师语言元认知水平反而比单一学前教育专业背景的幼儿教师要高（见图7-47）。

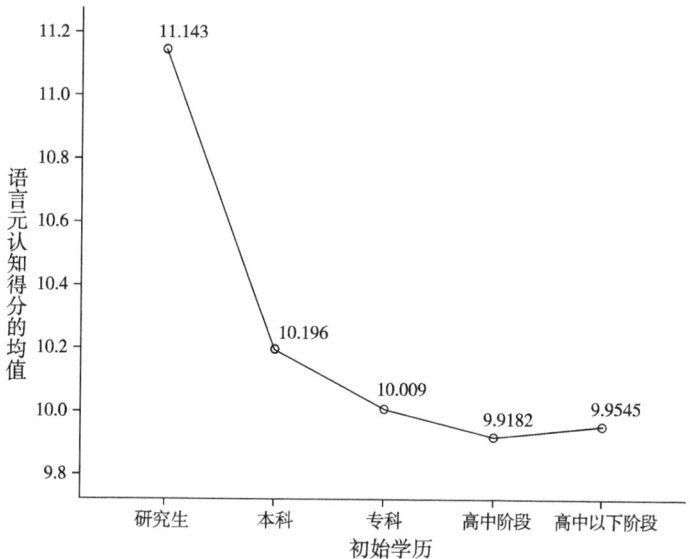

图 7-46　初始学历与幼儿教师语言元认知得分关系

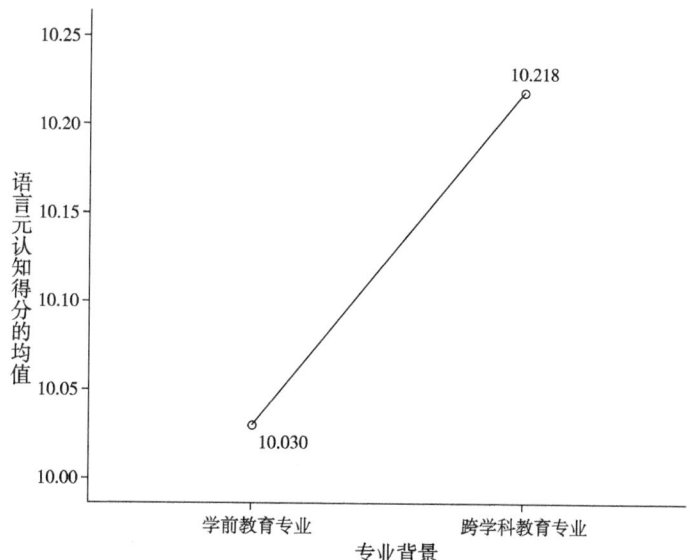

图 7-47　专业背景与幼儿教师语言元认知得分关系

（6）持幼儿园教师资格证的教师语言元认知水平较高。

方差不齐，运用 Welch 检验发现，渐近 F 分布，统计量 $F=5.529$，$p=0.004$，说明教师资格证持有情况对幼儿教师语言元认知水平影响极其显著。Tamhane'T2 多重比较检验发现：持幼儿园教师资格证与没有教师资格证的教师语言元认知水平存在着极其显著的差异（见表 7-85）。各组幼儿教师的语言元认知得分情况：持幼儿园教师资格证＞持其他类型教师资格证＞没有教师资格证（见图7-48）。

表 7-85 教师资格证持有情况对幼儿教师语言元认知水平的 Tamhane'T2 多重比较检验

教师资格证持有情况		均值差	标准误	显著性
持幼儿园教师资格证	没有教师资格证	0.342**	0.105	0.004

** 均值差的显著性水平为 0.01

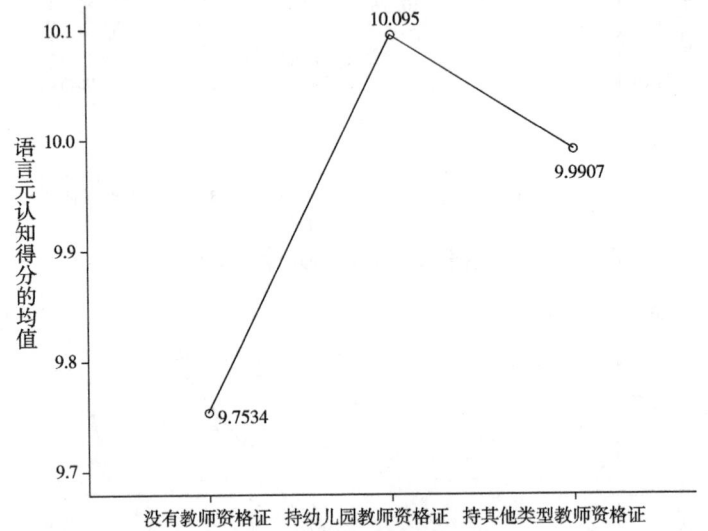

图 7-48 教师资格证持有情况与幼儿教师语言元认知得分关系

（7）幼儿教师语言元认知水平随着幼儿园评估等级升高而提高。

方差齐性，单因素方差检验，$F=3.164$，$p=0.024$，说明幼儿园评估等级对教师语言元认知水平影响显著。LSD 多重比较检验发现，未评估园与省一级园、市一级园的幼儿教师语言元认知水平存在着显著差异（见表7-86）。各组幼儿教师的语言元认知得分情况：省一级园＞市一级园＞区一级园＞未评估园（见图7-49）。

表 7-86 幼儿园评估等级对幼儿教师语言元认知水平的 LSD 多重比较检验

幼儿园评估等级		均值差	标准误	显著性
未评估园	省一级园	0.268**	0.096	0.005
	市一级园	0.186*	0.084	0.026

* 均值差的显著性水平为 0.05，** 均值差的显著性水平为 0.01

第七章 幼儿教师语言运用能力的测试与实证分析

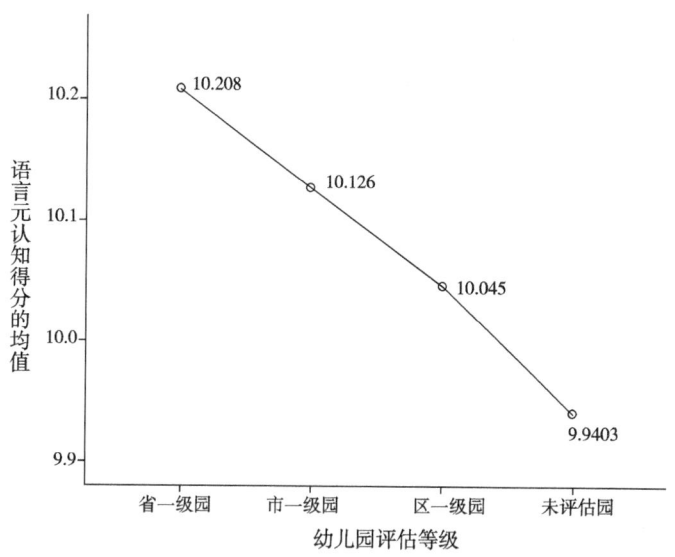

图 7-49 幼儿园评估等级与幼儿教师语言元认知得分关系

（8）公办幼儿园的幼儿教师语言元认知水平明显高于民办园。

方差齐性，单因素方差检验，$F=15.250$，$p=0.000$，说明幼儿园办园类型对教师语言元认知水平影响极其显著。LSD 多重比较检验发现，教育部门办园与普惠性民办园、非普惠性民办园的幼儿教师语言元认知水平存在着极其显著的差异；其他类型公办性质幼儿园与普惠性民办园、非普惠性民办园的幼儿教师语言元认知水平存在着极其显著的差异（见表7-87）。各组幼儿教师的语言元认知得分情况：教育部门办园＞其他类型公办性质幼儿园＞非普惠性民办园＞普惠性民办园（见图7-50）。

表 7-87　幼儿园办园类型对幼儿教师语言元认知水平的 LSD 多重比较检验

幼儿园办园类型		均值差	标准误	显著性
教育部门办园	普惠性民办园	0.420**	0.070	0.000
	非普惠性民办园	0.320**	0.103	0.002
其他类型公办性质幼儿园	普惠性民办园	0.414**	0.078	0.000
	非普惠性民办园	0.314**	0.108	0.004
** 均值差的显著性水平为 0.01				

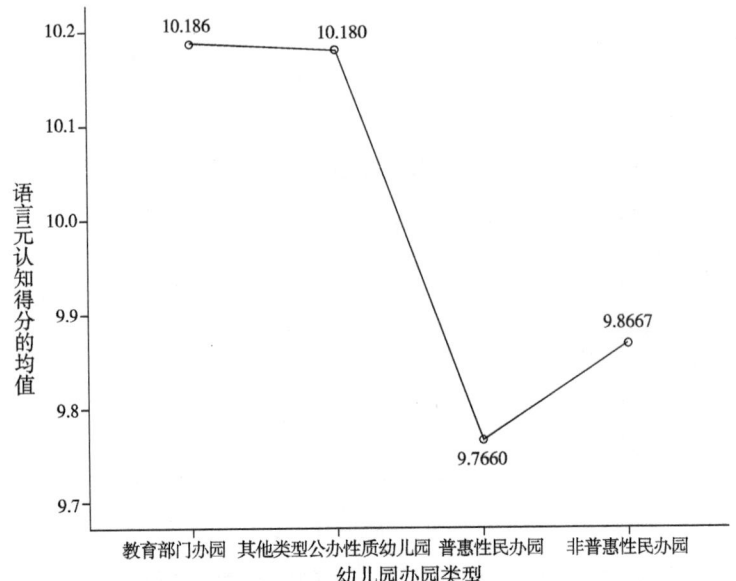

图7-50 幼儿园办园类型与幼儿教师语言元认知得分关系

2. 幼儿教师语言元认知的问题讨论

幼儿教师的工作年限、是否在编、幼儿园所处区域、幼儿园规模4个变量对幼儿教师语言元认知水平影响不显著,幼儿教师的年龄、岗位、初始学历、专业背景、教师资格证持有情况、幼儿园评估等级、幼儿园办园类型7个变量对幼儿教师语言元认知水平影响显著。

元认知是主体在长期的学习、思考、感悟以及在不断解决问题的过程中形成的程序性知识,或者说是主体在与外界联结和反应过程中形成的较为稳定的认知思维体系,这种体系内化成为一种认知习惯,是个体较为稳固的程序性知识体系,也是能够半自动化的思维技能。本书第四章中提到了元认知的概念:元认知是认知主体对自己的认知过程、结果或与之相关活动的认识,主要由元认知知识和元认知监控两部分组成。元认知知识是主体对认知活动的一般性知识,也就是对认知活动的影响因素及其相互作用和作用产生的结果等方面的认识;元认知监控是指主体将自己正在进行的认知活动作为意识对象,不断地对其进行自我监视、控制和调节。元认知知识通过元认知监控起作用。元认知在发展初期,是有意识的;随着年龄的增长,元认知发展可以在非常熟练的基础上变成自动的、不被意识的过程,也就是成为不同程度自动化的程序性知识。自动化程度越高,则元认知发展水平越高。由于语言元认知属于元认知领域中的一个类型,因而语言元认知也具有元认知所具备的一般特征。

年龄对幼儿教师语言元认知水平影响显著，25~29岁年龄段教师的元认知水平最高，其后逐步下降，在50岁之后迅速下滑。从理论上来看，新手教师语言元认知的自动化程度较低；随着教育能力、经验的提升，教师的语言元认知水平逐步提升，并达到较高的自动化水平。但本研究发现，幼儿教师在35岁以后，语言元认知水平缓慢下降；在50岁以后，则急剧下滑。其原因：幼儿教师随着年龄的增长，会逐渐形成较为成熟且稳固的自我认知系统，这种系统所产生的闭环效应，可能会弱化教师的自我批判、自我反思能力。

在教师语言元认知维度上，跨学科教育专业背景的幼儿教师的表现优于单一学前教育专业背景的教师。其原因：一是跨领域的专业知识使得教师具有更宽广的视角和更丰富的知识结构，能够提升教师在语言元认知方面的水平；二是不同领域学习和实践的经历，能够丰富教师的认知策略，有助于教师更好地进行自我认知；三是跨学科教育专业背景教师在处理语言信息时更倾向于采用交叉学科的思维和视角，这有利于教师发展出较强的创新意识和反思能力。

综上所述，幼儿教师语言元认知水平直接取决于教师学历、专业背景、教师资格证持有情况等个体因素，说明语言元认知与教师个体的知识面、专业广度和思维能力等职前教育获得的专业素质高度相关。评估等级越高的幼儿园，在招聘时对教师综合素质的要求相对越高；公办幼儿园招聘的教师综合素质通常高于民办幼儿园；岗位级别越高，幼儿教师的综合素质相对越高。由此可以推断，岗位、幼儿园评估等级、幼儿园办园类型3个自变量是通过中介变量（幼儿教师职前专业素质）对因变量（幼儿教师语言元认知）产生作用，从而表现出显著差异。

三、幼儿教师语言运用能力差异性分析的研究结论

综合幼儿教师语言运用能力总得分和6个维度得分差异性分析及问题讨论，由于本研究涉及的幼儿园男性教师仅有10人，样本量太少，幼儿教师所在区域对幼儿教师语言运用能力几乎没有影响，因而不再研究性别和区域这两个自变量。本研究尝试对幼儿语言运用能力总得分、各维度得分以及10个自变量进行分析、讨论和推断。

（一）理论假设

假设一：幼儿教师语言运用能力受到初始学历、岗位、专业背景、编制、教师资格证持有情况、年龄、工作年限、规模、评估等级、办园类型 10 个自变量中的部分变量影响。

假设二：初始学历、岗位、专业背景、编制、教师资格证持有情况、年龄、工作年限、规模、评估等级、办园类型 10 个自变量是通过幼儿教师职前专业素质和职后工作经验 2 个中介变量或者 2 个中介变量中的 1 个中介变量对幼儿教师语言运用能力及其 6 个维度能力产生影响。

假设三：初始学历、专业背景、编制、教师资格证持有情况反映的是幼儿教师职前专业素质，因此这几个自变量可以直接运用教师的职前专业素质进行解释；年龄、工作年限可以直接运用教师职后的工作经验进行解释；规模、评估等级、办园类型则可以运用教师职前专业素质和职后工作经验进行解释（因为规模大、评估等级高、公办幼儿园招聘的幼儿教师本身的职前专业素质较高，教师获得职后培训和工作历练的机会多，工作经验更为丰富）。

根据前面的数据分析和显著性检验结果，汇总后形成幼儿教师语言运用能力 6 个维度得分、总得分与 10 个自变量显著性关系汇总表（见表 7-88）。研究者对语言运用能力 6 个维度和总得分产生显著影响的自变量，运用中介变量进行赋值替代，即：初始学历、专业背景、编制、教师资格证持有情况对因变量产生显著影响的，赋予职前专业素质（中介变量）数值 1，赋予职后工作经验（中介变量）数值 0；年龄、工作年限对因变量产生显著影响的，赋予职后工作经验数值 1，赋予职前专业素质数值 0；规模、评估等级、办园类型对因变量产生显著影响的，赋予职后工作经验数值 0.5，赋予职前专业素质数值 0.5（见表 7-89）。对于自变量对语言运用能力影响不显著的，2 个中介变量不赋值或者说 2 个中介变量赋值皆为 0。对影响 6 个维度和总得分的自变量，运用 2 个中介变量赋值后，获得了它们的合计值，最后再对 2 个中介变量在 6 个维度能力得分和总得分的贡献度方面进行权重计算。以语言理解能力为例，职前专业素质权重为 66.7%，工作经验权重为 33.3%，由此推断：幼儿教师语言理解能力 66.7% 来源于教师的职前培养，即职前专业素质；幼儿教师语言理解能力的职后工作经验权重为 33.3%，由此推断：幼儿教师语言理解能力 33.3% 来源于职后的工作经验。

以此类推，根据表 7-89，本研究大致能够推断出幼儿教师语言运用能力其他 5 个维度能力及总能力获得的来源，从而为幼儿教师语言运用能力的提升提出更为科学和合理的建议。

表 7-88 幼儿教师语言运用能力 6 个维度得分、总得分与 10 个自变量显著性关系汇总

项目	理解能力	转换能力	诱导能力	调控能力	共情能力	元认知	总得分
初始学历			√	√	√	√	√
专业背景		√				√	√
编制内（外）	√						
教师资格证持有情况			√	√	√		√
年龄			√	√	√		√
工作年限		√					
岗位			√	√			
规模	√						
评估等级			√				
办园类型	√	√	√	√		√	√

说明：√表示具有显著性。

（二）研究结论

通过以上的理论假设和前面对语言运用能力及其 6 个维度的差异性分析，本研究得出如下结论：

1. 语言运用能力受幼儿教师职前专业素质和职后工作经验的影响，职前专业素质贡献度约为 55.6%，职后工作经验贡献度约为 44.4%

（1）职前专业素质直接影响幼儿教师语言运用能力。

反映幼儿教师个人职前专业素质的自变量主要包括初始学历、专业背景、教师资格证持有情况等。幼儿教师拥有的初始学历越高，语言运用能力越强；幼儿教师拥有跨学科专业背景，语言运用能力越强；持有教师资格证的幼儿教师语言运用能力明显高于没有教师资格证的幼儿教师。

（2）幼儿教师获得学习培训的机会及幼儿园资源的丰富度影响教师语言运用能力。

幼儿教师语言运用能力能够通过学习、观察、实践和自我反思等获得提升，学习机会、学习资源、团队支持等与幼儿园的规模、评估等级以及办园类型直接相关。规模大的幼儿园、评估等级高的幼儿园和公办类型的幼儿园具有

表7-89 幼儿教师语言运用能力因变量、中介变量和自变量关系分析

因变量 中介变量 自变量	理解能力		转换能力		诱导能力		调控能力		共情能力		元认知		总得分	
	职业专业素质	职后工作经验	职前专业素质	职后工作经验	职前专业素质	职后工作经验	职前专业素质	职后工作经验	职前专业素质	职后工作经验	职前专业素质	职后工作经验	职前专业素质	职后工作经验
初始学历	1				1	0	1	0	1	0	1	0	1	0
专业背景			1										1	
编制内（外）		0												
教师资格证持有情况					1	0	1	0	1	0	1	0	1	0
年龄			0	1	0	1	0	1	0	1	0	1	0	1
工作年限					1	1				1		1		1
岗位	0.5	0.5	0.5	0.5	0.5	0.5	0.5	0.5	0.5	0.5	0.5	0.5	0.5	0.5
规模					0.5	0.5	0.5	0.5	0.5	0.5	0.5	0.5	0.5	0.5
评估等级	0.5	0.5	0.5	0.5	0.5	0.5	0.5	0.5	0.5	0.5	0.5	0.5	0.5	0.5
办园类型	0.5	0.5	0.5	0.5	0.5	0.5	0.5	0.5	0.5	0.5	0.5	0.5	0.5	0.5
合计	2	1	1.5	1.5	4	4	3.5	2.5	4	4	3.5	2.5	5	4
权重	66.7%	33.3%	50.0%	50.0%	50.0%	50.0%	58.3%	41.7%	50.0%	50.0%	58.3%	41.7%	55.6%	44.4%

较高的学习和交流平台，这些幼儿园的教师能够获得更多的机会参与学习观摩、研讨交流、分享示范等教科研活动，这些幼儿园拥有较好的教师协作团队和教科研氛围，所有这些资源和环境都有利于幼儿教师语言运用能力的不断提升。

（3）幼儿教师职前专业素质作为幼儿园办学规模、质量和水平的中介变量影响其语言运用能力。

规模大的、评估等级高以及公办类型的幼儿园所招聘的幼儿教师通常具有较高的学历、较好的学校专业背景、较强的应变能力，这些教师本身就具有较高的职前专业素质、较强的学习能力，这些因素也是这些幼儿园的教师语言运用能力较强的原因之一。

2. 语言理解能力、调控能力、元认知水平更多受幼儿教师职前专业素质影响，职后工作经验的贡献度分别为 33.3%、41.7% 和 41.7%

从现状来看，幼儿教师语言理解能力、调控能力和元认知水平虽然大多数来源于教师职前的专业素质，但是这些能力仍然能够通过学习培训和更多的工作历练获得提升，而且正是因为这些教师的职前专业培养方面不足，我们更需要对幼儿教师的职后培训进行系统的设计，最有效的培训方法是在工作场景中、在研究场域下、在团队协作中，通过任务式项目带动高质量教师培训的开展。

3. 语言转换能力、诱导能力、共情能力受幼儿教师职前专业素质、职后工作经验共同影响，两者的贡献度几乎相同

本研究发现，幼儿教师语言转换能力主要取决于教师拥有其他领域知识的系统性和丰富性，特别是在幼儿园科学领域教育中。例如，本问卷涉及"杠杆原理"的测试结果显示，许多幼儿教师不理解"等臂杠杆和省力杠杆"的区别，因而将跷跷板作为生活中的事例去类比蚂蚁使用省力杠杆撬动西瓜的物理现象。

语言诱导能力则取决于教师的逻辑思维能力，比如，教师可以通过循循善诱的方式去慢慢启发大班幼儿的逻辑思维，这需要教师本身就具有这些能力，而这些能力既可以通过职前培养获得，也能够通过职后学习培训、教科研活动和工作实践获得。

语言共情能力主要取决于教师换位思考和角色代入的能力，跨学科专业背景、多岗位历练以及团队协作交流都会影响教师的语言共情能力。

综合以上结论，本研究认为：目前，幼儿教师职前培养的课程体系缺乏自然科学、社会科学领域的通识性课程内容，部分幼儿教师缺乏以其他学科为载体的逻辑思维方面的训练。建议幼儿教师职前培养重视这个问题。此外，幼儿园教育是保教并重的，而保育员群体在语言运用能力方面一直较为欠缺，由于保育员影响着幼儿在幼儿园的生活质量和各种习惯的培养，对幼儿的语言也具有一定的示范性，因此，在语言运用能力培养上，不能仅仅关注幼儿园教师这个群体，建议将语言运用能力方面的课程纳入保育员职前培养体系，同时对在职保育员开展相应的职后培训。

第八章

幼儿教师语言运用能力的政策建议和研究展望

第一节　幼儿教师语言运用能力的政策建议

幼儿园教育活动主要通过师幼互动来完成，而师幼互动最主要的载体是教师与幼儿之间的对话，可以说，幼儿教师语言运用能力水平直接影响着幼儿园教育质量和幼儿发展水平。如何对幼儿教师语言运用能力进行有效评价和提升呢？研究分析和结论显示，幼儿教师语言运用能力受到其职前专业素质和职后工作经验2个中介变量的影响。本研究暂不对职前培养提出相关建议，仅从政策研究的角度，分别从教育科研、教研工作、教师培训和生态资源等方面提出政策建议。

一、以课题为牵引，提升幼儿教师语言运用方面的研究能力

（一）融合科研和教研力量，以科研课题为牵引，提升教师语言运用的实践研究能力

建议市、区教育科学规划课题和市教科研机构发布的课题指南中，设立幼儿教师语言运用能力实践研究相关课题，加强教师语言运用方面的理论学习，鼓励教师开展幼儿园各类型教育活动的语言运用实践研究，支持幼儿园开展语言运用方面的研究课题立项，拓宽参与实践研究活动的教师覆盖面。

（二）以三级教研力量为主体，开发递进式、成系列的教师语言运用的课程资源

市、区级教师发展中心借助高校学前教育专家、教研员和幼儿园骨干教师力量，开发关于幼儿教师语言运用能力提升的一系列培训课程资源。课程资源开发要在幼儿教师语言运用能力的理论框架下，以教育活动案例为课程资源开发的重点，形成有利于幼儿教师模仿、交流、使用和拓展创新的课程资源，并开放性地吸纳幼儿教师在教育活动过程中产生的优秀的富有创新精神的案例。采取边研究、边开发、边培训的方式，分阶段、分批次、有计划地对全市幼儿教师开展市、区、园3个层级的培训，力争在5年内完成全市幼儿教师的全覆盖培训。

二、以教研指导和案例研讨为抓手，提升区域幼儿教师语言运用能力

（一）培养一支具备语言运用指导能力的师资队伍

市级学前教研活动要加强幼儿教师语言运用能力的理论和实践相结合方面的指导，以教研骨干教师的语言运用能力理论和实践指导能力提升为抓手，为区教科研机构培养一支能够指导幼儿园教育活动语言运用的教研队伍。支持区级教科研机构教研员积极申报语言运用研究领域的市、区级科研课题，在课题研究过程中，将科研与教研整合起来，提升一线骨干教师在语言运用领域的理论水平和实践指导能力。

（二）鼓励区域组织教育活动案例研讨与分享

区级教师发展中心要将幼儿教师语言运用能力提升列为工作重点，学前教研活动应聚焦幼儿园一日活动四种类型，通过教育观摩、活动观察和指导等形式，对教育活动过程中鲜活的语言运用案例开展深入研讨和分享。通过组织幼儿教师语言运用能力优秀案例等评选，激发幼儿教师不断反思和改进自身教育活动过程中语言运用存在的问题，及时弥补教师在语言规范表达、语言共情策略方面的不足。

（三）提倡开展语言运用方面的园本课程构建和相关活动研讨

在幼儿园中，提倡开发构建语言运用方面的园本课程，将师幼互动中的对话作为课程构建的重难点，本着助力幼儿提升语言表达能力、思维能力、社会交往技能等原则，精心安排和设计教育活动中的指导语。发挥园本教研作用，通过集体研讨等方式不断观察和深入剖析幼儿教师在生动、具体的教育活动情境中的语言运用素材，设计相关情境并着重研讨其中的师幼对话，在课程实施过程中潜移默化地推动本园教师语言运用能力的不断提升。

三、以课程资源为着力点，构建分级分层分群体的培训体系

（一）重点培养教研员和专家型教师的"语言运用课程资源开发能力"

市级教科研机构负责组织本地区高校学前教育专家、教科研人员和专家

型幼儿教师,以区为单位建立幼儿教师语言运用能力提升的课程资源开发团队,各区以语言运用能力的6个要素和语境设计能力为基础,各有侧重,开发一系列课程培训资源。对于团队成员,重点培训其语言运用能力的理论水平,以课题研究为载体,以幼儿园一日活动4种类型的教育案例为重点,提升其开发语言运用培训课程资源的能力。

(二)着重培养幼儿园骨干教师"语言运用课程资源转化能力"

市、区级教科研机构在课程资源开发过程中,广泛吸纳幼儿园骨干教师,采取"边做课题研究、边培训培养"的方式,着力培养教师在幼儿园一日活动4种类型活动中的语言设计和运用水平,引导他们将优秀的素材整理转化为语言运用培训课程所需资源并落实到具体的教育实践中。

(三)针对不同群体教师语言运用能力的短板进行培训

本研究发现:主班教师、副班教师等岗位的教师语言共情能力表现相对偏弱;幼儿教师语言元认知水平在25～29岁年龄段达到峰值,到50岁以后急速下降;跨学科教育专业背景教师语言元认知水平优于单一的学前教育专业背景教师等。根据研究结论和实际情况,建议在有关教师语言运用能力的培训中,对幼儿教师群体进行适当分类,避免交叉和重复培训;依据不同群体幼儿教师的语言运用能力短板,开展有针对性的培训。

(四)针对不同维度采取有侧重的培训

本研究显示,幼儿教师在语言理解能力、语言共情能力方面存在不足,建议在这两个维度上有侧重地开发培训课程资源。在语言理解能力提升培训课程设置中,应注重提升教师对幼儿进行语言表达时的规范性和启发性;在语言转换能力提升培训课程设置中,应集中于指导教师将抽象语转化为具体形象的语言、指导教师重视在教育活动中深入思考如何使用适宜的语言对幼儿进行科学概念和原理的正确普及;在语言诱导能力提升培训课程设置中,应关注教师诱导问题的具体化、递进性和发散性;在语言调控能力提升培训课程设置中,重点应落在教师如何引导幼儿实现自我调控;在语言共情能力提升培训课程设置中,要强化幼儿教师角色代入、换位思考和用心体验;在语言元认知水平提升培训课程设置中,要引导幼儿教师及时有效地识别自身语言不当之处,主动承担因此出现的结果并适时调整。

四、以资源优化为保障,打造促进幼儿教师语言运用能力提升的良好生态

(一)提高教师收入水平,以吸引更多高素质的高校毕业生进入学前教育领域安心从教

本研究结论显示:幼儿教师的学历与其语言运用能力呈正相关;持有幼儿园教师资格证的教师语言运用能力强于持有其他类型教师资格证的教师,没有教师资格证的幼儿教师语言运用能力最弱。刘霞对G市159所幼儿园的调查结果显示,2015学年度,有414名教师离职后转行或离开,年总流失率为11.20%。特别是某所未评估的、中等规模的普惠性民办园专任教师年流失率高达93.80%。[①]她认为造成幼儿园专任教师流失的主要原因是工资及福利待遇偏低,专业成长途径不畅,职业认同感遭受冲击。大量编制外的幼儿教师收入仅能维持个人的日常开销。因此,建议:一是严控无教师资格证人员担任幼儿园专任教师。对于无证在岗的专任教师,发挥市、区两级教师发展中心的作用,对其进行培训,给予2年的过渡期,到2026年8月,要求100%的幼儿园专任教师持证上岗。二是市级层面出台幼儿教师年平均工资的最低标准的政策,保证幼儿教师队伍的专业性和稳定性。为了解决经费来源问题,对各类幼儿园运作经费进行成本核算,核定各类幼儿园财政经费投入或学位补贴标准、幼儿园在读幼儿的学费标准,由政府和幼儿家长共同分担。只有解决了幼儿教师工资待遇问题,才能够吸引更多高学历、不同专业背景的高校毕业生进入学前教育领域安心从教。

(二)整合区域学前教育资源,重新规划调整区域幼儿园布点布局

本研究结论显示:幼儿园办园规模越大,教师的语言运用能力水平越高;公办幼儿园教师语言运用能力普遍高于民办幼儿园教师;幼儿园评估等级越高,教师的语言运用能力水平越高。这个结论背后的原因极有可能是公办幼儿园、等级高的幼儿园所招聘的专任教师门槛较高,教师的职前专业素质能力相对较强。因此,本研究提出以下建议:一是加强各幼儿园片区之间的专业研讨力度。各幼儿园片区之间应建立更为紧密的联系。以优质幼儿园为龙头,组织

---

① 刘霞:《幼儿园教师队伍流失现状的调查与分析——以广东省广州市为例》,载《学前教育》2017年第12期,第11-3页。

片区内的多所幼儿园之间开展教育活动观摩研讨，探索不同教育情境下的语言运用效果，提倡片区幼儿园的教师之间就语言运用方面开展专题的研讨交流；组建优秀教师团队，开展包括语言运用在内的幼儿园教育活动案例征集和课程资源开发。二是"以评促建"提升幼儿园办园水平。G市应以资源优化为保障，打造促进幼儿教师语言运用能力提升的良好生态。在本研究的2429个样本中，仍然有25.50%的幼儿教师所在幼儿园为"未评估"。建议市、区两级教育行政部门加大幼儿园督导评估的力度，明确时间进度表，争取在3年时间内，采取政府投入、学费标准提升、社会资金筹措等多种政策举措，加大幼儿园投入，促使全市幼儿园在办园硬件条件、师资队伍建设、教育质量内涵发展等方面获得全面提升。

第二节　幼儿教师语言运用能力的研究展望

一、幼儿教师语言运用能力项目研究的回顾与反思

（一）研究历程

2001年7月，教育部印发了《幼儿园教育指导纲要（试行）》；2012年10月，教育部出台了《3—6岁儿童学习与发展指南》。在此期间，笔者不仅从事教育科研工作，而且在《教育导刊》担任责任编辑，主要负责幼儿教育专家专栏、幼儿园课程与教学、活动设计等专业栏目；加之笔者在20世纪90年代担任过国家级普通话测试员、幼儿师范学校的"教师口语""幼儿文学"等专业课教师；陆续发表了一些学术成果，包括：1996年8月，在《龙岩师专学报》发表了论文《关于学校学生口语训练体系的探讨》，对幼儿师范学校学生口语训练体系进行了研究；2002年11月，在《教育导刊》发表了论文《以〈纲要〉为指导　探索幼儿园环境教育》，探讨了教师语言运用问题，提出教师可以在语言活动中，通过故事讲述、诗歌朗诵、儿童剧表演、故事表演等形式，使幼儿了解自然界中动植物与人类的关系，让幼儿懂得爱护动植物、爱护生存环境的道理，并且能够表达对大自然的热爱，讲述有关大自然的故事，从而形成幼儿的环境意识等建议；2004年1月，在《教育导刊》，与北京师范大学伍新春教授合作发表了论文《国外分享阅读的理论与实践》，介绍了在世界

范围内被广泛运用的、一种用于引导学龄前儿童进行阅读乃至写作的有效教学方法——分享阅读法。可以说，在学前教育领域尤其是幼儿教师语言能力方面拥有了较为丰富的理论与实践研究基础。

2014年，笔者开始对幼儿教师语言运用能力进行系统的研究，一直非常关注该领域的政策发布和学术研究进展。2022年，笔者申报了广州市教育科学规划课题"基于教育情境的幼儿教师语言运用能力理论与实践研究"并获得立项，正式启动幼儿教师语言运用能力方面的理论和实证研究。自此，在相关教育专家的指导下，笔者带领基层的园长和骨干教师对幼儿教师语言运用的理论和评价开始进行较为系统的研究和分析；2023年8月，笔者以教育心理学理论为基础，综合了学前教育学、语言学、语用学等领域的相关理论以及国家目前在幼儿教师语言运用方面的有关政策，在《天津市教科院学报》第4期发表了《幼儿教师语言运用能力结构体系的理论构建》一文，完成了幼儿教师语言运用能力体系的理论建构，形成了比较完整的理论框架和层级体系。其后，笔者主持了"基于教育情境的幼儿教师语言运用能力理论与实践研究"课题，与课题组成员在专家的指导下，经过1年多的时间完成了《幼儿教师语言运用能力测试量表》的研究和编制工作，对G市两个区的2429名幼儿教师语言运用能力进行了测试，并对数据进行了分析，撰写了有关幼儿教师语言运用能力评价的研究报告，该报告被收录在《广州教育蓝皮书·广州教育发展报告（2023—2024）》中，完成了该项课题的研究任务。

（二）研究创新

1. 结合国家在学前教育方面的相关政策和教育心理学理论，构建幼儿教师语言运用能力的结构体系

学术研究首先要对概念的内涵和外延进行厘清和界定，并对研究选题的理论基础进行选择，研究前期需要构建出逻辑清晰、结构完善的理论分析框架。本研究一方面采用了教育心理学关于能力（或胜任力）概念内涵和外延界定的方法，综合运用了教育心理学关于广义知识的理论，诸如加涅的学习结果分类方法、布鲁姆教育目标分类法以及马扎诺教育目标新分类学的理论，同时吸纳了语言学、语用学、学前教育学近期研究成果，对幼儿教师语言运用能力体系进行了理论构建。另一方面从学前教育有关语言领域的国家政策历史发展逻辑出发，着重研究我国改革开放以来此方面的国家政策文本，着重从政策实践层面对幼儿教师语言运用能力体系进行推演。因此，本研究的理论基础是整合了多学科理论研究成果，并从政策的实践出发，进行了严密的理论逻辑演绎和政策实践文本归纳而得出的理论结构体系,此为本研究的学术理论创新。

2. 采用被试在模拟情境中的语言行为反应设计测试量表,较为符合心理学关于能力概念的定义

传统的心理学研究量表包括能力方面的量表编制,大多数研究者主要采用李克特5点量表的计分方法编制问卷,该量表的优势在于能够较为真实地获得被试对事物、事件的态度以及自身的心理状态。但本研究认为,对于能力量表,应该获得的是被试在情境中对发生事件的行为反应而非态度及心理状态。行为反应是被试内在心理结构体系的外在表征,行为反应作用于外部的人或事,一系列的行为反应所产生的效果或效率,较为科学地反映了被试的能力或者叫胜任力。本研究使用的这种量表,将被试置于问卷描述的语言环境下,并设置3个层级较为分明的行为反应选项,计量赋分,以便进行量化统计和深入分析。这种行为反应测试虽然并不是被试在现场实际情境中进行的,但是在模拟情境中的选择,至少能够基本上代表被试在真实情境中发生的语言行为反应。同时,这种量表测试,节省了大量用于现场观察才能够测试的人力和时间成本,能够在较短时间内获得大量测试数据。

3. 综合使用平均分分析、标准差分析、信度检验和因素分析等方法进行量表研制,较为科学地契合心理能力量表编制的技术手段

本研究量表测试题编制,先后两次试测,对获得的数据进行了详细分析,分别从各个题目的平均分、标准差、CITC值、"项已删除的Cronbach's Alpha值"、因子载荷系数、旋转后的因子载荷系数等方面进行综合筛选、修改和调整。对于题目的平均分,运用标准差分析方法确定合理的区间范围;对于CITC值为负以及"项已删除的Cronbach's Alpha值"在0.60以上的题目,采用直接删除的方法,或者对其选项进行修改和调整。对于因子载荷系数值低于0.30以下的题目,进行删除、修改和调整。因此,这份量表的编制采用了多种技术手段,对测试题目进行了综合研究和分析,对照题目所要测试的语言能力某个维度的内容,不断进行修正和完善。研究过程中所采用的量表编制方法和技术较为科学并适合心理能力量表的研究和编制。

(三)研究不足

1. 未能开展幼儿教师语境创设能力的评价研究

幼儿教师语言运用能力共分四大维度,即语言基础能力、语言运用基本能力、语境创设能力、语言元认知。本研究对其中的语言运用基本能力、语境创设能力、语言元认知进行了理论构建和研究,但幼儿教师语言运用能力的测试和评价则是针对语言运用基本能力和语言元认知两大维度开展实证研究。对于幼儿教师语境创设能力的评价，在现阶段，囿于人力和时间，尚未开展实证研究。主要是因为语境创设能力是一种综合能力，很难运用情境题进行研究，需要采用表现性评价的方法，给出活动主题及相关材料，要求幼儿教师组织教育活动，并由研究者设计观察和评估指标，在现场进行评价。因此，本研究主要针对语言运用能力的两大维度中的6个要素（语言的理解能力、转换能力、诱导能力、共情能力、调控能力和语言元认知）设计了测试题，采集了样本数据，进行了比较深入的分析和探讨。

2. 幼儿教师语言运用能力量表测试题目数量不足

量表编制全部采用情境反应测试题，并且皆为原创题目；编制需要大量的时间和人力；问卷编制者需要深刻理解和把握幼儿教师语言运用能力结构体系，并需要具备丰富的幼儿园教育工作经验。量表编制团队成员的构成要求比较高，既需要教育心理学方面的专家、语言研究方面的专家、学前教育专家，也需要长期深耕学前教育一线的骨干教师。量表编制前，需要对团队成员进行相关理论和研究方法的培训；量表编制过程中，需要专家们与一线教师们不断沟通，要能够相互理解对方的话语体系；量表修改过程中，需要统计与测量方面的专家和研究人员参与。本研究项目量表的编制难度大，人力投入和沟通成本高，因而仅设计了一套量表测试题。如果要进行更深入和精准的研究，最好能够建立幼儿教师语言运用能力测试量表题库，以便抽取测试题，组合成一套新的等价测试量表，如此则可以对幼儿教师语言运用能力进行前测和后测，从而能够更为深入地开展后续相关研究。

3. 量表的部分测试题中的3个选项区分度不够高

虽然研究团队历经半年时间开发出了一套相对较完善的量表，但量表中依然存在着10道测试题不尽如人意，这些测试题的3个备选项中，幼儿教师选择其中某个选项的比例仍然低于10%；有2道测试题的某个选项选择比例高于80%（其中1道题目达到了90%以上）。对于3个备选项（赋分值分别为1分、2分、3分）的选择比例，究竟应该以多少为佳，目前还未能查阅到相关参考文献。从经验来看，3:4:3或者2:4:4的比例可能较佳。从此次调查获得的数据来看，大致符合上述比例的题目并不多。如果以3个备选项中任意一个选项选择的比例不低于15%作为条件，符合此项条件的也仅有6道测试题。因此，此量表的测试题还需要后续进行不断的开发和深入研究。鉴于量表测试题编制难度太大，在短时间能够初步完成此项研究工作，已属不易。总体而言，采用这种方法进行原创量表的研制，形成的量表虽然粗糙了些，但毕竟是一种大胆的尝试，旨在抛砖引玉，为后续研究或对此感兴趣的研究者提供经验、思路、方法和方向。

二、幼儿教师语言运用能力领域学术研究的未来展望

针对本项目研究中存在的问题和不足，我们认为幼儿教师语言运用能力研究还需要更多的跨学科领域的专家以及具有丰富实践经验的幼儿教师开展协作研究，不断深入，获取更多的实证数据和观察资料。建议后续研究从以下三个方面入手。

（一）开展幼儿教师语境创设能力评价研究

后续研究的主攻方向是开展幼儿教师语境创设能力评价的研究。一是从大量幼儿教师语言行为数据中，研究出幼儿园 4 类教育活动情境中幼儿教师语境创设能力构成的关键要素。具体研究步骤设想如下：首先，研究者需要深入幼儿园，综合采用现场观察法、电子录像等方法，获取幼儿教师组织的教育活动现场的一手资料，运用人工智能识别和大数据处理技术，从幼儿教师实际教育活动中大量的语言行为数据里进行筛选、分析、聚类，提取这些语言行为的一些共同要素或特征，确定幼儿教师语言行为的特征分类、命名和编码。这一步骤属于因素探索性分析。其次，研究者根据幼儿教师语言行为要素进行分类，对其进行验证性分析。最后，研究者对于已经通过验证性分析的幼儿教师语言行为要素采用德尔菲法（即专家调查法），多次征询专家和一线骨干教师的意见，从这些要素中提取出 4 类教育活动情境中幼儿教师语境创设能力的关键要素。二是根据 4 类教育活动情境的幼儿教师语境创设能力关键要素设计语境创设能力测试题目。测试题需要确定教育活动主题、教育活动目标以及教育活动所需要的设备和有关材料，要求被试（幼儿教师）设计并组织幼儿园的实际教育活动。研究者需要根据以上研究分析，设计观测指标，对教师在组织教育活动过程中出现的各种语言行为进行清晰的界定、分类，确定其评价等级，编制出等级评价观察量表。其后再根据等级评价观察量表，对被试在测试过程中呈现出来的语言行为进行记录和评定等级，对师幼互动对话、幼儿语言行为反应、幼儿情绪变化等进行分类分层，运用表现性评价方法，现场进行测试和评估。

（二）开发和建设幼儿教师语言运用能力量表测试题库

基于4类幼儿园教育活动情境、针对教师语言运用能力的6个要素，不断开发新的测试题，建立能够组合为3套以上量表的测试题库。测试题的开发，一是要注重题目选项的设计，确保能够提升测试题的区分度；二是提高量表的信度，需要不断开发出新的测试题试测，根据数据不断修改、调整和完善；三是对量表效度进行研究，由被试幼儿园的园长和中层一共5人，"背靠背"对样本幼儿园参与测试的幼儿教师的语言运用能力进行等级评价（可分为3个等级），评价的结论作为效标，再根据样本园的测试数据，验证量表的效度。本研究的项目组在二次试测时，已经开展和尝试进行效标的研究，我们请样本园的园长将本园的被试（幼儿教师）分为优、良、合格3个等级，但数据处理的结果未能获得研究假设所期待的结论，其原因：第一，量表编制还在进行之中，测试题目仍存在大量问题；第二，仅凭园长一个人的判断，难免带有很多主观成分，造成效标失灵。为了减少因个人主观因素对效标产生的影响，建议后续研究者采用被试所在幼儿园5人以上（包括园长和园中层的人员）对被试进行等级评价。

（三）开展幼儿教师语言运用能力三大维度7个要素的二级评价指标体系的研究

幼儿教师语言运用能力结构体系由语言基础能力、语言运用基本能力、语境创设能力、语言元认知四大维度组成，本研究主要讨论的是后面三大维度，这三大维度包括了7个要素，目前开发的幼儿教师语言运用能力测试量表涵盖了其中的6个要素，这6个要素的二级指标使用的是4类幼儿园教育活动情境。从理论角度来看，这种二级指标分类方法不太符合研究逻辑，即一级指标运用的是"幼儿教师语言运用能力的内容属性进行分类"的逻辑，二级指标运用的是"幼儿教师语言运用能力作用的外部环境（即4类教育活动情境）进行分类"的逻辑，两者分类的逻辑出现了不一致的问题。因此，要想能够从学术理论上完全自洽的话，需要对三大维度7个要素的二级指标进行更加严密的推理和建构，在幼儿教师语言运用能力内容属性的二级指标层面，根据幼儿园4类教育活动情境分别研制出测试题目。诚然，这项研究难度非常大，需要投入更多的人力、精力去获取大量的实证数据，才能支撑研究的顺利开展。在此，我们也仅是提供后续研究的思路和设想，期望能够为未来幼儿教师语言运用方面的学术研究起到抛砖引玉的作用。

参考文献

[1] 毕月花,马玉霞,汪念念.幼儿教师在语言教学活动中有效提问的研究[J].兰州教育学院学报,2011,27(1):147-149.

[2] 陈红."教师口语"课程:问题与对策[D].上海:华东师范大学,2009.

[3] 陈立.对方差分析法的重估与改辙的考虑[J].心理科学,1992(4):3-6,65.

[4] 陈小英.幼儿教师教学语言的现状、问题与对策研究[D].苏州:苏州大学,2010.

[5] 陈伊丽.关于幼儿园教育纲要的比较和思考[J].学前教育研究,2002(3):31-33.

[6] 程培元.教师口语能力构成要素与呈现形式[J].山东师范大学学报(人文社会科学版),2011,56(1):102.

[7] 邓萌.学前教育专业教师口语技能培养研究[D].武汉:华中师范大学,2011.

[8] 邓稳根,张文丽,郭磊.近10年中国心理量表编制的现状、问题与建议[J].江西师范大学学报(自然科学版),2021,45(5):441-451.

[9] 方迪.互动视角下的汉语口语评价表达研究[D].北京:中国社会科学院研究生院,2018.

[10] 方建华.中班幼儿角色游戏中教师语言指导行为研究[J].幼儿教育(教育科学版),2008(Z1):30-34,38.

[11] 高杰.大班集体音乐教学活动中教师激励性反馈语言的研究[D].南京:南京师范大学,2013.

[12] 高艳.成熟型幼儿教师语言学科教学知识的个案研究[D].兰州:西北师范大学,2015.

[13] 郭卉菁.幼儿教师语言运用能力结构体系的理论构建[J].天津市教科院学报,2023,35(4):49-58.

［14］郭念锋.心理咨询师：基础知识［M］.北京：民族出版社，2005：206.

［15］韩宏莉.幼儿教师"语言暴力"现象探析［J］.教育探索，2009（1）：88-90.

［16］胡鞍钢，等.中国国家治理现代化［M/OL］.北京：中国人民大学出版社，2014［2024-07-10］.https://fuwu.12371.cn/2014/09/03/ARTI1409709306091307_7.shtml.

［17］贾晓玲.校园推普要警惕语言异化倾向［J］.内蒙古民族大学学报（社会科学版），2011，37（4）：68-70.

［18］蒋和舟，匡文化.论教师语言的语用选择：基于哈贝马斯的语言哲学观［J］.牡丹江教育学院学报，2012（5）：29-30，139.

［19］蒋美霞.指向幼儿的教师言语类型及水平的研究［D］.南京：南京师范大学，2012.

［20］李晖."可说"与"不可说"：庄子与维特根斯坦语言哲学观比较研究［J］.求索，2011（6）：131-133.

［21］李莉.幼儿教师语言文字应用能力的实证研究：基于河南省的调查［J］.语言文字应用，2017（4）：71.

［22］李令.幼儿教师语言文字应用能力调查研究：以长沙市幼儿教师为例［J］.陕西学前师范学院学报，2020，36（11）：94-101.

［23］李美余.中国共产党大事记·2001年［EB/OL］.（2012-06-12）［2024-07-10］.https://fuwu.12371.cn/2012/06/12/ARTI1339468259217156.shtml.

［24］李美余.中国共产党大事记·2002年［EB/OL］.（2012-06-12）［2024-07-10］.https://fuwu.12371.cn/2012/06/12/ARTI1339467717893510.shtml.

［25］李美余.中国共产党大事记·2003年［EB/OL］.（2012-06-12）［2024-07-10］.https://fuwu.12371.cn/2012/06/12/ARTI1339467395140331.shtml.

［26］李美余.中国共产党大事记·2004年［EB/OL］.（2012-06-12）［2024-07-10］.https://fuwu.12371.cn/2012/06/12/ARTI1339466949575491.shtml.

［27］李赛.幼儿园师资能力培训现状分析与对策建议：以陕西省幼儿教师在职培训为例［J］.中国培训，2020（6）：50-51.

［28］林国耀.大学生学习能力的量表编制与现状测查研究［D］.福州：福建师范大学，2006.

［29］刘海梅.幼儿园科学教学活动中教师教学语言的研究［D］.西安：陕西师范大学，2011.

[30] 刘晶波.社会学视野下的师幼互动行为研究：我在幼儿园里看到了什么[M].南京：南京师范大学出版社，2006.

[31] 刘霞.幼儿园教师队伍流失现状的调查与分析：以广东省广州市为例[J].学前教育，2017（12）：11-13.

[32] 罗伯特·J.马扎诺，约翰·S.肯德尔.教育目标的新分类学[M].2版.高凌飚，吴有昌，苏峻，译.北京：教育科学出版社，2019.

[33] 潘涌.积极语用教育观与母语教师语用能力重构[J].中国教育学刊，2012（7）：61-65.

[34] 亓莱滨.李克特量表的统计学分析与模糊综合评判[J].山东科学，2006（2）：18-23，28.

[35] 秦学武，盖海红.教师口语能力的构成因素和培养途径[J].河北师范大学学报（教育科学版），1998（4）：289-290，293.

[36] 盛敏菊.有效培养幼师生职业口语素养的实践探究[J].职业教育（下旬刊），2013（14）：44-46.

[37] 宋晶晶.幼儿教师威胁性语言研究[D].武汉：华中师范大学，2013.

[38] 覃江梅.幼儿园师幼言语交往研究[D].桂林：广西师范大学，2004.

[39] 田娟，孙振东.改革开放40年我国基础教育质量观的演进与反思：基于国家教育政策文本的分析[J].现代教育管理，2018（11）：19-25.

[40] 田学红.国内外有关元认知研究的综述[J].浙江师范大学学报（社会科学版），2000（2）.

[41] 王素珍.幼儿教师口语训练教程[M].3版.上海：复旦大学出版社，2020.

[42] 王雪.幼儿园图画书阅读教育活动中师幼语用分析[D].西安：陕西师范大学，2013.

[43] 吴琼.我国幼儿园师资保障质量评估与提升策略[J].学前教育研究，2021（1）：57-66.

[44] 吴雪青.幼儿教师口语能力培养的途径和策略[J].语文学刊，2012（20）：137-139.

[45] 吴雅婷.我国幼儿园教育纲要政策变迁的文本分析[J].教育现代化，2017，4（48）：379-380.

[46] 伍德，托利.情商测试[M]，李小青，译.北京：中国轻工业出版

社，2007.

［47］谢梦雪，杜微微.第三期"学前教育三年行动计划"幼儿园师资队伍建设成效分析：以重庆市N区为例［J］.重庆第二师范学院学报，2021，34（3）：75-80，128.

［48］杨云.汉语自然会话中认识立场标记的类别、分布及影响因素［J］.语言教学与研究，2022（6）.

［49］姚开琼.幼儿教师言语道德失范的审思［D］.长沙：湖南师范大学，2012.

［50］叶子.师幼互动的内容分布及其特征［J］.幼儿教育，2009（7）：10-12.

［51］余珍有.教师的交际行为研究［D］.南京：南京师范大学，2004.

［52］喻君.不同教龄幼儿教师教学语言与教学能力关系研究［D］.深圳：深圳大学，2018.

［53］张建理.从系统论的结构和功能看语言和语言教学［J］.浙江大学学报（社会科学版），1987（2）：84-91.

［54］张艳.语用学合作原则在幼师专业口语教学中的运用［J］.吕梁教育学院学报，2017，34（3）：87-89.

［55］赵必华，顾海根.心理量表编制中的若干问题及题解［J］.心理科学，2010，33（6）：1467-1469.

［56］赵沁平.构建和谐语言生活 弘扬中华优秀文化［N］.中国教育报，2007-09-09（001）.

［57］周兢.重视儿童语言运用能力的发展：汉语儿童语用发展研究给早期语言教育带来的信息［J］.学前教育研究，2002（3）：8-10.

［58］朱小蔓.情感德育论［M］.北京：人民教育出版社，2005：143-144.

［59］Mahudin N D M, Cox T, Griffiths A. Measuring rail passenger crowding: scale development and psychometric properties［J］. Transportation Research Part F Psychology and Behaviour，2012，15（1）：38-51.

［60］Mccormick D, Donato R. Teacher questions as scaffolded assistance in an ESL classroom［M］//Hall J, Verplaetse L. Second and foreign language learning through classroom interaction. Mahwah, NJ: Lawrence Erlbaum Associates，2000：183-202.

［61］Rocha M F F D, Neves B C A N, Fernandes Tavares, et al. Development and validation of the self-acceptance scale for persons with early blindness: the SAS-EB [J]. Plos One, 2014, 9 (9).

[62] Sveinbjornsdottir S, Thorsteinsson E B. Adolescent coping scales: a critical psychometric review [J]. Scandinavian Journal of Psychology, 2010, 49 (6): 533-548.

[63] Tomas J. Cross-cultural pragmatic failure [J]. Applied Linguistics, 1983 (4): 91-112.

[64] Wells G. Language and education: re-conceptualizing education as dialogue [J]. Annual Review of Applies Linguistics, 1999 (19).